I0275346

Arthur Octavius Green

A Practical Arabic Grammar

Part II

Arthur Octavius Green

A Practical Arabic Grammar
Part II

ISBN/EAN: 9783744751742

Printed in Europe, USA, Canada, Australia, Japan

Cover: Foto ©Paul-Georg Meister /pixelio.de

More available books at **www.hansebooks.com**

A PRACTICAL

ARABIC GRAMMAR

PART II

COMPILED BY

COLONEL A. O. GREEN, *p.s.c.*

AUTHOR OF 'MODERN ARABIC STORIES'
'A PRACTICAL HINDŪSTĀNĪ GRAMMAR'
ETC. ETC.

FOURTH EDITION, ENLARGED AND REVISED

OXFORD
AT THE CLARENDON PRESS
1909

HENRY FROWDE, M.A.
PUBLISHER TO THE UNIVERSITY OF OXFORD
LONDON, EDINBURGH, NEW YORK
TORONTO AND MELBOURNE

PREFACE TO THE FIRST EDITION

THE printing of Part II has taken much longer than was anticipated. Commenced in July, 1884, it is only just completed. The success of Part I, the entire first edition of which was exhausted in nine months, leads me to hope for a similar result with Part II. The selections have been made with great care, with a view to a progressive course of reading, to be extended at the discretion of the student, and for which I would recommend the following books:—

(1) Lukman's Fables, in Charbonneau's Edition, Paris, Hachette, 1883.

(2) The 1001 Nights, Cheap Edition, in 4 vols., 8vo, Beirut, 1880.

(3) Kalilah wa Dimnah, Beirut, 1884.

The short series of facsimile letters are nearly all reproductions of actual petitions and letters, and these have been substituted for Appendix II, promised in the Preface to Part I.

My best thanks are due to all those who have so kindly taken the trouble to point out the mistakes in Part I, and to assist me with their advice. I would recommend a complete study of the Appendix to those who are desirous of obtaining more than a colloquial knowledge of the language.

A. O. GREEN, MAJOR,
BRIGADE MAJOR, R.E.

CAIRO:
March 30, 1885.

PREFACE TO THE THIRD EDITION

For the first time I have been able to publish a complete edition of this Grammar; the work is, however, now finished, and I can only hope that the time and labour which have been spent upon it have been, and will be, of service to those of my brother-officers, who may have occasion to commence the study of Arabic.

I cannot lay down my pen without expressing my thanks to the Printer to the University of Oxford, for the very admirable manner in which this work has been put through the Press. To my mind the type leaves nothing to be desired.

A. O. GREEN,
Major, R.E.

Chatham:
May 16, 1893.

PREFACE TO THE FOURTH EDITION

This edition of Part II has now been revised so as to conform with the system of transliteration adopted in the fourth edition of Part I.

I shall feel highly indebted to any one who will take the trouble to write and point out any mistakes they come across, which in a work like this must be large, no matter how many revisions one makes oneself.

A. O. GREEN, Colonel.

Vernatts, Camberley:
March 21, 1908.

CONTENTS

	PAGE
KEY TO EXERCISES AND STORIES IN PART I	7
SELECTIONS FROM ARABIC AUTHORS AND NEWSPAPERS	53
ENGLISH AND ARABIC LETTERS AND MANUSCRIPTS	91
Transliteration of Letters and Manuscripts	93
Translation	109
VOCABULARY: ENGLISH-ARABIC	115
VOCABULARY: ARABIC-ENGLISH	200
APPENDIX: COMPARATIVE TABLE OF CLASSICAL AND MODERN ARABIC FORMS AND EXPRESSIONS	243
I. Nouns	243
II. Adjectives	255
III. Pronouns	258
IV. Numbers	264
V. Verbs	267
VI. Prepositions	283
VII. Adverbs	284
VIII. Conjunctions	286
IX. Interjections	287

KEY TO EXERCISES AND STORIES

IN PART I

Exercise 1.

A high house. The high house. The big boy. An easy lesson. The rich merchant. A rich merchant. The pious boy. The rain is heavy. The father is good. The good brother. The weather is bad. The horse is fine. The house is high. The man is poor. The horse is strong. The weather is fine. The brother is good. The boy is idle. The man is rich. The garden is large. The lesson is easy.

Exercise 2.

رجل طيّب — التاجر الغني — هوا بطّال — الهوا كويّس — درس سهل — الاخ
كسلان — أب طيّب والرجل الفقير — الرجل الفقير كسلان — المطر قوي •

Exercise 2 a.

Rāgil ṭieyib. Et-tāgir el-ghanī. Howa baṭṭāl. El-howa kwyīs. Dars sahl. El-akh keslān. Ab ṭieyib wa er-rāgil faqīr. Er-rāgil el-faqīr keslān. El-maṭar qowī.

Exercise 3.

The man is happy. The town is large. The tree is tall. A rich merchant. He is happy. The girl is pretty. She is wise. The mother is ill. The garden is large. The large garden. I am happy. He is idle. The mother is pious. She is good. Thou (*m.*) art rich. Thou (*f.*) art poor. The sister is happy. The brother is ill. The lesson is hard. The boy is idle. The girl is polite. The uncle is rich. The aunt is rich. The rain is heavy. The horse is fine. The judge is learned. The book is useful. I am rich. Thou (*m.*) art sick. He is learned. Thou (*m.*) art poor. The horse is useful. The street is long.

Exercise 4.

رجل غني و بنت فقيرة — رجل فقير وتاجر غني — الاب الطيب عيان — الدرس طويل وصعب — شارع طويل وبيت عالي — الكتاب نافع — النهر عريض وعميق — الحصان الاسود والبيت الابيض — القاضي العاقل والاديب — عندي حصان نافع — عندك الكتاب الاحمر — هو عنده بيت كبير وجنينة صغيرة — عندها درس صعب — الثعلب أحمر ولكن الارنب أصفر •

Exercise 4 a.

Rāgil ghanī wa bint faqīrah. Rāgil faqīr wa tāgir ghanī. El-ab et-ṭieyib 'ayyān. Ed-dars ṭawīl wa ṣa'b. Shāri' ṭawīl wa bēt 'ālī. El-kitāb nāfi'. En-nahr 'arīḍ wa 'amīq. El-ḥuṣān el-iswid wa el-bēt el-abyaḍ. El-qāḍī el-'āqil wa el-adīb. 'Andī ḥuṣān nāfi'. 'Andak el-kitāb el-aḥmar. Hūa 'andoh bēt kebīr wa genēnah ṣaghīrah. 'Andhā dars ṣa'b. Et-ṭa'lab aḥmar walākin el-arnab aṣfar.

Exercise 5.

The horse is very strong. The bread is exceedingly dear. He was a clever man. I am a German. He is a Frenchman. The book is very useful. The quarter is wide. The sister is always pleased. The father is always busy. The minister is very busy. The night is very pleasant. The weather is too bad. The water is cold. I was ill. The ink is black. The rain is too heavy. The night is very fine. The paper is white. The house is high enough. The room is wide enough. The tree is high. The room is pretty. I was present. He was in the house to-day. The man is very tall. She was in the house (at home) yesterday. There was rain in the night. The judge was just. She was a blind woman. I was always in the room. The king was generous. There was rain yesterday. The air is cold to-day. The well is deep enough.

Exercise 6.

كان العيش طيب كثير امبارح — كان القاضي في الاوضة النهار دا — أنا كنت في البيت اليوم — البروسياني تملّي في الجنينة — كان الحصان في السكة والمرأة كانت في البيت — التاجر رجل شاطر كثير وهو داعيًا مشغول — الهوا كان عال امبارح ولكن هو بارد وبطّال كثير اليوم — الشجرة خضرا السماء زرقا الذهب أصفر والماء اسود — الامرأة مشغولة ومبسوطة •

Exercise 6 a.

Kān el-'ēsh ṭieyib keṭīr embāriḥ. Kān el-qāḍī fī'l-oḍah en-nahār da. Ana kunt fī'l-bēt el-yōm. El-barūsiānī tamellī fī'l-genēnah. Kān el-ḥuṣān fī's-sikkah wa el-mar'ah kānet fī'l-bēt. Et-tāgir rāgil shāṭir keṭīr wa hūa dāiman mashghūl. El-hewa kān 'āl embāriḥ walākin hūa bārid wa baṭṭāl keṭīr el-yōm. Esh-shagarah khaḍra es-sama zarqa ed-dahab aṣfar wa el-mā iswid. El-mar'ah mashghūlah wa mabsūṭah.

Exercise 7.

Is he diligent? Was he ill? Was she sick? Art thou contented? Not hungry. Not thirsty. He was not present. Who is he? I am not rich. I am not stupid. Art thou not clean? The water is extremely cold. The night is exceedingly pleasant. Where is the gun? The gun is in the corner. Where is the book? The book is in the cupboard. What book is in the cupboard? Where is the bottle? The bottle is in the magazine. Were you not there? I was not there. She was there last month. Is he not hungry? Is she not thirsty? The day is very pleasant. There was rain in the night. The bread is very dear. Is there no news? Is there any water? There is no water. The quarter is broad enough. The paper is too black. The paper is not white enough. Has the horse no grass? No, he has no grass, but he has chopped straw. The merchant was a very clever man. The judge was poor. The minister was always busy. Who is this man? He is a German. Who is this lady? I think she is a Frenchwoman. Who is the gentleman? The camel is thirsty. There is wine. Where were you yesterday? I was at home. Where is she? She was in the garden. You were not here to-day. The dog is thirsty, and the cat is hungry. I am tired.

Exercise 8.

أكان التاجر مشغول في السوق امبارح ـ هل عندها الامرأة قزازة نبيت ـ
اكان الرجل الفقير كسلان في لجنينه ـ أنا مش عيان النهار دا ولكن امبارح
كنت ـ من هي الامرأة (التي) في الشارع ـ فين البندقية ـ البندقية في البيت

والكلب في الجنينة ــ كانت الشمس حامية في الشهر الماضي ولكن دي الوقت الريح باردة و الهوا بطّال ــ في فلوس في الدولاب الازرق ــ ايوه في فلوس هناك ــ هل عنده الحصان حشيش وموية ــ لا ولكن عنده تبن نضيف وشعير ــ الجمل عطشان لكن الحصان جيعان •

Exercise 8 a.

Ākān et-tāgir mas͟hgūl fī's-sūq embāriḥ? *Hal 'andhā el-mar'ah qazāzah nibīt?* *Ākān er-rāgil el-fuqīr keslān fī'l-genēnah?* *Ana mus͟h 'ayyān en-nahār da walākin embāriḥ kunt.* *Man hīya el-mar'ah (ellatī) fī's͟h-s͟hāri'?* *Fēn el-bunduqīyah?* *El-bunduqīyah fī'l-bēt wa el-kalb fī'l-genēnah.* *Kānet es͟h-s͟hams ḥāmiyah fī's͟h-s͟hahr el-māḍī walākin dilwaqt er-rīḥ bāridah wa el-howa baṭṭāl.* *Fī fulūs fī'd-dūlāb el-azraq?* *Aiwah fī fulūs henāk?* *Hal 'andoh el-ḥuṣān ḥas͟hīs͟h wa moyah?* *Lā walākin 'andoh tibn niḍīf wa s͟ha'īr.* *El-gamal 'aṭs͟hān lākin el-ḥuṣān gī'ān.*

Exercise 9.

Air is an exceedingly light substance. The days in winter are extremely short. The stars are shining bodies in heaven. The plants and trees are fixed in the ground. It (*f.*) is dear and beautiful. Is the country of Cashmere pleasant? Yes, it is exceedingly pleasant. Is the kingdom of Persia large? Yes, it is very large. The book is useful. The books are useful. The brother is big. The sister is small. Where are the brothers? They are in the town. Where are the sisters? They are in the garden. The neighbour (*m.*) is a very clever man. The neighbour (*f.*) is a pious woman. They are not rich. They were poor. The houses are large. The houses are very high. The books are useful. Where are the books? The books are in the cupboard. Is he not hungry? Yes, he is hungry. No, he is not hungry. Art thou not thirsty? No, I am not thirsty, I am tired. They were not contented. They were angry. I was surprised. We are not surprised. The quarters are too broad. The halls are very fine. The merchants are good men. The neighbours are not good men. The weather is good to-day. The weather is bad and the street is muddy. God is generous.

Exercise 10.

النجارين والخياطين رجال مشغولين وشاطرين ــ حارات المدينة عريضة وطويلة ــ ساعات النهار قصيرة في الشتا ــ هل أبواب البيوت في بلد مفتوحة ــ جبال البلاد دي عالية والانهار عميقة ــ كانوا ملوك العجم رجال كويسين كثير ــ ما كنتش أنت في الجنينة امبارح ــ لا أنا كنت في المدينة ــ أنا كنت خايف كثير النهار دا ــ الناس رحماء ولكن الحيوانات مش رحيمة ــ الاخْوات والاخَوات مش في الجنينة ــ الماء معكر لكن النبيت طيب ــ هل عندك خيل وجمال طيبة ♦

Exercise 10 a.

En-naggārīn wa el-khaiyāṭīn rigāl mashghūlīn wa shāṭirīn. Ḥārāt el-medīnah 'arīḍah wa ṭawīlah. Sa'āt en-nahār qaṣīrah fī'sh-shita. Hal abwāb el-buyūt fī balad maftūḥah? Gibāl el-bilād dī 'āliyah wa el-anhār 'amīqah. Kānū mulūk el-'agam rigāl kwyīsīn keṭīr. Mā kuntesh ente fī'l-genēnah embāriḥ? Lā ana kunt fī'l-medīnah. Ana kunt khāif keṭīr en-nahār da. En-nās raḥma walākin el-ḥaiwānāt mush raḥīmah. El-akhwāt wa el-akhawāt mush fī'l-genēnah. El-mā mu'akkar lākin en-nibīt ṭieyib. Hal 'andak khēl wa gimāl ṭieyibah?

Exercise 11.

This is strange. This is the truth. Truly this was so. This thing is not good. This town is agreeable. This town is populous. That man yonder is lame. That man over there is renowned in war. I was at home at that hour. These people are polite. This tea is very good. This butter is cheap. This youth is wise. This girl is wise. This horse is weak. The horse is dear at this price. This rope is not long enough. I was at home to-day. The hats are too large. These books are dear. Is there any news? No, there is none. What news is there to-day? There is no news to-day. There is nothing new. What o'clock is it? It is four o'clock. How much is the bread? Bread is now four piastres the pound. How much is meat? Meat is now three piastres the pound. The season (of the year) is three months. Every four weeks (make) one month. The nights are short and the days long. Life is short and science long.

Exercise 12.

الناس دول كانوا مشغولين كثير في المدينة امبارح ـ آهل دكها البلد كانوا مشهورين بالحرب ـ الشاي دا رخيص كفاية ولكن النبيت ذاك غالي بزيادة ـ بالتحقيق دا شي عجيب كثير ـ هوا البلد دا لطيف جدًّا في الشتا ولكن حارّ بزيادة في فصل الصيف ـ دكها المدينة معمورة ـ فيش خبر النهار دا في المدينة ـ لا ما في ولا حاجة جديدة ـ سعر العيش كان غالي بزيادة في السوق امبارح ـ بكم كان الرطل ـ كان بثلاثة غروش الرطل ـ الحبل دا طويل بزيادة وهو مش طيب ـ الساعة كم بالليل كنت أنت في البيت ـ أنا كنت في البيت الساعة خمسة ـ ذاك الشاب متمدّن كثير ـ الصحيح أي في هذا الامر ◆

Exercise 12 a.

En-nās dōl kānū mashghūlīn keṭīr fī'l-medīnah embāriḥ. Ahl dikhā el-balad kānū mashhūrīn bi'l-ḥarab. Esh-shāi da rikhīṣ kafāyah walākin en-nibīt dāk ghālī bi'z-ziyādah. Bi't-taḥqīq da shē 'agīb keṭīr. Howa el-balad da laṭīf giddan fī'sh-shita walākin ḥārr bi'z-ziyādah fī faṣl eṣ-ṣēf. Dikhā el-medīnah ma'mūrah. Fīsh khabar en-nahār da fī'l-medīnah. Lā mā fī wala ḥāgah gidīdah. Si'r el-'ēsh kān ghālī bi'z-ziyādah fī's-sūq embāriḥ. Bikam kān er-raṭl? Kān b'ṭalāṭah ghurūsh er-raṭl. El-ḥabl da ṭawīl bi'z-ziyādah wa hūa mush ṭieyib. Eṣ-sā'ah kam bi'l-lēl kunt ente fī'l-bēt? Ana kunt fī'l-bēt es-sa'ah khamsah. Zāk esh-shābb mitmaddin keṭīr. Eṣ-ṣaḥīḥ ē fī hāza el-amr?

Exercise 13.

This will be a useful thing. This will be useless. Will you be at home to-night? I shall be at home to-morrow at two o'clock. Shall you be at home to-day? I shall be at home to-night at seven o'clock. Where will you be at eight o'clock? We shall be in the garden at nine o'clock. Who are you? I am the captain of the ship. How will the matter be? Where is he now? He is in the garden. Is the garden far from here? The garden is not far. It is near here. Bring a bowl and two glasses of wine. Bring a light. Boy, bring the lamps. Were the two brothers in one house? The river was small between the two towns. Is there a broad river near here? From what country are you? From Syria. Whence is the road? From Baghdad. I am busy from morning till evening. This horse is for sale. How much for this horse? For ten pounds. Are you well? Thank God, I am quite well. Grapes are good this season. The dog is a faithful and watchful friend of man. Drinking, eating, and sleeping are necessary things for man. How much water is there in the well? How many soldiers are there in the fort? How many horses or mules are there in this town? How much wheat is there in the market?

Exercise 14.

غير بعيد من هنا في بيت كويس وبستان مليح — أكون هناك الساعة ثلاثة بكره — في قلعة قريب المدينة دكها بين النهر والجبال — أيوه في قلعة صغيرة ولكن هي مش قريب النهر — كم عسكري فيها — خمسة أو ستة — ياولد هات نور و كاسين و قزازة نبيت — الحصان صاحب طيب للانسان — الكلب حارس في الليل لازم له الرقاد في النهار — كم رجل يكون حاضر في السوق بكره — قد ايش من المويه في النهر — فيه كفاية — من أين الوالدين دول — هما من بغداد — من هو أبوكي يا بنت واسمه أي — فيش فلوس في الصندوق دا — نعم فيه اربعة خمسة قروش — هل الصندوق من حديد — لا ولكن هو جامد كثير •

Exercise 14 a.

Ghēr ba'īd min hena fī bēt kuwyīs wa bustān milīḥ. Akūn henāk es-sā'ah ṭalāṭah bukra. Fī qala' qarīb el-medīnah dikhā bēn en-nahr wa'l-gibāl? Aiwah fī qala' ṣaghīrah walākin hīya mush qarīb en-nahr. Kam 'askarī fīhā? Khamsah ow sittah. Yā walad! hāt nūr wa kāsēn wa qazāzah nibīt. El-ḥuṣān ṣāḥib ṭieyib li'l-insān. El-kalb ḥāris fī'l-lēl lāzim loh er-ruqād fī'n-nahār. Kam rāgil yekūn ḥāḍir fī's-sūq bukra? Qadd ēsh min el-moyah fī'n-nahr? Fīh kafāyah. Min ēn el-waladēn dōl? Huma min bughdād. Mīn hūa abūkī yā bint w'ismoh ē? Fīsh fulūs fī'ṣ-ṣandūq da? Na'am fīh arba'ah khamsah ghurūsh. Hal eṣ-ṣandūq min ḥadīd? Lā walākin hūa gāmid keṭīr.

Exercise 15.

Is your father living? Yes, sir. What is his name? His name is Ḥassan. What is his age? Fifty years. And what is your mother's age? My mother's age is forty years. What is the age of your sister? My sister is twenty years old. She is still young. She is not old. From what country are you? I am from Aleppo. What is your name? My name is Maḥmūd. What is your age? I am forty years of age. And what is your sister's name? Her name is Fāṭmah. Where is your gun? My gun is in the corner. Where is your book? Our book is in the cupboard. Where is your brother? Our brother is in the garden. Our garden is far from the town. Is not your garden also far? No, sir, it is not far. Is it near here? Yes, sir. My horse is weak. This garden is very dear at this price. Their clothes are new. Our clothing was not ready. Their house is large and new. Where were you to-day? I was in their garden to-day from seven o'clock until nine. May your day be happy (good day)! How are you? Well, thank God! How is your father? Our father was ill. Your brother was ill too. Good night!

Exercise 16.

خدّام أبوي والبغلين بتوعه كانوا في الجنينة في هذا الصباح ـــ ازاي ابوكم النهار دا ـــ هو عيان كثير وأمي أيضًا ـــ كم سنة عمره ـــ عمره أربعين سنة ولكن أمي لسا شابّة ـــ هل بنتك شابّة أو عجوزة ـــ صار عمرها عشرة سنين بالنهار دا ـــ اسمه أي الخدّام اللي كان في بيتك امبارح ـــ اسمه علي واسم أخوه عبد الله ـــ في الساعة كم يكونوا أصحابهم وجيرانهم في بساتين الملك ـــ في الليلة دي قريب الساعة سبعة ـــ أخوة ملك العجم الاثنين كانا في مدينة بغداد ولكن الملك كان في بلده ـــ هل السكّة دي دغري بين المدينة والبلد ـــ الكتاب بتاعك ولكن الورق والاقلام بتوعي ـــ كم قلم عندك ـــ ثلاثة أو أربعة ـــ هاتها لي هنا ٭

Exercise 16 a.

Khaddām abūya wa'l-baghlēn bitū'oh kānū fi'l-genēnah fī hāza eṣ-ṣabāḥ. Azayy (azē) abūkum en-nahār da? Hūa 'ayyān keṭīr wa ummī aīḍan. Kam sanah 'umroh? 'Umroh arbi'īn sanaḥ walākin ummī lissa shābbah. Hal bintak shābbah ow 'agūzah? Ṣār 'umrhā 'asharah sinīn bi'l-nahār da. Ismoh ē el-khaddām illī kān fī bētak embāriḥ? Ismoh 'alī w'ism akhūh 'abd-allāh. Fī's-sā'ah kam yekūnū aṣḥābuhum wa gīrānuhum fī basātīn el-melik? Fī'l-lēlah dī qarīb es-sā'ah sab'ah. Akhwat melik el-'agam el-eṭnēn kānā fī medīnah bughdād walākin el-melik kān fī baladoh. Hal es-sikkah dī dughrī bēn el-medīnah wa'l-balad? El-kitāb bitā'ak walākin el-waraq wa'l-aqlām bitū'ī. Kam qalam 'andak? Ṭalāṭat ow arba'ah. Hāt'hā lī hena.

Exercise 17.

Have you not got a pen? I have pens, ink, and paper. Boy, bring the pen and the inkstand. Have they (any) books? Yes, they have one book. Has he any children? Yes, sir, he has three. Are they big? No, sir, they are small. How many brothers have you? I have none. She has two brothers. Have you any black cloth? Yes, sir, I have some black broadcloth. She has new clothing. Have you not got a watch? Yes, I have a new watch. We have a large house. Is this your house? We shall have plenty of money. They will not have enough money. I shall not be afraid. I shall have fifteen piastres a week. How old is she? In four days' time she will be thirteen years old. Where were you yesterday? I was in the garden. With whom were you there? With my father. Where was your brother? He was with me to-day. Where is your sister; was she also with you? He has three piastres with him in his pocket. Her brother was with us. How old art thou? I am nineteen years old. She is sixteen years of age. Wheat is very dear now; its price is 120 piastres an ardab. The weight of this diamond is three carats. Did it rain in the night? There was no rain; perhaps we shall have rain to-day.

Exercise 18.

ابوي عنده حصانين وثلاثة بغال وثمانية عشر جمل — فين أولاد اختك النهار دا — كانوا الساعة عشرة في الجنينة ولكن دي الوقت هم يمكن في البيت ويا امّهم — من كان وياك في المدينة امبارح — ولدين صاحبي عبد الله وبنت الرجل دا — للحصان داك ضعيف كان قوي كفاية امبارح يمكن هو تعبان

من السفر — كم من الفلوس في كيس اخوك دا — فيه اثنا عشر قرش وجنيهين — هو غني كثير معه فلوس قد كذا — هل يكون عند التجّار الماس في السوق للجمعة الجاية — ما اعرفش ولكن انا أفتكر يكون فيه عند عبد الله التاجر •

Exercise 18 a.

Abūya 'andoh ḥuṣānēn wa ṭalāṭah baghāl wa ṭamantāsher gamal. Fēn awlād ukhtak en-nahār da. Kānū es-sā'ah 'asharah fī'l-genēnah walākin dil-waqt hum yimkin fī'l-bēt waya ummuhum. Mun kān wayyāk fī'l-medīnah embāriḥ? Waladēn ṣāḥibī 'abd-allāh wa bint er-rāgil da. El-ḥuṣān dāk ḍa'īf kān qowī kafāyah embāriḥ yimkin hūa ta'bān min es-safar. Kam min el-fulūs fī kīs akhūk da? Fīh iṭnāsher qirsh wa ginehēn. Hūa ghanī keṭīr ma'oh fulūs qadd kida. Hal yekūn 'and et-tugār almās fī's-sūq el-gum'ah el-gāyah? Mā 'arafsh walākin ana iftikir yekūn fīh 'and 'abd-allāh et-tāgir.

Exercise 19.

My book is on the table. Is not your hat on the table? My knife is on the bedstead. Where is my handkerchief? Your handkerchief is not here. Your handkerchief is in the cupboard on the left. Where is her book? Her book is on the bedstead to the right. This house cost me forty purses. This garden cost him three purses. This house is too dear for me at this price. This garden is for sale. For how much? For seven purses. It is too dear for me. These boots are narrow for my feet. This book is difficult for us. In his opinion this will be useless. In my opinion this will be a useful thing. We are afraid of them. Do not be afraid of me. Was he not wrong? He is right. Every day he has only one lesson. I have two lessons to-day. She has a dowry of 3000 dinars. My monthly wages are forty piastres. She has two children. No quiet for the envious. This merchant has much money. Have you got English knives and forks? Have you not any money with you? Yes, I have twenty piastres with me. We have two purses with us. This is a good shop, everything in it is good. There is no use in ignorance. I have a claim against him. How much does he owe you? He owes me ninety-three piastres. This woman has a claim against me. I owe her forty pieces of silver. You owe us 1000 piastres. How much do I owe her? You owe her forty-three piastres. I owe you nothing at all.

Exercise 20.

الفرشة دكها طويلة جدًّا عليك — هي خمسة أُقدام فقط في الطول — في بيت كويس علي الجبل ومعه بستان كبير قريب النهر — هو بتاع من — هو بتاع ابو صاحبي عبد الله — بكم وقف عليه — كلّفه بعشرين الف دينار — كان البيت غالي كثير بذاك الثمن — بالصحيح عندك الحق وهو للبيع دي الوقت — بكم — بنصف الثمن — الدرس دا صعب كثير قوي عليّ — لاتخاف منه — للعسكري دا دين عليك — يقول له عندك خمسة عشر قرش — هو غلطان ما له عندي ولا بارة — كم شهريتك — شهريتي ثلاثين قرش والاكل والشرب — دا طيب كثير •

Exercise 20 a.

El-farshah dikhā ṭawīlah giddan ʿalēk. Hīya khamsat aqdām faqaṭ fī'ṭ-ṭūl. Fī bēt kwyīs ʿala'l-gebal wa maʿoh bustān kebīr qarīb en-nahr. Hūa bitāʿ mīn? Hūa bitāʿ abū ṣāḥibī ʿabd-allāh. Bikam wiqif ʿalēh? Kallifoh bʿishrīn alf dinār. Kān el-bēt ghālī keṭīr bidāk eṭ-ṭaman. Biṣaḥīḥ ʿandak el-ḥaqq wa hūa lil bēʿ dil-waqt. Bikam? Binuṣf eṭ-ṭaman. Ed-dars da ṣaʿb keṭīr qowī ʿalayya (ʿalēya). Lā tikhāf minnoh. Lil-ʿaskarī da dēn ʿalēk. Yeqūl loh ʿandak khamastāshar qirsh. Hūa ghalṭān mā loh ʿandī wala bārah. Kam shahrīyatak? Shahrīyatī ṭalaṭīn qirsh wa'l-akl wa'sh-shurb. Da ṭieyib keṭīr.

Exercise 21.

Everything has a beginning, and everything will have an end. We are all of us under his thumb (hand). You are all under my orders. Muḥammed owes Ḥassan 100 francs. How much does Muḥammed owe you? Muḥammed owes me fifty pounds. The prince always has ten men with him. Our brother is good to every one. Was the river broad between the two towns? Yes, it was broad and deep. Is he your friend? Yes, he is my friend and partner, and everything between us is in common. There were two feet between me and him. This house is ten paces in length and nine in breadth. This room is seven paces broad and the same in length. This town is eight miles in circumference. There is a superfluity (زخا) of everything in this country. There is (both) good and evil in life. He is as old as I am. I am not his equal in knowledge. I am not as learned as he is. You are as bad as I am good. He owes (is indebted) as much as you. We have as much as you. Zeinab is not so beautiful as Hind. The judge is not so rich as the merchant. This cotton is as white as snow. He has no understanding. He is as if he were a man without mind. Is there no danger to horses and mules on this road? No, there is no danger.

Exercise 22.

أخي هو مثلي ولكن بنت عمّك ما هيش زي اختها ـ القط ما هوش كبير
زي الكلب ـ قدّ ما الرجل دا فقير قدّ ما التاجر دكها غني ـ لا هو غني قدّ
التاجر لكن. مش كريم قدّه ـ هل عندك فلوس كثير ـ عندى مثل ما عنده
من الفلوس ولكن مش كفاية لثمن هذا البيت ـ هل الماء بارد ـ نعم يا سيدي
هو بارد كالثلج ـ هات لي شويّة في كباية لاشرب ـ قد آي جنينة عمك كبيرة ـ
طولها اربعين خطوة وعرضها خمسة وثلاثين ـ فيها زهور ونباتات واشجار كثيرة ٥

Exercise 22 a.

Akhī hūa miṭlī walākin bint 'ammak mā hīsh zē ukhthā. El-quṭṭ mā hūsh kebīr zē'l-kalb. Qadd mā er-rāgil da faqīr qadd mā et-tāgir dikhā ghanī. Lā hūa ghanī qadd et-tāgir lākin mush karīm qaddoh. Hal 'andak fulūs keṭīr? 'Andī miṭl mā 'andoh min el-fulūs walākin mush kafāyah liṭaman hāza'l-bēt. Hal el-mā bārid? Na'am yā sīdī hūa bārid ka'ṭ-ṭalg. Hāt lī shwyyeh fī kubbāyah l'ishrab. Qadd ē genēnat 'ammak kebīrah? Ṭūlhā arbi'īn khaṭwah wa 'arḍhā khamsah wa ṭalāṭīn. Fīhā zuhūr wa nabātāt w'ashgār keṭīr.

Exercise 23.

The season is three months. There are four seasons in the year, viz. spring, summer, autumn, and winter. Autumn is the season for fruit. The horse is man's companion (partner) both in garrison and war. Man has eyes for the sense of sight, and ears for the sense of hearing. The varieties of animals are numerous; the flesh of the ox, the calf, and of cows is useful as food for man, and the milk, also, of cows and goats. What is the population of Egypt? The population of Egypt, leaving out Cairo, is 2,900,000. The population of Austria is 40,000,000. This was the advice of my father and mother. Life in this world has many ups and downs. From the earliest times knowledge was diffused in the countries of the east. How is the lady? She is well, thank God! Who was the cause of this? I was not the cause of this. Boy, bring the tea-caddy. What is your father's profession? My father is a gentleman. What trade is his uncle? His uncle is a goldsmith. He is the father of the poor and miserable. Fear of God is the head (chief) of wisdom. The wise man in the country of his birth is like gold in its mine.

Exercise 24.

بيت القاضي مش بعيد كثير من هنا ـ هو فقط علي بُعد ثلاثة أميال من هنا ـ بنات عمي كويِسات ولكن اولاده قبيحين ـ احد خدّام الملك كان مع اخي في السوق امبارح ـ احدي بنات الامير كانت مع امّها في الصباح في الجنينة قريب النهر ـ فين أخ بواب صاحبك دي الوقت ـ أنا أفتكر انه راح للسوق النهار دا ـ ابو زوجة أخي عاليم كثير ـ اسمه اي ـ بيت القاضي وبستانه كويِسين كثير ولكن جنينة أخوه مش كويِسة قد كذا ـ حصان أبوي الجديد قوي كثير و كويِس جدًا ـ ثمنه كم ـ كان ثمنه الف دينار ذهب ـ باب المدينة عالى وعريض كثير ومعمول من خشب ـ كان في شمعدان فضة كبير علي السفرة في الاوضة بتاعتي وكان فيه شمع ـ جيب لي لقمة عيش وكباية ماء لاني جيعان وعطشان كثير ـ كان التاجر في السوق عنده الف وثلاثمئة وخمسين رطل شاي وثلاثة قناطير سكر ونصف واربعمئة وخمسين ذراع جوخ اسود وابيض في دكّانه ـ الجنينة دي طولها ثلاثمئة وخمسة خطوات وعرضها ثلاثة وستين والبيت اللي فيها ارتفاعه أربعين قدم ـ كم وزن سكيبة (بالة) القطن دي ـ وزنها قنطار وثلاثة أرباع تقريبًا ـ دا زي بعضه عندي ◆

Exercise 24 a.

Bēt el-qāḍī mush ba'īd keṭīr min hena. Hūa faqaṭ 'ala bu'd ṭalāṭat amyāl min hena. Banāt 'ammī kwyīsāt walākin awlādoh qabīḥīn. Aḥad khaddām el-melik kān ma' akhī fī's-sūq embāriḥ. Eḥda banāt el-amīr kānet ma' ummhā fī's-ṣabāḥ fī'l-genēnah qarīb en-nahr. Fēn akh bawāb ṣāḥibak dil-waqt? Ana aftikir innoh rāḥ lī's-sūq en-nahār da. Abū zōgat akhī 'ālim keṭīr. Ismoh ē? Bēt el-qāḍī wa bustānoh kwyīsīn keṭīr walākin genēnat akhoh mush kwyīsah qadd keda. Ḥuṣān abūya el-gidīd qowī keṭīr wa kwyīs giddan. Ṭamanoh kam? Kān ṭamanoh alf dīnār dahab. Bāb el-medīnah 'ālī w'ārīḍ keṭīr wa ma'mūl min khashab. Kān fī sham'idān faḍḍah kebīr 'ala's-sufrah fī'l-ōḍah bitā'etī wa kān fīh sham'. Gīb lī luqmat 'ēsh wa kubāyat mā lainnī gī'ān wa 'aṭshān keṭīr. Kān et-tāgir fī's-sūq 'andoh alf wa ṭalāṭmīyah wa khamsīn raṭl shāi wa ṭalāṭah qanāṭīr sukkar wa nuṣf w'arba 'mīyah wa khamsīn dirā' gōkh iswid wa abyaḍ fī dukkānoh. El-genēnah dī ṭūlhā ṭalāṭmīyah wa khamsah khaṭwāt wa 'arḍhā ṭalāṭah wa sittīn wa'l-bēt illī fīhā irtifā'oh arbi'īn qadam. Kam wazn sakībat (bālat) el-quṭn dī? Waznhā qanṭār wa ṭalāṭat arba' taqrīban. Da zē ba'ḍoh 'andī.

Exercise 25.

This man is highly intellectual. The merchant is a very kind man. This judge is an illustrious and eminent person, well versed in affairs, by the intelligence of his administration. There was a sultan in Egypt, who was most just, a carer for the safety (of his people), generous, and possessed of all good qualities; and he had a wise minister, who was a master of science, mathematics, and (elegance of) style. He had two sons; the name of the elder was Shemseddīn Maḥmūd, and of the younger, Nūreddīn Ali. We arrived at a well-ordered island, which was well wooded and full of birds. I had a father, a merchant, who was a very wealthy man. One of the merchants was very rich in goods, a dispenser of favours, and the owner of slaves and servants, and he had a number of wives and children. This minister is wise, of keen understanding, and an upright administrator. The king was of great eminence and lofty power, and he had immense wealth and a strong army, and he had three daughters and one son, and he was possessed of great knowledge, goodness, intellect and statesmanship.

Exercise 26.

هذا الرجل كريم النفس شريف الاصل ـ هل الناس دول بليدين أو كسلانين فقط ـ الاشجار والجبال في البلاد دي كثيرة الالوان ـ تجار المدينة دكها أصحاب اشغال طيبين كثير ولكن أصحاب الدكاكين هنا ما همش نشيطين ولا شاطرين ـ الناس في زمان محمد ما كانوش حرّين الافكار ولا أصحاب عدل ـ محمد كان عبد الله و نور الدين ـ اسم وزير الخليفة نور الدين كان شمس الدين علي و كان ذو علم و صاحب مال واشغال ـ له ثلاثة أولاد وبنتين ـ كان اسم الولد الاوّل علي والثاني محمد والثالث حسن واسم البنتين زينب وهند ـ كل أولاده كانوا شجعان كثير أهل علم و البنتين امرأتين جميلتين وحسنات السيرة ـ أحد ملوك العجم كان نوشروان العادل ولكن نصر الدين حاكم تلك البلاد الآن وهو ظالم ـ وصلنا الي مدينة معمورة كثيرًا و كان أهلها اصحاب مال وحسنين السيرة وأهل أدب وبساتينها ذات ظل وطيور •

Exercise 26 a.

Hāza el-rāgil karīm en-nafs sharīf el-aṣl. Hal en-nās dōl balīdīn ow keslānīn faqaṭ ? El-ashgār wa'l-gibāl fī'l-bilād dī keṭīrat el-alwān. Tugār el-medīnah dikhā aṣḥāb ashghāl ṭieyibīn keṭīr walākin aṣḥāb ed-dakākīn hena mā humsh nashīṭīn wala shāṭirīn. En-nās fī zamān muḥammad mā kānūsh ḥurrīn el-afkār wala aṣḥāb 'adl. Muḥammad kān 'abd allāh wa nūr ed-dīn. Ism wazīr el-khalīfah nūr ed-dīn kān shems ed-dīn 'alī wa kān zū 'ilm wa ṣāḥib māl w'ashghāl. Loh ṭalāṭat awlād wa bintēn. Kān ism el-walad el-awwal 'alī wā'ṭ-ṭānī muḥammad wa'ṭ-ṭāliṭ ḥassan w'ism el-bintēn zēnab wa hind. Kull awlādoh kānū shugu'ān keṭīr ahl 'ilm wa'l-bintēn imrātēn gamīlatēn wa ḥusnāt es-sīrah. Aḥad mulūk el-'agam kān naushirwān el-'ādil walākin naṣr ed-dīn ḥākim tilk el-bilād alān wa hūa ẓālim. Wiṣilnā ila medīnah ma'mūrah keṭīran wa kān ahlhā aṣḥāb māl wa ḥusnīn es-sīrah wa ahl adab wa basātīnhā zāt ẓill wa ṭuyūr.

Exercise 27.

Lead is heavier than iron. This river is broader than the river Nile. She is prettier than her sister. The light of the moon is less than the light of the sun. A wise enemy is better than an ignorant friend. A live dog is better than a dead lion. There is no longer river in the world than the blessed river Nile. The moon is forty-nine times as small as the earth. The sun is thirteen hundred thousand times larger than our globe. He is greedier than a dog. There is no one more avaricious than he is. Might is right. Solomon was the wisest of mankind. The Mediterranean is the largest sea in the world. The mountain of Kāf is the greatest mountain in the world. The Himalayas are the highest mountains in the world. The diamond is the most valuable of all jewels. Liberality in the poor is the highest form of generosity. To-day is the shortest day in the year. The stars are shining bodies in heaven, and the brightest among them is the sun. Many animals have stronger senses than man; thus, with the dog, its sense of smell is both stronger and keener. Europe is a more populous portion than all the other parts of the world, and its inhabitants are also very well educated. Asia is four times larger than Europe.

Exercise 28.

درس أخوك النهار دا أسهل من امبارح – الناس دول جاهلين كثير ولكن اهل بلاد العجم لسّا أجهل – الهوا أخف من الماء والحديد أخفّ من الرصاص – هل جنينة أبوك أطول من دي – هي أطول بماية خطوة وأعرض كثيرًا – فيه واحد تاجر في السوق (اللي هو) صاحب أشغال واسمه عبد الرحمن ولكن أخوه في مدينة بغداد غني اكثر منه وأخوه هنا غني اكثر من الكل – الملك سليمان كان أحكم الناس وكان اكثر جميع ملوك زمانه مالاً وعلمًا وتقوي – جبال أوروبا عالية ولكن جبال أميريكا أعلي وجبال الهند أعلي من الكل – الفيل حيوان نافع ولكن للجمل انفع وللحصان الانفع ◆

Exercise 28 a.

Dars akhūk en-nahār da ashal min embāriḥ. En-nās dōl gāhilīn keṭīr walākin ahl bilād el-'agam lissa aghal. El-howa akhaff min el-mā wa'l-ḥadīd akhaff min er-ruṣāṣ. Hal genēnat abūk aṭwal min dī? Hīya aṭwal bi māyat khaṭwah w'a'arḍ keṭīran. Fīh wāḥid tāgir fī's-sūq (illī hūa) ṣāḥib ashghāl w'ismoh 'abd-er-raḥman walākin akhūh fī medīnat bughdād ghanī akṭar minnoh wa akhūh hena ghanī akṭar min el-kull. El-melik sulīmān kān aḥkam en-nās wa kān akṭar gamī' mulūk zamānoh mālan w'ilman wa taqwa. Gibāl auroba 'āliyah walākin gibāl amerika a'alī wa gibāl el-hind a'alī min el-kull. El-fīl ḥaiwān nāfi' walākin el-gamal anfā' wa'l-ḥuṣān el-anfa'.

Exercise 29.

What did you eat this morning? I ate until I was satisfied. We ate until we were satisfied. The girl ate until she was satisfied. You ate and drank until you were satisfied. They neither ate nor drank. Where were you yesterday? I was looking for you. Where did you go, we looked for you yesterday? Did you look for us to-day? No, we did not seek you. I wrote you a note. I wrote this letter to you. We wrote two letters to you. You did not write us an answer to the first letter. We wrote you another letter. Why did they not write us an answer? Why did you not smoke? What is this book? From whom did you take it? I took it from my uncle's son. We took money from our father. Did you not know what occurred? No, sir, we did not know what happened. I heard strange things to-day. What did you learn? I learnt nothing. I had heard much about him. We had not heard much about her. Had you sought her the day before yesterday? No, we had not looked for her the day before yesterday? You had written this letter in haste. He had not understood this letter. I had not understood this letter. They had heard much about us. She had not known what occurred. We arrived at a pleasant island. Your dear letter arrived at the most auspicious hour.

Exercise 30.

أنا كتبت جواب الي أمي في هذا الصباح ولكن أخي كان كتب لها جواب أول امبارح — عمّتي ما كتبتش لي النهار دا — وزير الملك رجل حكيم وعالم كتب

وترجم كتب كثيرة — هل الرجل ضرب الحصان بعصا أو بكرباج — ضربه مراراً بعصا علي رأسه — مافهمتش الامرأة آي قال لها القاضي — هي كانت بليدة خالص — لآي ما كتبتش له جواب — أنا كتبت له ولكن هو كان راح — ممّن سمعت أنت خبر الحرب في السودان امبارح — في جواب من عمّي — اي كان عندكم للفطور الصباح دا — كان عندنا قهوة وعيش وبيض وفواكة — الشاي أحب اليّ من القهوة في الفطور — ما فهمتش الرجل قال آي — أنا قلت له أن كلامه كان غير نافع وبلا معني ◆

Exercise 30 a.

Ana katabt gawāb ila ummī fī hāza'ṣ-ṣabāḥ walākin akhī kān katab lihā gawāb awwal embāriḥ. 'Ammetī mā katabetsh lī en-nahār da. Wazīr el-melik rāgil ḥakīm wa 'ālim katab wa targam kutub keṭīrah. Hal er-rāgil ḍarab el-ḥuṣān b'aṣā ow bikurbāg? Ḍaraboh marāran b'aṣā 'ala rāsoh. Mā fahimetsh el-imrāt ē qāl lihā el-qāḍī. Hīya kānet belīdah khāliṣ. Lē mā katabtsh loh gawāb? Ana katabt loh walākin hūa kān rāḥ. Mimīn samī't ente khabar el-ḥarb fī's-sūdān embāriḥ? Fī gawāb min 'ammī. Ē kān 'andukum lī'l-fuṭūr eṣ-ṣabāḥ da? Kān 'andnā qahwah w'ēsh wa bēḍ wa fawākih. Esh-shāi aḥabb 'alēya min el-qahwah fī'l-fuṭūr. Mā fahimtish er-rāgil qāl ē? Ana qult loh inn kalāmoh kān ghēr nāfi' wa bila ma'na.

Exercise 31.

أولاد المدرسة درّسوا دُروسهم باجتهاد كثير في الليل — الايطالياني دهن أبواب وشبابيك البيت بلياقة عظيمة — أنا سمعت أن العسكر كانوا قتلوا كل رجال المدينة وحبسوا كل النساء والاولاد — الله يعرف الصحيح آي ولكن الخبر بطّال قوي — لآي الخدّام ما كنسش ولامسح أرضية الاوضة بتاعتي — أنا أظن لانه كسلان — للخواجة لين كان معلّم عالم في العربي وترجم القرآن والالف ليلة للانكليزي — وزن الشاي عشرة أرطال والسكر خمسة عشر — هل ختمت للجواب — نعم ياسيدي — خذه بقا الي البوسطة — مسك الطفل في أذرعه ولمس رأسه بيده — من عمل طاولة للخشب دي — عملْها النجّار والكرسيين دول كمان — هل أنت جعلت البوّاب يقفل الابواب والشبابيك تحت — لا ياسيدي لسّا — بقا أعمل كدا قوام ◆

Exercise 31 a.

Awlād el-madrasah darasū durūsuhum bi igtihād keṭīr fi'l-lēl. El-iṭāliyānī dahan abwāb wa s͟habābīk el-bēt biliyāqat 'aẓīmah. Ana samī't inn el-'askar kānū qatalū kull rigāl el-medīnah wa ḥabasū kull en-nisā wa'l-awlād. Allāh ya'rif eṣ-ṣaḥīḥ ē walākin el-k͟habar baṭṭāl qowī. Lē el-k͟haddām mā kanass͟h wa lā masaḥ ardiyat el-ōḍah bitā'etī? Ana uẓunn lainnoh (liannoh) keslān. El-k͟hwāgah lane kān mu'allim 'ālim fi'l-'arabī wa targam el-qurān w'al-alof lēlah lī'l-inklīzī. Wazan es͟h-s͟hāi 'as͟harat arṭāl wa's-sukkar k͟hamastās͟har. Hal k͟hitmt el-gawāb? Na'am yā sīdī. K͟hudoh baqa ila'l-bōsṭah. Misik eṭ-ṭifl fī adru'oh wa lamas rāsoh b'ydoh. Man 'amal ṭāwīlah el-k͟has͟hab dī? 'Amalhā en-naggār wa'l-kursīyēn dōl kemān. Hal ente ga'alt el-bauwāb yiqfil el-abwāb wa's͟h-s͟habābīk taḥt? Lā yā sīdī lissa. Baqa i'mil keda qawām.

Exercise 32.

What are you doing? I am writing to my father. We are writing a letter besides the one we have written. Where are we going? We are going to the provost-marshal. He is going (or goes) to school. She is going to market. Do you not smoke? I do not smoke. Why do you not drink wine? Do you know Arabic? Yes, I know a little. He is returning from hunting. He returns from Constantinople. He understands Turkish, but does not know the affairs of Constantinople. Does he know how to read? He cannot read. Do you know this man? Do you not know this man? Yes, I know him well. He does not understand this. That which I understand, thou dost not understand. What are you doing? We are doing whatever appears fitting to us. You have no right to do this thing. You are not acting like a wise man. This business will not end well. This affair will end well, please God! Where do you live? We are living in the town. I always live in the country. Where do they live? Is the house in which they live far from here? You acted like a friend. I acted to the best of my ability. All right, you did well. Did you hear us? Yes, we heard you, but we did not understand your words. We had not understood that which we had heard. You have not gone out yet? No, sir, we have not gone out yet. What has happened? The soldiers struck me with their swords on the head. We wrote two letters besides those which we had written.

Exercise 33.

The wisest man is he who perceives the consequences (of anything). The most wicked man is the educated man, who makes no use of his learning. Everything in the hand of the slave belongs to his master. He is contented with whatever God has appointed to him. The highest part of the body, which is the chest, contains the heart and the lungs. I sent you the things which you were seeking. Contentment profits health and soul too. The spring is the most pleasant season of the year, and during it everybody goes out into the gardens. Europe has many manufactories, which were the cause of the wealth of her people. The continent of Europe ends in a southerly direction in three peninsulas, the first of which is Spain, the second Italy, and the third Turkey. Fog is a sea of vapour, which becomes fine drops of water.

Exercise 34.

أخي بيكتب جواب في الأُوضة بتاعته ـ تعمل آي هنا ـ أنا أُقطع للجوخ علي شان للخياط اللي رايح يعمل لي بدلة منه ـ هل هو رجل مجتهد و يعمل البدلة بالعجل ـ للحصان اللي شفته في السوق امبارح كان أُسود و انا أُعرف صاحبه اللي عاوز يبيعه ـ أنا ما أُقدرش اساعدك ما عنديش فلوس ـ أُتعرف الناس اللي جاوًا لبيتي في المدينة امبارح وجلسوا في للحوش تحت الشجرة الكبيرة ـ أنا ما اعرفهمش ولكن شربوا دخان و قهوة للمسا وبعدين خرجوا ـ دكها الرجل العجوز عالم كثير يعرف علم للحساب وحديث القرآن ـ هل تشرب أُنت شوية نبيت وسيجارة ـ لا كثر خيرك كثير أنا ما أُشربش دخان و شرب النبيت حرام عندنا ◆

Exercise 34 a.

Akhī b'yektub gawāb fī'l-ōḍah bitā'etoh. Tī'mil ē hena? Ana aqṭa' el-gōkh 'ala shān el-khēyāṭ illī rā'īḥ yi'mil lī badlah minnoh. Hal hūa rāgil mugtahid wa yi'mil el-badlah bī'l-'agal? El-ḥuṣān illī shuftoh fī's-sūq embāriḥ kān iswid w'ana a'rif ṣāḥiboh illī 'aūz yebīoh. Ana mā aqdarsh asā'dak mā 'andīsh fulūs. Ata'rif en-nās illī gā'ū libētī fī'l-medīnah embāriḥ wa galasū fī'l-ḥōsh taḥt esh-shagarah el-kebīrah? Ana mā a'rifhumsh walākin shiribū dukhkhān wa qahwah lī'l-misa wa ba'dēn kharagū. Dikhā er-rāgil el-'agūz 'ālim keṭīr ya'rif 'ilm el-ḥisāb wa ḥadīs el-qurān. Hal tishrib ente shwyyeh nibīt wa sigārah? Lā kaṭṭar khērak keṭīr ana mā ishribsh dukhkhān wa shurb en-nibīt ḥarām 'and'nā.

Exercise 35.

في البلاد دكها نهر عريض كثير وعمقه عشرين ثلاثين قدم — هل هو سريع قدّ ما هو عريض وعميق — لو كنت كتبت له امبارح لكان راح لبيت أخي في الصباح دا — فصل الشتا الطف فصول السنة في بر مصر لان الليل مش بارد زيادة ولا النهار حار زيادة — شرب الكلب الموية في الكباية ولكن ما كانش أكل اللحم علي الارض — حُطّ الموّية جنبي علي السفرة دي وهات شوية نبيت — كل شيّ نافع للانسان هو في الدنيا علي شان اللي عندهم صبر يساعدوا أنفسهم •

Exercise 35 a.

Fī'l-bilād dikhā nahr 'arīḍ keṭīr w'umqoh 'ishrīn ṭalāṭīn qaddam. Hal hūa sarī' qadd mā hūa 'arīḍ wa 'amīq? Lau kunt katabt loh embāriḥ l'kān rāḥ libēt akhī fī'ṣ-ṣabāḥ da. Faṣl esh-shita alṭaf fuṣūl es-sanah fī barr maṣr liann el-lēl mush bārid ziyādah wa lā en-nahār ḥār ziyādah. Shirib el-kalb el-moyah fī'k-kubbāyah walākin mā kānsh akal el-laḥm 'ala'l-arḍ. Ḥoṭṭ el-moyah gambī 'ala's-sufrah dī wa hāt shwyyet nibīt. Kull shē nāfi' lī'l-insān hūa fī'd-dunya 'ala shān illī 'anduhum ṣabr yesā'dū anfasuhum.

Exercise 36.

Where are you going to? To Tantah. Where are you going? To Ghezeereh (the island). Is he walking or riding? We do not know. Where is your brother? I do not know. He is sitting at his work. Where does he live? He lives downstairs (below). I live upstairs (above). Where is the tribe pitched? The tribe is camped in this place. Do you not understand me? I do not understand. He understands nothing. Do you know Arabic?

Yes, I know a little. What is the weather like? The weather is bad. It is raining slightly. From which way does the wind come? From the east. How are you? I am only so so. My head is giddy from too much work. Sit down a little. Sit in front of us. Sit there! Boy! do your work. Open the door. Shut the door. Light a pan of fire. Open (*p.*) the doors. Shut (*p.*) the windows. Groom, wash the horse. Wash his head with soap. Will you kindly do me a favour, sir? Go into the house and bring out a bowl of water. Put on your coat. Dress yourself well, the air is cold out. Learn your lesson by heart, my son. Go to school. Sit with the wise, and shun the ignorant. Listen to the words of your teacher. Let us go to the garden to-morrow. Do what appears fitting to you. Act according to orders. What did you do? I translated this chapter. What did you do? We translated this letter from German into Arabic. What are you doing? I am playing with my sister. Does this horse please you? This horse pleases me very much. This horse does not please us. I had arrived before him. You had arrived after us. He had entered the house before us. I had gone out. We returned from hunting before you. If the weather keeps like this we will go into the garden. If the weather is bad we will remain at home. He who keeps silent never repents. He who digs a well for his brother will surely tumble into it (himself).

Exercise 37.

أنا سمعت انّ ملك البلاد دكها كان مشهوراً في علمه وتقواه ـ أتعرف أبنتي التاجر اللي ساكن في البيت الكبير قصاد السوق الجديد ـ نعم أنا أعرفهم وأعرف أبوهم أيضاً هو رجل شاطر وغني كثير قوي ـ رحت المدينة امبارح و شفت فيها عسكر كثير كانوا قاعدين برّا بيت الباشا عبد الملك ـ كانوا يعملوا آي ـ ما أعرفش ولكن أظنّ ما كانوش يعملوا حاجة ـ كل الناس في البلاد دي كسلانين كثير ـ اسمه آي الرجل اللي كنت تتكلم وياه في الصباح في الاوضة بتاعتك ـ هو عبد الله ابن زيد شيخ السقّايين في مصر القاهرة ـ نزّل الطاولة وكرسيين من أوضتي من فوق وحطّها في الجنينة ـ تعمل أي اذا كان جاء هنا ـ سأعمل بموجب الاوامر ●

حكاية ١

يَوْمًا فِي فَصْلِ الصَّيْفِ ذَهَبَ مَلِكٌ مَعْ اِبْنِهِ اِلي الصَّيْدِ ــ فَعِنْدَمَا صَارَ الهَوَا حَرًّا كثيراً وَضَعَ كُلّ وَاحِدٍ بُرْنُسَهُ عَلَي ظَهْرِ مَسْخَرْجِي ــ فَالمَلِكُ ضَحِكَ وَقَالَ لَهُ يَا مَسْخَرْجِي الآن عَلَي ظَهْرِكَ حِمْلُ حِمَارٍ ــ فَجَاوَبَهُ المَسْخَرْجِي بالتَّحْقِيقِ يا سَيِّدِي أَحْمِلُ حِمْلَ حِمَارَيْنِ •

Exercise 38.

Was he sitting on the chair? Yes, he was sitting on the chair in front of the table. Did he understand? I do not know whether he understood or not. What were you doing? We were smoking. We were not drinking wine. What was she doing? She was spinning. What were they doing to you? They beat me. They will have finished their work before you return from market. When I return from the town you will have done your work. I shall have finished by six o'clock. At what house are you staying? At the house of my cousin (uncle's son) Sayyid Abd Allah. Common longcloth is made of linen and flax. Cotton is obtained from a small tree, and is spun, and calico made from it. Wool is the product of the sheep, and from it is made felt. The doors of the houses, the windows, tables, and cupboards are made of a white wood, and painted with paint of various colours. The caps which are used by man are made out of the skins of animals, and also of silk. They make kites of paper painted with oil. The kite is tied with string. Metals are buried in the earth. Manufactured gold and silver contain a small quantity of copper, the amount of which is known by the touchstone. Europe is more populated than all the rest of the portions of the globe, and its countries are full of towns; and its farms are cultivated with the greatest care. The day and night are divided into twenty-four hours, and the hour is divided into sixty minutes. This book was printed in the city of Cairo, at the Boulack press, in the year 1301.

Exercise 39.

اذا ضرب الرجل الولد أنا أكون زعلان كثير وأضربه ــ لو كنت سمعت ان أخوك كان عيّان لكنت رحت أزوره ــ لما وصلت أنت كنت أنا مشغول ولكن

دي الوقت انا فاضي – لازم أكتب جواب الي أبي وأقول له انّك ساكن هنا ويّاي – امسك حصاني وسيّره شوية قدّام البيت – الولد اللي كان انضرب جاء الي بيتك في المدينة وتشكّي – لماذا إنضرب – أنا لا أعرف ولكن أظن انّه كذب علي سيده – يمكن كذا ولكن ما كانش لازم ينضرب – أنت رايح فين دي الوقت – أنا رايح في المدينة أشتري حاجات علي شان سيّتي – تشتري آي – أشترى شآي وبُنّ وسكّر وشمْع و صابون و زيت و زهور وحاجات ثانية كمان – استنى شويّة وعند ما تقدر تشتري حاجات كثيرة علي شاني في وقت واحد (or واياك) – فين كنت امبارح الصبح الساعة عشرة أنا فتّشت عليك كل مطرح – أنا كنت قاعد في الجنينة أتكلّم ويّا أبوي اللي كان بكل صحّة وصل من أوروبا – يعمل آي – هو مسافر علي شان تغيير الهواء •

حكاية ٢

قِيلَ أنّهُ كَانَ نِمْر ورَجُل فِي بَيْتٍ – فَنَظَرَ الرّجُلُ صُورَةً مَرْسُوماً عَلَيْهَا رَجُلاً غَالباً نِمْرًا – فَقَالَ الرّجُلُ لِلنّمْرِ أتَشُوفَ شَجَاعَةَ الرّجُلِ كَيْفَ غَلَبَ النِّمْرَ – فَجَاوَبَهُ النّمْرُ الرّسِيمْ كَانَ رَاجُلَ وَلَو كَانَ نِمْر مُصَوّر هَذِهِ الصّورَة لَمَا كَانَتْ عَلَي هَذا الشّكْلِ •

Exercise 40.

The doorkeeper opened the door of the house with the key. The writer was sitting in the quarter writing a letter for the peasant. Did the carpenter saw the wood with the saw? Tell my servant to sweep the study well with the broom. I am going out now to the meeting (party) at the house of my friend Abd-el-Kareem Pasha. The cook was in the kitchen cooking the food for the travellers, who were sitting outside the rest-house in the shade of the large trees near the river. Go to Mr. So and So's study and give him this letter. The mosque of El-Azhar is an assembly of the learned in Cairo. The travellers did not stop at this stage, but at the second stage from here. The sun rises in the east and sets in the west. This paper is not ruled with the ruler. The Boulack press is the most complete press in Egypt, and this is due to the energy of its enlightened and clever director. I did not find my friend at his house, and they informed me that he was sent for to the meeting. H.H. the Khedive, Tewfik Pasha, visited the school belonging to the Ministry of Public Instruction, and will honour all the schools by visiting them. The priest is standing in the mosque, praying. If you please lend me a key.

Exercise 41.

الباب كان مقفول ولكن الرجل فتحه بمفتاح ودخل في البيت ـ الجامع الازهر في مصر القاهرة هو أكبر جامع في الدنيا ـ فيه يتعلّم ستة آلاف تلميذ جايين من كل بلاد الاسلامية ـ الرجل دا خوجه طيب كثير ويعلّم العربي كويس خالص ـ اذا كان يعلّمني أتعلّم ـ رحت الي مجلس العلماء في مسجد السُلطان حسن ولكن ما سمعت الا قليل كثير من كل ما قيل ـ هل الطبّاخ في المطبخ ـ نعم ياستّ هو حاضر ـ يعمل آي ـ هو عمْ يطبخ السمك واللحم علي شان فطورك ـ الشمس والقمر والكواكب تشرق كلها من الشرق وتغرب في الغرب ـ تعرف أنت فين البك دي الوقت ـ ايوه ياسيدي هو بيكتب مكتوب في مكتبه ◆

حكاية ٣

اِنْسَانٌ ذَهَبَ مَرَّةً اِلَي كَاتِبٍ وَقَالَ لَهُ اُكْتُبْ لِي جَوَابًا ـ فَجَاوَبَهُ إِنّ رِجْلِي تُوجَعْنِي ـ فَقَالَ لَهُ لَا أُرِيدُ أَن أَشْغِلَكَ لِمَطْرَحٍ ـ فَعَلَي آي تَعْتَذِرِ بِعُذْرٍ قَبِيحٍ مِثْلَ هَذَا ـ فَأَجَابَهُ الكَاتِبُ لِلحَقّ مَعَكَ وَلَكِنْ لَمَّا أَكْتُبُ جَوَابًا لِوَاحِدٍ انْطَلِبُ دَايِمًا لأَقْرَاهُ لِأَن لاأُحدًا يَقْدِرْ أَن يَقْرأَ خَطِّي ◆

Exercise 42.

How is your brother? I do not know. I wrote him two letters, but he has not answered. He has not answered yet. From the hour of his departure we have had no news of him. When are you going to start? I shall leave the day after to-morrow. Shall you go by land or sea? I am going by steamer. If you would write me a letter, I will answer at once. Fulfil your promise. May God cause you to arrive safely. They informed me about this business. Inform me if you get the money. I sent it you by post, but you did not reply. This business will not succeed in your hands. Did you let him know from the beginning? I had told him about it a long time ago. He took out the purse from the old man's pocket, and taking the key out of it, he opened the saddle-bag and took one of the two purses; he then put back the other purse, and shut the saddle-bag, and replacing the key in the bag put it in the old man's pocket. How is your father? Give him my kind regards (i.e. wish him well on my part). It appears he is a good man. He showed piety. He mediated between his brothers and took them into partnership in his business. This is a big affair in my opinion. This is a good idea. This saddle-bag will do capitally for these clothes. If you please, sir, give me a little coffee. With all my heart (on my eyes and head). Thank you! Boy, finish your work! I finished this work in three hours. Boy, go up on to the roof, and bring down the mosquito curtain which we spread in the sun! This is not her watch. It is out of order. Send it to the watchmaker so that he may repair it.

Exercise 43.

انا أُوريت ساعتي لاخوك اللي يقول انه يعرف طيب فيها ولكن ما قدرش يقول لي لأي كانت واقفة ـ العساكر مسكوا الرجل وربطوه بالحبال ثم أُخرجوه من البيت وقطعوا رأسه قدّام كل أهل المدينة ـ أُرسل الجنرال واحد ضابط للقلعة ليفتشّ علي كم عسكري ـ هل تقدر تخبرني اذا كان الجواب اللي كتبه للجنرال وصل له بالسلامة ـ أُنا بعثته بالبوسطة ولكن لمّا ما وصلنيش جواب ـ كانا الاميران جالسَين علي الشجرة والأُمراة اللي كانت تحت نزلّتهما ـ الرجل دا يعلّم لسان الفرنساوي وعارف عربي طيب ـ أُنا أُعيّنه زي معلّمي بثلاثة مية قرش في الشهر ـ كثر خيرك كثير الله يبارك فيك ـ التجار والعسكر سافروا سوا ولكن في السكّة ضرب العسكر التجار وكانوا عايزين يقتلوهم •

حكاية ٤

رَجُلٌ أَعْمَي مَرّةً فِي لَيلَةٍ مُظْلِمَة أَخَذَ نُوراً فِي يَدِهِ وَ أَنَاءً عَلَي كَتِفِهِ وَ كَانَ يَمْشِي فِي السّوقِ فَقَالَ لَهُ وَاحِدٌ يَا جَاهِلُ اِنّ اللّيْلَ وَالنّهَارَ فِي عَيْنَيْكَ سِيّان فَما مَنْفَعَةُ النّورِ لَكَ ـ فَضَحِكَ الأَعْمَي وَقَالَ لَهُ يَا عَبِيط هَلْ تَظُنّ أَنّ النّورَ عَلَي شَانِي لاَ بَلْ عَلَي شانِكَ كَي لا تَكْسِرُ انْتَ اِنائِي فِي هَذِهِ الظّلْمِة •

Exercise 44.

During the night the river froze owing to the severity of the cold. You are such a proud individual that no one can speak to you. This town is large and all the inhabitants are courteous and polite. Everybody does just whatever appears right in his own eyes with the greatest politeness. It is not in our power to have been born rich. Do not interfere with me in what I am doing. I shall not interfere with you in that. I am accustomed to reading in the evening. He dare not go out at night. He bargained with the seller about the price of the goods. Do not oppose me in what I am doing. They fought four against seven. The accused was recognized by the engineer who was with the general at the time he was betrayed, for he also was struck with the very same dagger and wounded many times. The before-mentioned accused had been found hidden in the garden in which the assassination took place, and in the garden itself was found the dagger with which the general was wounded, and several other things belonging to the accused. The before-mentioned accused was questioned as to his name, age, place of abode, and profession. He replied that his name was Suleiman, that he was twenty-four years of age; then, that he was an Arabic clerk by profession, and his abode was at Aleppo. He was questioned about the people to whom he wrote yesterday. He replied that they had all gone away. He was asked how it was possible for him not to know any one of those to whom he wrote during the past few days, and how they had all gone away. He answered that he did not know those to whom he used to write, and that it was not probable.

Exercise 45.

Hunger and thirst destroyed him. Place food and drink before him. Hunger and thirst are destroying me. Boy, put something to eat and drink before me. He is very diligent and learns well. I am his teacher, and I teach him twice a week. What has happened? It does not seem that he knows what happened. When are you going to set out? It is my intention to go away next month. My father went away last month. Can you move this stone? This stone is too heavy for me, I cannot move it. Boy, wash the horse. Take down the mosquito curtains. Make the bed, and send the watch to the watchmaker so that he may repair it. It is impossible for me to do that which has been arranged for me. He is very rich; he can spend one hundred piastres a week. How much can you spend a month? I can spend three hundred piastres a month; but during the last month, I only spent two hundred. Can you tell me where Mr. Shakur el-Khooree lives? Yes, he is at present interpreter in the office of the paymaster of the English army in Cairo, but I cannot tell you where he lives. Neither plants nor trees are capable of movement by themselves for they are fixed in the earth.

Exercise 46.

الرجلان تقابلا في السكّة وتقاتلا ولكن البوليس مسكهما وحبسهما ـ الجيشان تحاربا من الصباح الي المساء كانوا خمسة وعشرين الف من الحبش علي خمسة عشر الف مصريّين وأخيراً الحبش انغلبوا وفروا ـ لماذا تريد تغشّني بالحقيقة الامانة هي السياسة الاحسن ـ لا تخالفني في شغلي, والّا أكون زعلان كثير ـ انوجد الحرّامي بواسطة الخدامين في جنينة جارنا وأُحضِر قدّام القاضي اللّي سألُه آي كان يعمل هناك ـ لم يمكنه ان يُعطي افادة مناسبة لذاته عند ذلك حبسه القاضي ـ بعض اصحابي كانوا انقتلوا في موقعة تل الكبير وكنت انجرحت أُنا نفسي في ذراعي ـ لايمكنّي أُخرج النهاردا لان الهوا بطّال قدّ كذا ولكن بكره اذا كان كويس أنا أُزورك في البيت بتاعك ـ اهو الرجل بنفسه اللي كنت افتش عليه ـ قول له يجي هنا وأنا أُتكلّم ويّاه بذاتي ◆

حكاية ◦

حَضَرَ رَجُلٌ فَقيرٌ اِلَي عِنْدَ رَجُلٍ غَنيٍّ جداً وَقَالَ لَهُ نَحْنُ ٱلاثْنانِ أُولَادُ آدَمَ فَنَحْنُ اذاً أُخْوَةٌ وَأَنْتَ غَنِيٌّ وأُنا فَقيرٌ فأُعْطِني نَصِيبَ أَخٍ ـ فَلَمّا سَمِعَ الغَنِيٌّ ذَلِكَ أَعْطَي الفَقِيرَ بَارَةً ـ فَقَالَ لَهُ الفَقِيرُ ياسيدي لِمَاذا لاتَمْنَحْني نَصِيبَ أَخٍ ـ فَجَاوَبَهُ اقْتَنِعْ يَا صَاحِبي العَزِيزُ لِانّني اذا أَدّيْتُ بَارَةً لِكُلٍّ مِنْ أُخْوَتي الفُقَرَاءِ فَلَا يَبْقَي لِي حَاجَةٌ أَبَدًا ◆

Exercise 47.

He is small and weak, and notwithstanding all this, he exerts himself a great deal. He played instead of working. You only think of play. He had already washed himself, and had dressed when I entered. This town is large and contains several markets. He borrowed two hundred piastres. The number of the population of Austria amounts to forty millions. I was obliged to go out. We were obliged to go out. Work, but slowly, and do not hurry yourself. If we place ourselves in front of the sun in the middle of the day, then we have the east on our left, and the west on our right; the south in front of us, and the north behind us. The air which fishes breathe is found in the water. Air is an exceedingly light substance, and from its movements arises wind, which colours the sky azure. Water drops from the air in the form of rain. The year is divided into twelve months. The lunar year is composed of 354 days. Brass is composed of three parts of copper and one part of zinc. Bell metal is composed of 78 parts (okes) of copper mixed with 28 parts (okes) of tin. The minister is a wise man and experienced in affairs. He is a man in debt from borrowing people's money. He borrowed from the merchants until at last he greatly increased his debt. Metals are always mixed with other substances. Tin expands less than iron. The minister ordered the slave to be brought before him. What are you waiting for, sir? I am expecting the slave with the key of the house. Mankind and all animals only live by breathing air. The greatest diligence is incumbent upon you in the acquirement of knowledge.

Exercise 48.

الباشا أمر بأحضار التُجّار وقال لهم انه عايز يستلِف خمسين الف درهم — الناس دول وسخين كثير مايغتسلوش — إشتغل في شغله قد كنا حتّي صار عيّان وإلتزم سافر علي شان صحته — خدّاميني كسلانين كثير يفتكروا في اللعب أكثر من شغلهم — الظبّاط اختصموا ثم خانوا الماري عسكر — قلت للرجل ان يفتكر في الامر دا ِ ويرجع بعد ثلاثة ايام مع جوابه — هل المتهوم استشهد احدًا في دَعْوَاه — لا قال ما كانش عنده شهود وأستغفر عن ذنبهِ —

ما تستعجلش والا يطلع شغلك بطّال ـ تلاطمت المراكب كثيراً من النوّ ـ صلاح الدين تسلطن في بلاد مصر وقت ما كان رتشارد الاول ملك انجليتيرا ـ كان له شهرة عظيمة في كل البلاد الاسلامية ◊

حكاية ٦

جَاءَت أَرْنَبَةٌ اِلَي قُدَّامِ نَمِرَةٍ وَقَالَت لِهَا يَا نَمِرة أَنَا أُولِدُ جُرِيًا كَثِيرَةً كُلّ سَنَةٍ وأَمّا اِنت فأثْنَيْنِ أُو ثَلاَثَة كُلّ عُمْرِكِ ـ فَتَبَسَّمَت النِمرَةُ وَجَاوَبَتْهَا ان قَوْلِكِ صَحِيحٌ بأنِّي يُمكِن لاَ أُولِدُ اِلاّ جروًا وَاحِدًا في حياتي وَلَكِنهُ نَمِراً ◊

Exercise 49.

Your father loves your brother more than you do. There are people who prefer truth to sugar. People always like leisure more than service. This cloth is very dear, we want some cheaper than that. Here it is; how do you like it? It is incumbent on mankind to love virtue. Do you not like drinking wine? No, I do not like it. I like making improvements in my house. Would you like some bread and a little butter? Do you like eating apples? I think that you like play. I think that you will fulfil your promise. We had not thought that they were going to start to-morrow. What is the matter with the clock so that it does not strike; perhaps it is spoilt? As soon as noon arrives (strikes) we sit down to table. Where does this road lead to? This shows me that his words are wanting in sincerity. The dog smells things at a greater distance off than man. Boy, lock the door with the key or only close it! Draw the curtain. Set the chairs out for me, and put them in their places. Put the food on the table. Pile up the plates and the wine-glasses. Wash the horse and put the saddle and bridle on him. How many paras are there in the paper, count them? Stretch your feet out to the extent of your quilt (i. e. cut your coat according to your cloth). O, my son! pay attention to everything until you talk well. According as I pay attention, so I shall learn. The world is cold without. We feel the cold in the room. If you rub two pieces of sugar together a slight spark will be produced. I adhered to my intention.

Exercise 50.

صاحبي حسن ردّ البندقية والسيف اللي وجدها في السكّة للعسكري ـ هات شروة قهوة الي فوق و حطّها علي السفرة في الاوضة الاخرة ـ هل سمعت أنت الساعة تدق ـ ايوه انا سمعتها دقّت الساعة عشرة ـ يفتكر أنّه يسافر بكرة من هنا ويروح بوابور السكّة للاسكندرية ـ لو افتكرت انك بليد قد كذا ما كنتش ارسلتك بالجواب ـ هل عدّيت الفلوس (اللّي) في الكيس ـ ايوه فيه ٣٢٥٤ قرش ولكن هي خفيفة جدًا وفيها عملة كثير بطّالة ـ كيف تحسّ بنفسك النهاردا انشاء الله أحسن من امبارح ـ ايوه الحمد لله أحسّ بنفسي احسن كثير و الحكيم يقول إني عن قريب أكون طيّب خالص ـ اعمل معروف ودقّ الجرس وقول الخدّام يجرّ الستاير ـ لازم اكمّل هذا الدرس دي الوقت والّا يصير طويل زيادة ❖

حكاية ٧

كَانَ يَومًا ثَوْرٌ كبيراً يرْعَي في غَيْطٍ فأتَتْ ذُبابَةٌ متكبِّرة وَنَزَلَتْ عَلَي أحَدِ قَرْنَيْهِ وَابْتَدَ تَقُولُ في نَفْسِها أنّني ثَقيلَةٌ جِدّاً وَاذا بَقيتُ هُنا فَالثَّوْرُ لا يَقْدِر يرْفَعَ رَأسَهُ مِنَ الارْضِ ثُمّ رَفَعَتْ صَوْتَها وَ قالَتْ يَاثُورُ أنا خائِفَةٌ أنّي مُسَبِّبَةٌ لَكَ ثِقْلَةً فإذا كَانَ هَكَذا قُل لِي حَتّي أطِيرَ حالاً فَجَاوَبَها الثَّوْرُ قائِلاً مَا تَتْهَمّيش عَلَي شَاني لِانّي مَاحَسّيتُ بِكِ حَتّي قُلْتِ لِي هَذَا ❖

Exercise 51.

He had arrived by steamer. When he arrives in Cairo he will send you a book. I had fallen from the horse. The birds were falling from the trees owing to the severity of the cold. Misfortune falls on those who are least expecting it. This box holds three and a half pounds. This room holds eight or nine people. This place will not hold us. Not a penny has reached us from you. You promise according to your hopes. My head aches every night for an hour or two. Her eyes ache. There are many people who love me more than you. The air which fishes breathe is found in the water. Metals are found buried in the earth

Too much drinking brutalizes the intellect. What did this bcok cost you (stand you in)? The climate of this country does not suit my constitution. The first duty of the child is obedience.

Exercise 52.

إمَام الاسلام الاعظم وقف في وسط مسجد السلطان حسن و وعظ الناس المجتمعين ـ ماأظن ان الاخراج دول تسعْ كل الشعير ولكن زنها قبل ما تحطّها علي للحصان ـ وعدت أبي أن أزورك حالما أصل الي مصر ـ هل تعرف كيف قُتِل الرجل المسكين ـ أنا سمعت من فلان اللّي شاف للحادثة انه كان راكب علي حصان (حامي) فجري به ووقع من علي ظهره وقتل في مطرحه ـ هو رجل شاطر جدّاً ويعرف يوافق حال الزمان ولكن أنا ماأوافق رأيه في أمور كثيرة ـ بكره اذا كان الهوا كويس أنا أريد آركب الي عزبة النعام وأشتري ريش ـ ما يوجدش في بر مصر أجناس أشجار مختلفة ولكن يوجد بكثرة النخل والتين والزيتون والبرتقان والليمون والآس ◆

حكاية ٨

اِنْسَانٌ ذَهَبَ لِزِيَارَةِ رَجُلٍ في بَيْتِهِ عِنْدَ الظُّهْرِ فَرَآهُ صَاحِبُ البَيْتِ مُقْبِلاً مِنْ بَعِيدٍ وَقَالَ لِخُدَّامِهِ لمّا يَسْأَلكُم عن صَاحِبُ البَيْتِ قُولُوا لَهُ أَنَّهُ خَرَجَ لِيَفْطَرَ عِنْدَ واحِدٍ ـ وَفِي أَثْنَاءُ ذَلِكَ وَصَلَ الرَّجُلُ وَسَأَلَ أَيْنَ صَاحِبُ البَيْتِ فَقَالُوا سَيِّدُنَا خَرَجَ فَجَاوَبَهُم لازِم يَكُونُ هُوَ مَجْنُونٌ كَبِيرٌ لِيَخْرُجَ مِنْ البَيْتِ فِي مِثْلِ هَذَا لِلْحَرِّ ـ فَطَلَّ صَاحِبُ البَيْتِ بِرَأْسِهِ مِنْ الشِّبَّاكِ وَقَالَ أَنْتَ أَنْتَ المَجْنُونُ الكَبِيرُ الّذي تَجُولَ فِي مِثْلِ هَذَا الْوَقْتِ أَمّا انا فَكُلَّ النّهارِ فِي بَيْتِي ◆

Exercise 53.

I saw you yesterday in the bazaar. We have not seen you for a long time. I am delighted to see you well. We went yesterday to the pasha's at the Boulack press. She went with her brother. My friend died of his disease after ten days, and he was always at the point of death. All the soldiers of the English Army will soon leave this country. The climate of this country does not suit their health. I might have gone, but since last year until now I had not again thought about it. And where do you wish to go? I want to go to Italy. Yesterday I saw something large in the court, which the porters brought from Boulack. What was it? How did you sleep last night? I sat up during the past night and slept little. I did not sleep, because my uncle had asked people to supper. What is the meaning of this; you are sleeping without your clothes? Yes, sir, with only a shirt. Are you not afraid of catching cold? I always sleep clad. I am afraid of the dampness of the night. I sleep on the roof without cover. I cannot stand the heat, but when it gets cold I sleep clothed. How are you? How did you sleep during the night which has passed? Sleep well and arise in health. Where are you going? I am unwell, my head swims. Do what appears fitting to you. The moon revolves round the earth.

Exercise 54.

ما قدرت انام طيب في هذه الليلة لان الكلاب كانت تعوي كل الليل وفي الصباح الشغّالة اللي في البيت قصادنا كانوا يعملوا زيطة عظيمة في شغلهم — كل العرب يعملوا كذا يظنوا ان كل الناس طرش — ألوم للخولي النمساوي الذي يعرف طيب ان العمارة دي حاجة متعبة للجيرة وما يعملش حاجة حتي يمنعها — لما ذا ما تخبرش قنصل الانكليز وتسأله ان يتداخل — العسكر عاموا علي النهر في الليل لما ما قدرتش تشوفهم الا عداء — في الصباح هجموا علي طوابيهم وأخذوها بالهجوم — أنا كنت راكب ورايح في السكة صوب كبري قصر النيل واذا رأسي قد داخ ووقعت من علي حصاني — قم لنذهب للديوان ٭

حكاية ؛

كَانَ يُوجَدُ عِنْدَ رَجُلٍ فِي بِلادِ كَشْمِيرِ عَبْدًا حَبَشِيًّا جِلْدُهُ أَسْوَدُ مِثْلَ الفَحْمِ وَذَلِكَ العَبْدُ قَلَعَ هُدُومَهُ مَرَّةً فِي فَصْلِ الشِّتَاءِ وَمَسَكَ قَلِيلًا مِنَ الثَّلْجِ فِي يَدِهِ وَابْتَدَاء يَدْعَكُ جِسْمَهُ بِاجْتِهَادٍ وَاذْ كَانَ سَيِّدُهُ آتِيًا عَلَي تِلْكَ الطَّرِيقِ رَآهُ فَقَالَ لَهُ مَاذَا تَعْمَلُ هِنَا — فَجَاوَبَهُ الْعَبْدُ أَنَا أَفْرُكُ بَدَنِي بِالثَّلْجِ لَعَلَّهُ يَبْيَضُّ مِثْلَ أَهْلِ هَذِهِ البِلادِ — فَضَحِكَ سَيِّدُهُ وَقَالَ لَهُ يَا مَجْنُونُ لَاتَتْعَب بِالفَارِغِ لِانَّهُ يُمْكِن جِسْمَكَ يُحَلِّلُ الثَّلْجَ وَلَا يُبَيِّض جِلْدَكَ ٭

Exercise 55.

Truly this appeared so to me. The tray seems made of brass. You would do better to say that it seems made of iron. This house looks like the fort. The convent which you see there appears like a palace. From the first it was apparent that this thing was right. What has become of him? After being poor he became rich. Boy, bring me a little water for me to wash. Very good, sir, I will bring it to you directly. Give me a little coffee. Yes, sir, I am going at once. Sir, Mr. So and So wants you. What does he want? I do not know. Go and inquire. Tell him that I am busy. Tell him that I have gone out. O, sir, he knows that you are at home. Go now and keep a sharp look-out there. Yes, sir, I will not move from here. What does this boy want who is kissing my hands? What is the matter with you, you are sad? Never mind, sir! My head is giddy, the heat annoys me. Do you know how to swim in the river? Certainly I know how to swim, (and) I swam in the sea. Well, but do you not know that some one was drowned yesterday? For how much will you sell me this horse? I have no intention of selling my horse. At what price is a pair of large skins sold? For two hundred piastres. Is not corn sold in this village? How is it sold; cannot you bring us some of it? Cannot we send a portion of it? Tell the peasants to bring us something to eat. We will keep them safe, never fear. Bring us three camels on hire. Find five donkeys for us. Most of the animals you brought us are weakly. There are three camels and four mules among them which are not fit for service; you must bring us others. Come along! let us go to market. Go with us (and) let us take a walk. Go straight and do not dawdle on the way. Yes, sir, I will not stop anywhere. Go home, but go straight and at once. Come, stand up!

Exercise 56.

I am soon going to my village. Is your village far from here? Yes, sir, it is far. Does one go by land or by sea? One goes by land. Are you going to ride or walk? We are going to ride, for one goes through the mountains. Bring me a little fire. What do you want to do with it? I want to dry the bed. Bring the box in which are the needle and scissors. What do you want to do with them? I want them; I wish to sew this skull-cap with silk. What are you doing? This is not befitting your position. He is a man famous in war between brave people. Welcome! We are glad to see you (your coming bestowed a blessing on us). It is a long time since we saw you. We longed to see you. Please take a rest. May God increase your favour. Gold is not altered by air, and if it alters, its change will be only slight. White iron is called steel. If we melt sand and alkali in the fire glass is produced therefrom. Heat changes the surface of the water, and causes it to rise as mist. Ten stars are distinguished among the heavenly bodies, because they change their places, and these are called planets. If the moon appear by the side of the sun, it is called a crescent. Copper is a poisonous material, therefore it requires to be tinned. The guest is in the hands of the host. The ordinary red colour is procured by dyeing with the root of the madder. Who is he that you say is in the habit of begging for charity (alms)? The light of the moon is derived from the sun. See what the host does with his guest! Silk is taken from small worms reared in houses until they become cocoons; then they turn to white butterflies, and the silk is taken from these cocoons.

Exercise 57.

أنا سمعت امبارح من وكيل الامير حسن انك قد بعت كل املاكك في الصعيد و تريد تسكن في مصر القاهرة ـ لا لسّا ما بعت حاجة حيث ما قدرتش أحصّل ثمن طيب فيها ـ جري آي في أخوك زيد اللي كان سابقاً خدّام في قنصلاتو الانكليز ـ ما أعرفش هو سافر مع الخواجة (م) قنصل إنكلترا في سواكن في السنة الماضية و ما عدنا سمعنا خبر عنه من وقتها ـ هل سمعت أن الخواجة (م) قتلته العصاة ربما كان أخوك وياه ـ لاسمح الله ان تحدث مصيبة مثل هذه ـ يقال انّ العسكر لا يريدوا يخرجوا من المدينة ويخافوا ان يُقطَعُوا ـ أنا أظن أنّ الناس اللي يقولوا دي يسوّدوا وجههم ـ هل تعرف إذا كان العسكر يروحوا الي بربر في البحر او في البرّ ـ انا أفتكر انهم يطلعوا

في النيل علي مراكب لحد اصوان ويمشوا من هناك في البرّ ـ كنت مشغول كل الليل في كتابي ولا أزال أكتب ـ يا جدع عايز آيْ ـ عايز ادخل في خدمة حضرتك زي سايس وأنا اعرف طيب في الخيل وعندي شهادة كويسة من سيدي الاخراني •

حكاية ١٠

رَجُلْ عَجُوزْ مَرَّةً جَمَعَ حِمْلَ حَطَبٍ مِنْ حُرْشٍ وَحَمَلَهُ نَحْوَ بَيْتِهِ ـ فَبَعْدَ أَنْ مَشَي مَسَافَةً تَعِبَ العَجُوزُ جِدّاً ـ فَوَضَعَ الحِمْلَ عَنْ ظَهْرِهِ وَابْتَدَأَ يُنَادِي مَلَاكَ المَوْتِ كَي يُخَلِّصَهُ مِنْ هَذِهِ التَّعَاسَةِ ـ فَفِي الحَالِ وَقَفَ قُدَّامَهُ مَلَاكُ المَوْتِ وَقَالَ لَهُ لِمَاذَا نَادَيْتَنِي وَعَايِزْ آي مِنِّي ـ فَلَمَّا رَأي الرَّجُلُ هَذِهِ الهَيْئَةَ المُخِيفَةَ ارْتَجَفَ وَ جَاوَبَهُ يَا صَاحِبِي اعْمَلْ مَعْرُوفاً وَسَاعِدِنِي كَي أَرْفَعَ هَذَا الحِمْلَ عَلَي كَتِفِي أَيْضاً وَ هَذَا السَّبَبُ الَّذِي نَادَيْتُكَ لِاجْلِهِ فقط •

Exercise 58.

Is the house where you live, and to which we are going, far from here? Are we going to walk or ride? We did not forget our promise. I thought that he would be pleased. He was not pleased with him. Will you hire my house of me? I let him my garden. How much is this cloth? It is twenty piastres the ell. You have an exceedingly nice watch. It is at your service (take it freely). Thank you, but how much is it? What did you pay for it? The gentleman sold it for thirty pounds. It is not dear, and it is a good watch. If you are pleased with it, it is at your disposal. Thanks for your kindness, I do not want it, sir. The judge bought his neighbour's garden for one thousand dirhems. For how much did you buy this horse? I bought him for two hundred pounds. For how much will you sell me this donkey? That is too dear for me, I cannot buy him. If I had had money by me, I would have bought this book. They bought fifty ells of velvet at one hundred piastres the ell. When you have quite sold all our goods, buy us nails instead. Will you not be found at home to-morrow? You will find the book underneath the table.

When shall we begin lessons? I waited a full hour for him. Do not let us wait for you. Wait for me at nine to-day. For how much did you sell your horse? I sold my horse for a thousand piastres. You told me that yesterday, many times; but to-day I have forgotten it. What did they call the boy? They called him Jacob, the son of Abd-allah the son of Zeid.

Exercise 59.

لماذا لا تجي وتسكن في مصر القاهرة ـ البيوت غالية زيادة عليّ وما عنديش فلوس لإستأجر شقّة ـ ولكن يمكنك تسكن في خمّارة حينئذ يتوفّر عليك كل تعب البيت ـ ما أحبش عيشة الخمارة (لان) فيها ضجة وتغيير زيادة ـ هل التقيت سعيد بك في البيت لما رحت تزوره ـ لا الخدّامين قالوا لي انه كان راح الي حلوان للحمام مدّة ثلاثة أيام ـ ماله ـ أنا مش مؤكد طيب ولكن أنا سمعت انه عيّان كثير بوجع المفاصل ـ هل جبت لي من المكتبة الكتاب اللي سألتك عنه امبارح ـ أنا متأسف كثير لاني نسيته بالكلية حيث كنت مشغول قد كذا ـ مَا عليش هاته ويّاك بكره ـ أرمي الكرات دائماً للخواجة اللي رايح يضرب الكرة أوّلاً ـ الشبكة واطية بزيادة لازم نعلّيها أكثر ـ قل للجنايني يكنس .و يعدل مطرح اللعب و يرمي رمل جديد لاننا نحن جايين نلعب بكره ◆

حكاية ١١

كَانَ ثَوْرٌ يَوْمًا يَرْعَي فِي حَقْلٍ كَانَ فِيهِ ضَفَادِعْ صَغِيرَةْ تَلْعَبُ ـ فَبِالصُّدْفَةِ إِنْدَهَسَ أُحْدَاهَا تَحْتَ رِجْلِ الثَّورِ وَمَاتَتْ ـ فَذَهَبَتْ حِينَئِذٍ الْضَفَادِعُ الْأُخْرَي وَأَخْبَرَتْ أُمَّهَا بِمَا جَرَي وَأَنَّها لَمْ تَرَ مِنْ قَبْلِ حَيْوَانًا كبيرًا بِهَذَا المِقْدَارِ ـ فَلَمَّا سَمِعَتْ الضِفْدَعَةُ الْكَبِيرَةُ ذَلِكَ نَفَخَتْ بَطْنَهَا كثيرًا وَقَالَتْ أَهُوَ كَبِيرٌ قَدْرَ كَنا ـ فَجَاوَبَتْهَا الضَفَادِعُ الصَغِيرَةُ هُوَ بالصَحِيحِ أَكْبَرُ مِنْ هَذَا بِكَثِيرٍ ـ ثُمَّ نَفَخَتْ نَفْسَهَا قَدَرَ مَا هِيَ نَوْبَتَيْنِ وَقَالَتْ هَلْ هُوَ كَذَا كَبِيرٌ ـ فَقَالَتْ أَنَّهُ أَكْبَرُ مِنْ هَذَا أَلْفُ مَرَّةٍ ـ فَالضِفْدَعَةُ الكَبِيرَةُ كَيْفَمَا كَانَ مِنْ كِبْرِيَاهَا أَسْتَمَرَّتْ أَنْ تَنْفُخْ نَفْسَهَا أَكْثَر فَأَكْثَر حَتَّي إِنْشَقَّتْ وَمَاتَتْ ◆

Exercise 60.

At what time will you take the emetic? I will take it early to-morrow. Did he take a carriage? I will take you on my side. May I get my uncle's consent? We will take a pigeon to eat with us. We shall not get in without any money. Take a loaf of bread in your pocket. Take a little milk. Eat and drink. Take this money. Indigo is derived from the juice of a plant. The majority of plants draw their nourishment through their fruit and roots, and hence medicines are derived therefrom. The metal from which iron is derived is a substance mixed with red earth. The ornament which is made of silver has one-fifth of copper in it. The rebels took many of our army prisoners. The captain ordered me to come to him the next day and begin the work, but I could not come before now. The sick man recovered, and I congratulated him on his recovery. Who will venture to resist the Government? God pities us as the father pities his son. The ministry was formed to-day with Nubar Pasha at its head. I have commenced the study of the Arabic language, and am now reading in the new book. Riaz Pasha refused to accept the ministry except under (certain) conditions. I heard that my neighbour has let a flat of his house, and wants to let the other. Do not ask me about to-day's news, for it is as (black as) pitch. We are delighted to see you, sir, (your honour has pleased us.) May God keep you.

Exercise 61.

هل أُخذت الكتابين اللّي كانوا في الدولاب (اللّي) فوق ورا الباب في الاوضة بتاعتي ـ أيوه أنا أُخذتهما في هذا الصباح الي المدرسة وبّاي و أُديتهما لزوجة معلمنا ـ قال آي ـ قال أنه ممنون لك كثير ولكن هما مش الكتابين اللي عايزهما ـ طيب إسأله بكره لما ترجع أن يقولك كتب آي اللي يريدها ـ لازم أبتدي أُتعلّم العربي باجتهاد والّا ما عمري أعرف حاجة منها أبدًا ـ انا أظن انك تعرف دي الوقت كثير فيها قد آي بقالك تتعلمها ـ دي الوقت يجي أربعة شهور ولكن عندي فرصة قليلة للقراءة ـ يا عزيزتي خذي الاربعة غروش دول وأنا حزنان حيث ما أقدرش أساعدكي بأكثر ـ

الله يديم عزك ويصلح شأنك ـ ياليت يقول لي عن شغله لان عندي اتفاق مُهمّ (وعد) ويلزمني ضروري أخرج حالاً ◆

حكاية ١٢

اِنْسَرَق مَرَّةً مِنْ بَيْتِ رَجُلٍ كِيسُ فُلُوسٍ ـ فَأَخْبَرَ صَاحِبُ ٱلْفُلُوسِ قَاضِي الْمَدِينَةِ ـ فَاسْتَحْضَرَ الْقَاضِي كُلّ أَهْل الْبَيْتْ وَلَكِنْ بَعْدَ تَحْقِيقٍ كَثِيرٍ لَمْ يَقْدِرْ أَنْ يُبَيِّنَ (يُظْهِرَ) الْحَرَامِي ـ فَأَخِيرًا قَالَ لِوَاحِدٍ مِنْهُمْ أَنني هَذِهِ اللَّيْلَةَ سَأُعْطِي كُلّ وَاحِدٍ مِنْكُمْ عَصًا طُولُهَا ذِرَاعٌ فَعَصَاةُ الْحَرَامِي تَطْوَلُ قِيرَاطاً عَنِ الْبَقِيَّةِ وَهَكَذَا أَعْطَى الْقَاضِي كُلّ وَاحِدٍ عَصَاةً وَسَيَّبَهُمْ ـ فَفِي اللَّيْلِ خَافَ الْحَرَامِي وَقَالَ فِي نَفْسِهِ إِذَا قَطَعْتُ قِيرَاطاً مِنْ عَصَاتِي فَتَكُونَ فِي الصَّبَاحِ طُولَ الْبَقِيَّةِ فَبَعْدَ أَنْ تَأَمَّلَ (فِي ذَلِكَ) قَطَعَ قِيرَاطاً مِنْ عَصَاتِهِ وَفِي الْغَدّ حَضَرَ قُدَّامَ الْقَاضِي مَعَ الآخَرِينَ ـ وَإِذْ رَأَى الْقَاضِي الْعُصِيِّ اكْتَشَفَ الْحَرَامِي ◆

Exercise 62.

I shall return late to-day. The father is coming late to-night. Was the king pleased with the ministers? We are highly delighted to see you. You have pleased us to-day. Give us the pleasure (of your company) to-night. No, please excuse us. You are without excuse. He refused to come until now. He must come at this hour. He came to me at seven o'clock. He has not been to me. Where have you been to? I looked for you yesterday. I did not come to you because the mud and slush were so bad. You came to me at four o'clock. I came to Austria in the year 1883. If I had known, I would not have come alone. Stay till I come back. I am coming to fetch you at four o'clock. He thought that I should not come. Shall you come to-day? For God's sake, come! Is it a long time that you are staying in this country? About a year. The tailor is coming the day after to-morrow. The winter is drawing near.

Exercise 63.

He acts according to the orders which he receives from the minister. Whence does he give them (their) salary? I want you to come together; because if you were to come by yourself he would be jealous. Tell them to come and not be afraid. It is now going on four months that I am here. Are you not coming? Whence does he come? He comes from Alexandria. We will leave this until next week. I saw my father in my sleep. I came and found you going to bed. Did you ever see or hear of such a man in your life? I have seen few people so well informed as he is. I can only see one house. The face of the moon which we see, is the one we always see, and we never see the other side. The size of the moon at its rising appears as large as the sun, and the stars are only seen as bright points, and being so far off, we see them so small. If God wills, everything will come to pass. What God wills, happens; and what He does not will, does not happen. Command us as you will. Ask what you desire. If you like, then I will direct you to his house.

Exercise 64.

خذ الحوايج دي الي الاءوضة بتاعتي فوق وحطّها علي الطرابيزة ــ صار لك مدة مذ كنت أخيرًا في مصر القاهرة ــ نعم أنا كنت في إنكلترا وسافرت في اوروبا ــ يجي سنتين أو ثلاث سنوات من يوم كنت أخيراً في مصر ــ قل للبوّاب ياخذ الولد للمدرسة وأنا رايح نفسي أجيبه بعد الظهر ــ تعال نذهب نري إستعراض عسكر المصريين قدّام افندينا في ساحة عابدين ــ يمشوا مظبوط دي الوقت ويظهروا انهم عساكر طيّبة كثيراً ــ تفتكر كم عسكري في الاستعراض ــ فيه أربعة اورط وفي كل واحدة ستة بولكات وكل بولك فيه ستين نفر تقريبًا ولذلك هم جميعهم ١٤٤٠ عسكري في الاستعراض ◆

حكاية ١٣

قَاضِي وَجَدَ مَرَّةً لَيلاً فِي كِتَابٍ أَنَّ مَنْ لَهُ رَأْسٌ صَغِيرٌ وَلِحْيَةٌ طَوِيلَةٌ هُوَ جَاهِلٌ وَكَانَ هُوَ لَهُ رَأْسٌ صَغِيرَةٌ وِلحْيَةٌ طَوِيلَةٌ ــ فَقَالَ فِي نَفْسِهِ أَنَا لاأَقْدَرْ

أُكَبْرَ رَأْسِي وَلَكِنْ أُقَصِّرْ لِحْيَتِي — فَطَلَبَ مَقَصّاً وَلَكِنْ لَمْ يَجِدْهُ وَاذْ لَمْ يَرَ وَسِيْلَةً أُخْرَي مَسَكَ نِصْفَ لِحْيَتِهِ فِي يَدِهِ وَوَضَعَ النِّصْفَ الْآخَرَ فَوْقَ النُّورِ وَأَحْرَقَهَا وَلَمَّا وَصَلَ اللَّهِيْبُ لِيَدِهِ سَابَهَا وَهَكَذَا احْتَرَقَتْ كُلُّهَا — فَمَاتَ الْقَاضِي مِنْ خَجَلِهِ لِأَنَّهُ حَقَّقَ مَا كَانَ مَكْتُوباً فِي الْكِتَابِ ◆

Fable 1.

THE DEER AND THE FOX.

Once upon a time a deer being thirsty came to a spring of water to drink, and the water was in a deep well, Now, however much he tried to reach it, he was unable to do so. The fox on seeing him said, 'O brother! you did wrong in not thinking how to get out before you descended (into the well).'

Fable 2.

THE DEER AND THE LION.

Once upon a time a deer frightened by hunters fled away into a cave, where a lion entered and strangled him. The deer then said to himself, 'Woe is me! how unlucky I am; I fled away from man to fall into the hands of one who is much more powerful.'

Exercise 65.

العسكر حسب امر اميرآلايهم خرجوا من البلد و اصطفوا في وسط السهل خارجاً — و قبل أن يمشوا صوب الجبال خرجت عليهم الاعداء من كل جانب بعدد عظيم وهجموا عليهم بعزم قوي — فالاتراك والضباط حاربوا مثل الاسود حتي قتلوا جميعهم إلّا خمسة أو ستة فأنّهم وقعوا في يد العدو — أنا رحت للسوق النهار ده لاشوف اذا كنت أقدر أجيب سمك جديد (طازه) و فاكهة كويسة ولكن ما كانش وصل حاجة لسا من إسكندرية لانه كان بدري قوي — أنا دايماً أشيع خدّامي إبراهيم قبل ما أروح أنا و اذا قال لي أنه يوجد حاجات كثيرة كويسة أروح هناك في العربية بعد الظهر وآخذه معي — أشوف انه صعب كثير للحصول علي خضار ولحمة طيبة في مصر إلّا بدفع ثمن غالي جدّاً —

انا مؤكّد أن طباخي يغشني بقدر ما يقدر لما أحاسبه ـ بدّي أطرده وأجيب غيره ولكني أكره التغيير كثيراً ◆

حكاية ١٤

كَانَ رَجُلٌ عَالِمٌ يَتَرَدَّدُ عَلَي جَامِعٍ وَيَعِظُ النَّاسَ وَكَانَ وَاحِدٌ مِنَ الْجَمْعِ عَلَي الدَّوَامِ يَبْكِي ـ فَقَالَ هَذَا الْوَاعِظُ فِي نَفْسِهِ يَوْمًا يَظْهَرُ أَنَّ كَلَامِي يُؤَثِّرُ فِي قَلْبِ هَذَا الرَّجُلِ وَهَذَا هُوَ سَبَبُ بُكَاهُ ـ فَالْآخَرُونَ قَالُوا لِلرَّجُلِ الَّذِي كَانَ يَبْكِي اِنَّ الْعَالِمُ لَا يُؤَثِّرُ فِينَا وَعْظُهُ فَمَا جِنْسَ قَلْبِكَ حَتَّي تَذْرِفُ دُمُوعَكَ دَائِمًا ـ فَجَاوَبَ أَنِّي لَا أَبْكِي مِنْ كَلَامِهِ وَلَكِن كَانَ عِنْدِي تَيْسٌ عَزِيزٌ كُنْتُ مُوَلَّعْ بِهِ وَلَكِنَّهُ كَبُرَ وَ مَاتَ ـ فَالْآنَ كُلَّمَا تَكَلَّمَ الْعَالِمُ وَ هَزَّ ذَقْنَهُ أَتَذَكَّرُ التَّيْسِ لِأَنَّ كَانَ لَهُ لِحْيَةٌ طَوِيلَةٌ مِثْلَهُ ◆

Fable 3.

THE RABBITS AND THE FOXES.

Once upon a time there was war between the vultures and the rabbits. The latter went to the foxes to demand an alliance with them, and help against the vultures. So these said in reply to them, 'had we not known you, nor known with whom you were fighting, then we would have done so.'

Fable 4.

THE WOMAN AND THE HEN.

A woman had a hen, which used to lay a silver egg every day. The woman said in her own mind, if I increase its food, it will lay two eggs a day; but when she increased its food, its belly burst and it died.

Exercise 66.

١١ وصلنا الي سواكن كانت المدينة تقريبًا محاطة بالعصاة ولكن قبلما ننزل للبر تسحّبوا صوب لجبال وما كان في الاول وبانا خيالة (سوارى) ولذلك ما قدرناش نلحقهم ولذلك رجعوا في الليل وهاجموا أوائل العسكر وفي الصباح بعد

ما نزلت العساكر للبر أمر الجنرال جزأ من العسكر البيادة الراكبين ان يعبروا الجسر المتصل من البر للجزيرة ويعملوا إستكشافات ومع أنهم راحوا مسافة طويلة رجعوا بدون أن يشوفوا أحداً من الاعداء ولكن فهمنا من الجواسيس أن أكثر جيش عثمان دجنه كان معسكر في سفح الجبل وغير عازم علي الخضوع ٭

حكاية ١٥

خَيَّالٌ سَافَرَ اِلَي بَلَدٍ فَسَمِعَ أَنَّ فِيهَا لُصُوصٌ بِكَثْرَةٍ وَلِذٰلِكَ قَالَ لِسَايِسِهِ فِي اللَّيْلِ أَنْنام أَنْتَ وَأَنَا أَخْفُرُ لِأَنِّي لَا أَقْدَرُ أَعْتَمِدُ عَلَيْكَ ـ فَجَاوَبَهُ السَّايِسُ وَآسَفَاهُ يَا سَيِّدِي مَا هٰذَا الْكَلَامُ فَأَنِّي لَا أَرْضَي أَكُونُ نَايِماً وَسَيِّدِي صَاحِياً ـ فَبِالْاِخْتِصَارِ السَّيِّدُ رَاحَ وَنَامَ وَصَحِي بَعْدَ ثَلَاثِ سَاعَاتٍ وَنَادَي عَلَي السَّايِسِ قَايِلاً مَا تَعْمَلْ ـ فَأَجَابَهُ أَتَأَمَّلُ كَيْفَ بَسَطَ اللّٰهُ الْأَرْضَ فَوْقَ الْمَاءِ ـ فَقَالَ لَهُ سَيِّدُهُ أَنَا خَائِفٌ أَنْ تَاتِي الْحَرَامِيَّةُ وَلَا تَشْعُرْ بِهَا ـ فَجَاوَبَهُ يَا سَيِّدِي كُنْ مُسْتَرِيحاً فَأَنِّي سَهْرَانْ ـ فَعَادَ الْخَيَّالُ وَنَامَ أَيْضاً وَلٰكِنَّهُ قَامَ فِي نِصْفِ اللَّيْلِ وَنَادَي يَا سَايِسُ تَعْمَلَ آيِ ـ فَجَاوَبَهُ إِنِّي أَفْتَكِرُ كَيْفَ رَفَعَ اللّٰهُ السَّمَاءَ بِدُونِ عَوَامِيدِ (بِلَاعَمَدٍ) ـ فَقَالَ لَهُ أَنَا خَائِفٌ أَنَّ فِي أَثْنَاءِ تَأَمُّلَاتِكَ هٰذِهِ تَجِيُ الْحَرَامِيَّةُ وَتَأْخُذُ الْحُصَانَ ـ فَجَاوَبَهُ يَا سَيِّدِي أَنَا صَاحِي فَكَيْفَ تَقْدِرُ اللُّصُوصُ أَنْ تَجِي ـ فَذَهَبَ الْخَيَّالُ وَنَامَ أَيْضاً وَقَبْلَ الصُّبْحِ بِسَاعَةٍ صَحِيَ وَسَأَلَ السَّايِسَ مَاذَا كَانَ يَعْمَلُ ـ فَجَاوَبَهُ بَقَا لِي مِنْ وَقْتِ مَا اِنْسَرَقَ الْحُصَانُ وَأَنَا أَتَأَمَّلُ مَنْ مِنَّا سَيَحْمِلُ السَّرْجَ عَلَي رَأْسِهِ بُكْرَه أَنْتَ أَمْ أَنَا يَا سَيِّدِي ٭

Fable 5.

THE BOY.

A boy once threw himself into a stream of water and did not know how to swim. And when he was on the point of drowning, he called out for help to a man who was passing by in the road. He came to him and began to scold him for tumbling into the river. The boy said to him, 'Oh, save me first from death, and blame me (as much as you like) afterwards!'

Fable 6.

THE BLACKSMITH AND THE DOG.

A blacksmith had a dog, which was always asleep as long as the blacksmith was at work; but whenever he gave over work and sat down with his companions to have a meal, the dog got up. The blacksmith said to him, 'Oh, you bad dog, how is it that the noise of the hammering, which causes the very earth to tremble, does not awake you, yet you get up directly you hear the sound of chewing?'

Exercise 67.

وفي هذه الظروف التزمنا أن نهاجمه أين وجدناه — ففي اليوم الثاني تقدم الجيش الي طابية (استحكام) كان عملها المصريون قبلا وهناك بات العسكر تلك الليلة التي فيها رمي العصاة نارًا دائمة علي عرضينا ولكن بدون أذية — وفي الفجر تقدمنا نحو مراكز العدو ولكنهم هاجموا جيشنا بقوة شديدة ونجحوا مرة بكسر المربع الاول — ألّا أن عساكرنا انتظمت ثانية بسرعة غريبة وهاجموا العدو وكسروهم بمذبحة عظيمة للنحور وأخذ معسكرهم وَحُرِق •

حكاية ١٦

ذَهَبَ رَجُلٌ اِلَي دَرْوِيشٍ وَعَرَضَ عَلَيْهِ ثَلَاثَ سُؤَالَاتٍ أَوَّلاً لِمَاذَا يَقُولُونَ أَنَّ اللهَ مَوْجُودٌ فِي كُلِّ مُكَانٍ وَمَا أَرَاهُ — فَأَرِنِي أَيْنَ هُوَ — ثَانِياً لِمَاذَا يُعَاقَبُ اْلاِنْسَانُ عَلَي الذُّنُوبِ مَادَامَ أَنَّ كُلَّ مَايَعْمَلُهُ صَادِرٌ مِنَ اللهِ وَ اْلاِنْسَانُ لَيْسَ لَهُ حُرِّيَةٌ لِأَنَّهُ لَا يَقْدِرُ يَعْمَلُ شَيْأً مُخَالِفاً لِاِرَادَةِ اللهِ وَلَوْ كَانَ لَهُ قُدْرَةٌ لَكَانَ يَعْمَلُ كُلَّ مَافِيهِ خَيْراً لَهُ — ثَالِثاً كَيْفَ يَقْدِرُ اللهُ أَنْ يُعَاقِبَ الشَّيْطَانَ بِنَارِ جَهَنَّمِ مَعَ أَنَّهُ مُرَكَّبٌ مِنْ ذَلِكَ الْعُنْصُرِ وَأَيَّ تَأْثِيرٍ لِلنَّارِ عَلَي ذَاتِهَا — فَالدَّرْوِيشُ أَخَذَ طُوبَةً كَبِيرَةً وَضَرَبَهُ بِهَا عَلَي رَأْسِهِ — فَذَهَبَ الرَّجُلُ اِلَي الْمُدِيرِ وَ قَالَ لَهُ سَأَلْتُ دَرْوِيشاً ثَلَاثَ سُؤَالَاتٍ فَرَمَانِي بِطُوبَةٍ — فَاسْتَحْضَرَ الْمُدِيرُ الدَّرْوِيشَ وَسَأَلَهُ لِمَاذَا ضَرَبْتَ هَذَا الرَّجُلَ بِطُوبَةٍ عَلَي رَأْسِهِ عِوَضَ أَنْ تُجَاوِبَهُ عَلَي سُؤَالَاتِهِ — فَأَجَابَ الدَّرْوِيشُ إِنَّ الطُّوبَةَ كَانَتْ جَوَاباً لِخِطَابِهِ —

هُوَ يَقُولُ رَأْسُهُ يُوجِعُهُ فَدَعْهُ يُرِينَا الْوَجَعَ وَأَنَا أُرِيهِ اللّٰهَ وَلِمَاذَا هُوَ يَتَشَكَّي
لِحَضْرَتِكَ عَلَيَّ لِأَنَّ مَا عَمَلْتُهُ هُوَ عَمَلُ اللّٰهِ فَأَنَا لَمْ أَضْرِبْهُ إِلَّا بِإِرَادَةِ اللّٰهِ
وَأَيّ قُوَّة لِي — وَبِمَا أَنَّهُ مُرَكَّبٌ مِنْ تُرَابٍ فَكَيْفَ يَتَوَجَّعُ مِنْ ذَلِكَ الْعُنْصُرِ
وَالْتَخَم الرَّجُلُ وَانسَرَّ الْمُدِيرُ جِدّاً مِنْ جَوَابِ الدَّرْوِيشِ ◆

Fable 7.

THE LION AND THE TWO BULLS.

Once upon a time a lion attacked two bulls, but they both defended themselves by butting at him with their horns, so that he was not able to get between them. But when he was alone with one of them, he deceived him and promised that he would not oppose them if he would only separate from his companion; but when they did so, he throttled them both.

Fable 8.

THE WOLVES.

Some wolves found some cow-skins soaking in a pool of water, and nobody was by. So they all agreed together to drink up all the water until they reached down to the skins, and then to eat them up. But they all burst from the great quantity of water which they drank and died, and they had not (even then) reached the skins.

Exercise 68.

وحالما أكلت العسكر وسقت السواري خيلها من الآبار صدرت الاوامر برجوع
الجيش الي المحل الذي نزل فيه في الليلة السابقة وهناك اعتنت في راحة
المجاريح ولحد المساء كان للجميع في المعسكر — والعدو لم يزعجنا كثيراً مدة
الليل ولكن سمعنا ولولتهم علي موتاهم — وفي الغد رجع الجيش كله الي
سواكن — الآن صار الحرّ قوي ومن هنا لبعد كم يوم يصير من المستحيل
أجراء حركات عسكرية ولذلك نتعشم أن نرجع جميعاً الي مصر في وسط
شهر ابريل ◆

حكاية ١٧

بَخِيلٌ قَالَ لِأَحَدِ أَصْحَابِهِ عِنْدِي ٱلْآنَ أَلْفُ دِينَارٍ سَأَدْفِنُهَا خَارِجَ الْمَدِينَةِ وَلَا أُخْبِرُ أَحَداً بِهَذَا السِّرِّ الْآنَ وَبِالْاخْتِصَارِ خَرَجَا سَوِيَّةً خَارِجَ الْبَلْدَةِ وَدَفَنُوا الْفُلُوسَ تَحْتَ شَجَرَةٍ وَبَعْدَ كَمْ يَوْمٍ ذَهَبَ الْبَخِيلُ لِوَحْدِهِ إِلَي الشَّجَرَةِ وَلَكِنْ لَمْ يَجِدْ أَثَراً لِفُلُوسِهِ ـ فَقَالَ فِي نَفْسِهِ أَنْ لَا أَحَداً أَخَذَهَا إِلَّا صَاحِبُهُ وَلَكِنْ إِذَا سَأَلْتُهُ لَا يَقِرُّ أَبَداً وَلِذَلِكَ هُوَ ذَهَبَ إِلَي بَيْتِ صَاحِبِهِ وَقَالَ لَهُ صَارَ عِنْدِي فُلُوسٌ كَثِيرَةٌ أُرِيدُ أَنْ أُخَبِّيهَا فِي الْمَحَلِّ ذَاتِهِ فَإِنْ كُنْتَ تَجِي فِي الْغَدِ نَرُوحُ سَوِيَّةً ـ فَالصَّاحِبُ طَمَعًا فِي هَذَا الْمَبْلَغِ الْكَبِيرِ رَجَّعَ الْفُلُوسَ الْأُولَي إِلَي مَحَلِّهَا فَذَهَبَ الْبَخِيلُ فِي الْيَوْمِ الثَّانِي إِلَي هُنَاكَ وَحْدُهُ وَ وَجَدَ فُلُوسَهُ ـ وَانْبَسَطَ فِي حِيلَتِهِ هَذِهِ وَمِنْ وَقْتِهَا مَا عَادَ اِعْتَمَدَ عَلَي الْأَصْحَابِ أَبَداً ٭

حكاية ١٨

مَلِكٌ ظَالِمٌ خَرَجَ مَرَّةً مِنَ الْبَلَدِ مُتَنَكِّراً ـ فَرَأَي رَجُلاً جَالِسًا تَحْتَ شَجَرَةٍ ـ فَسَأَلَهُ كَيْفَ سِيرَةُ مَلِكِ هَذِهِ الْبِلَادِ أَهُوَ ظَالِمٌ أَمْ عَادِلٌ ـ فَجَاوَبَهُ هُوَ ظَالِمٌ كَبِيرٌ ـ فَقَالَ لَهُ الْمَلِكُ أَتَعْرِفُنِي ـ فَأَجَابَ لَا ـ فَقَالَ الْمَلِكُ أَنَا هُوَ مَلِكُ هَذِهِ الْبِلَادِ ـ فَخَافَ الرَّجُلُ وَسَأَلَهُ أَتَعْرِفُ مَنْ أَنَا ـ فَجَاوَبَهُ الْمَلِكُ أَنَّهُ لَا يَعْرِفُهُ ـ فَقَالَ لَهُ أَنَا اِبْنُ التَّاجِرِ الْفُلَانِي أُجَنُّ ثَلَاثَةَ أَيَّامٍ فِي الشَّهْرِ وَهَذَا الْيَوْمُ أَحَدُهَا ـ فَضَحِكَ الْمَلِكُ وَانْتَهَي الْحَدِيثُ ٭

SELECTIONS

FROM

ARABIC AUTHORS AND NEWSPAPERS

نه بعد ذلك ركب في اليوم التالي السفينة (طراد) التي جعلت لخدمته وينتظر
وصوله الي اصوان في صباح يوم الثلاثاء قبل وصول سفينة البريد بوقت قصير •

اعلان
(كنتراتات عسكرية)

يصير في محل الكومساريت هد كوارترز القاهرة لغاية ظهر يوم ٢٦ الجاري قبول عطاوات عن توريد ما يلزم من اسرة لخوص البلدية بحسب الطلب

ويكون التسليم في القلعة أو العباسية أو قصر النيل بحسب الاقتضاء

ويكتب علي الاظرفة (عطاوات عن اقفاص) ويصير تقديمها الي المحل المذكور لغاية اليوم والساعة المعينين اعلاه — القاهرة في ٢١ سبتمبر سنة ١٨٨٤ •

الامضا
ولكنسون
رئيس الكوميساريت

وقالت انه ولو ان هذا يمس قانون التصفية فاذ هو عائد الي الاسراع في حل المسألة المالية وأداء التعويضات يقتضي ان يتهلل منه كل من وضع الله في قلبه حب مُصر ونحن نصدق هذا القول للحق ونرجو ان دول اوروبا تاتي مصدقة لرأينا ومثبتة انه هو للحق وان منه للخير المبين •

زوارق النيل

ستصل الاربعمائة الثانية من زوارق النيل الي الاسكندرية بين ٢٩ سبتمبر و ١٦ اوكتوبر يحملها خمسة أو ستة من الباخرات . واذ ذاك يكتمل عددالزوارق في مصر و يبلغ ٨٠٠ زورق

وبموجب التعهد يكون المركب الاول البخاري من المراكب الست المذكورة قد خرج من انكلترا في اليوم السادس من هذا الشهر. وقد ارتئيَ ان هذه الزوارق تصعد الي أصوان اذ ان في كل منها قلع واحد وبذلك تخف اثقال النقل والنفقات

علي انه يخشي من تعذر اخراج هذا الراي الي حيز العمل . وذلك لان السرعة المفروضة لها ستة اميال في الساعة ولا يكون فيها شيٌ من البضائع وذلك مما يجعل موازنتها في خلل كثير للخطر ولا سيما في النيل حيث لأمان عليها من المياه ولا من الرياح . وقد صار طلب ٣٠٠ بساط من انكلترا لاجل تطليل الزوارق •

حوادث يومية

يسافر اليوم المستر اجرتون من القاهرة ويكون سفره الي الاسكندريه مع اللورد نورثبروك والسر افلين بارنغ ومن ثم يتوجه الي انكلترا ويعود فيها الي الوظيفة التي كان بها قبل مجيئه الي مصر

من جملة الركاب الذين ركبوا سفينة البريد التي خرجت من اسيوط يوم الجمعة العابر الكولونل هندرسون والماجور فلود والماجور لويد وعدد من اللواتي اتين لخدمة المستشفيات وهنّ السيدات غراي وغاردن وارسي وكين

واما اللورد شارلس برسفورد فانه كان نوي علي السفر في السفينة عينها غير

كتبه سعادة ناظر المالية . وملخص انبائها أن البرنس بسمارك تثور في رأسه ثورة الغضب فيسحق المستر غلادستون محقا . وان روسيا تنهض مشتكية محتجة وفرنسا تقوم مبينة مالديها من الملحوظات وان الانكليز يثيرون في أفئدة الاهالي الغيظ والحقد ويجعلون لهم في صدور الافرنج المستوطنين عداوة مقرونة بالمقاومات والمعارضات . واخيرا تنهض أوربا وتجازي انكلترا جزاء شديدا علي ما بدا منها من الامور الوحشية بحقها

وانه لا يفوتنا بان ما ابدته انكلترا من جهد العناية المنصرفة حديثا في المسائل المصرية هو مما يغيظ الشعب الفرنساوي مثلما يسر كل انكليزي . غير انه يترتب علينا ان لا ننسي الاصول المنطقية فان فرنسا قد رفضت من بادئ الامر أن تريق دم عسكري او تنفق درهما في مصر فكيف يتأتي لها بعد ذلك أن تتوقع بان يكون لها ما لانكلترا من النفوذ والكلمة في حل المسألة المصرية . فلا غرو أن جميع اعتراضات الدول المقصود منها اعادة ما ضاع من النفوذ بسبب الغفلة والاهمال تكون حبرا علي ورق لاتفيد شيأ وانما تتعب المعترضين لغير جدوي

وعندنا ان بين البرنس بسمارك والمستر غلادستون اتفاق في الاعمال الجارية . و روسيا لم تبد بعد شيأ من التشكي واما ملاحظات فرنسا فقد صارت شيأ مألوفا وقد ملتها الاسماع واما الاهالي فلا نظن انهم يغضبون من عمل يعود عليهم بالنفع البين فانه لولا انكلترا لاقتضي الامر توقيف صرف رواتب المستخدمين هذا الشهر ولا ريب انهم يعرفون ذلك ولا نخالهم يرون من الانكليز الحسنة ويقابلونها بالسيئة

واما ماقيل عن مقابلة الدول لانكلترا بمثل مابدا منها فعندنا انه اذا فعلت الدول ذلك تكون العلاقات بينها وبين انكلترا في غاية من الحب والمصافاة لان رقيم سعادة مصطفي باشا فهمي لايمكن ان ينسج علي منواله في شدة التلطف والايناس والاستناد علي الادلة القاطعة التي لا يسع كل ذي عقل سليم الا قبولها والتسليم بها

واما جريدة (الفارد الكسندرى) فقد نظرت الي المسألة بعين التعقل والانصاف وقد جرت في ذلك مجري كثير من الجرائد الفرنساوية التي لاتنطق عن هوي . فقد هنأت الجريدة المذكورة المصرية باجراء ماوقع الاتفاق عليه في مؤتمر لندن

(القاهرة في ٢٢ سبتمبر سنة ١٨٨٣)

قد هدأت الخواطر وسكن ما كان من بلبال الناس لاعلان الحكومة بانها تتوقف شهرا واحدا عن دفع الزائد من المداخيل الي صندوق دين الاستهلاك وقد أقيمت الحجة علي عمل الحكومة هذا من لجنة صندوق الدين ووجهت الي نظارة المالية ولانرتاب بانه عن قريب تقام حجج رسمية من القناصل وترسل الي النظارة المذكورة فتطرح جميعا في زاوية وتنضم الي الحجة المقامة من فرنسا علي الغاء المراقبة الثنائية فتبقي جميعها مستريحة ولا من يزعج وتعتبر اقامة الحجة في الاحوال الحاضرة عبارة عن الاعتراف بالامر الحاصل فانه اذا كان العمل الذي تقام الحجة عليه قد تم وانقضي فلا تعتبر اقامة الحجة سوي اعلانا له ومصارقة عليه . ولايصدق كلا منا هذا علي جميع الحجج التي تقام في سائر البلدان وانما يصح في مصر حيث عرف من الاختبار والتكرار ان اقامة الحجج فيها ليست الّا قراطيس لا بارود فيها وانا لانري ماذا وجد القوم من العيب والنقص في هذا الاجراء الذي اتفق عليه في المؤتمر انه الواسطة الوحيدة للخلاص من العراقيل الكثيرة والصعوبات المحيقة بمصر. وان الدول لابد لها من ان تعترض بالظاهر علي كل مايمس قانون التصفية الذي صدقوا عليه وانما اذا كان القانون المذكور يمس لاجل اتمام ماترومه الدول وتلح في طلبه فلا ريب انها اذ ذاك لا تقصد باعتراضها الا مجرد الصورة الظاهرية فقط . ولا يخفي أن الحكومة المصرية قد فعلت مانحن في صدده حبًّا بصوالح الدول التي تهمّها حياة مصر. فانها اذا لم تفعل هذا لاتستطيع اداء رواتب المستخدمين وتبطل جميع الادارات المصرية . فبقي علي دول أوربا ان تختار أحد أمرين أي أما ان ترضي بتخفيض المبالغ المخصصة لها من مداخيل مصر الي أجل محدود أوترضي بان لايكون في مصر مداخيل علي الاطلاق لعدم وجود من يجمعها . وهذا الامر غير خاف علي أحد ممن هم في مصر ولانرتاب في انه صار ابلاغه الي وزارات أوربا ممن يحبون خير المصريين . واذا ماعرف ذلك عند الدول فلا نظن انها تصل الي هذه الدرجة من الجنون فتعترض علي عمل هو الواسطة الوحيدة التي تمكن مصر من اداء مطالبها في المستقبل وقد طالعنا في احدي الجرائد المحلية فصلا تضمن الانباء بماسيحل بمصر وبانكلترا من الوبال والنتائج الوخيمة بسبب الرقيم الذي

مجلس التجارة في سانغاي . وتاريخه ١١ سبتمبر الساعة ٣ والدقيقة ٣٠ بعد الظهر واني أطلب اتحاد وزارات التجارة في انكلترا وأوربا وارفع دعواي الي حكومة جلالة الملكة لتدبر أمر تجارة سانغاي وتتحد مع بقية الدول في المحاماة عن صوالح الاور بيين في هذا البلد المهم للجامع من جميع الامم وترون من هذا التلغراف ان الانكليز في الصين هم في خطر مبين وانه يلزم الاسراع في العمل دون ابطاء وأما التلغراف فهو هذا ٭

نفقات الحملة

قالت الفارد الكسندري ان حملة النيل انما قصد بها السعي لخلاص غوردون ولذلك يقتضي ان تكون نفقتها من حكومة جلالة الملكة وان العدل يقتضي ذلك ويستدعي ان اصحاب الحملة انفسهم يقومون علي الاقل بنصف نفقاتها لاان يضعوا أثقالها علي عاتق الحكومة المصرية التي أصبحت في أشد الضيق والكرب الماليين نقول جوابا لزميلنا اننا قدفوضنا رسميا بان نعلن ان الحكومة الانكليزية ستقوم بجميع نفقات الحملة ولا تكلف الخزينة المصرية بارة الفرد بل بالعكس ان هذه الحملة تعود علي خزينة مصر بزيادة الثروة بسبب الكونتراتات التي يصير عقدها مع حكومة سمو الجناب الخديو ٭

تلغرافات هذا النهار

(وادي حلفا في ٢١ سبتمبر)

سافر عسكر البيادة من سراس في ظهر يوم السبت في سبع مراكب كبيرة شحن في احدها مهمات العساكر . ولم تستطع المراكب المذكورة ان تسير غير بضعة اميال قبل الليل بسبب انخفاض النيل الذي نتج عنه تكوين شلال جديد . واما نصيف الخير فقد وصلت الي سراس نهار امس وقد رشحت فيها كمية وافرة من الماء وهي الآن تصلح . وعساكر الكولونل تروتر حالة خارج سراس . وقد ذهب مائة واربعون نفرا مع ضابط انكليزي الي قبلي شلال دال في نحو منتصف طريق دنقله . والماجور سندويث في سراس وهو موكل علي انزال العساكر والمؤونات من المراكب . وجار اصلاح الطريق بسرعة بين سراس واسبقول ونزع الرمال والاشواك منها ليتسهل الذهاب سريعا الي امبقول ٭

التعنيف والذم ولم يعمل الادميرال كوربت الا ما دعته اليه واجبات وظيفته . لانه امر بان يضر بها ضربة شديدة وقد فعل ذلك علي كيفية عادت بالشرف علي فرنسا وعلي جميع الممالك المتمدنة . واني مادمت رئيسا للوزارة لااسمع بان يحصل للعلم الفرنساوي اهانة . راود ان يعرف الجميع هذا الامر من جهتي حق المعرفة وقد أبلغنا الاوامر الي الادميرال كوربت ولا ريب في انه يجريها الي التمام . ولا استطيع ان ابين لك تفصيل ماامر بعمله وانما أقول لك انه لم يعمل بعد شيأً وانه سيأتي من الاعمال ما يكتسب به أعظم اشتهار في الافاق . ولذلك لا يقال اننا نثير حربا وانما نحري اصلاحا وتعلم الصين خطاها حق العلم واننا اتينا ما اتيناه لاجل اصلاحها ولذلك هي مركنة الي الصمت والسكون فساله الرجل وهل تري ان التونكين تستحق ان يبذل في سبيلها كل هذا العناء

أجاب . بل تستحق أعظم منه كثيرا فان التونكين بلد مخصبة كثيرة المحصولات وهي هند صينية جديدة وقد كنا منذ زمان نقدر علي الاستيلا عليها ونحن الآن نؤمل بانها تكون لنا مصدر غني وثروة عظيمة

قلنا ومن العجب أنّا نري الفرنساويين حانقين من الجرائد الانكليزية حاقدين علي التيمس لما ذكرته عن الادميرال كوربت والحال ان جرايدهم لاتخلو يوما من تعنيف الانكليز والطعن الاليم برجال انكلترا ولعلهم لم ينتبهوا الي قول من قال اخرج الخشبة من عينك لتبصر ان تخرج القذي من عين غيرك وقوله

لاتنه عن خلق وصفت به فذا * عار عليك اذا فعلت عظيم

قد هاجت الافكار وماجت خوفا من ان الصينيين يسدون نهر سانغاي وقد خابر المجلس القناصل والوزارات لمنع ذلك وطلبوا ان تجعل سانغاي علي الحيادة اطلبوا من لجنة تجارة سانغاي في لندن ان تفعل كل مافي وسعها لعضدنا *

سد نهر سانغاي

نشرت بعض جرائد لندن المقالة الآتية المرسلة اليها من معتمد مجلس التجارة في سانغاي وهي

أرسل اليكم طيه نسخة التلغراف الوارد لي في صباح هذا اليوم من رئيس

الي كسجيل وصادفنا في طريقنا اثنين من السودان منهزمين اخبرانا ان العسكر المصري لا يجد ماء و ان هكس و علاء الدين متخاصمين . فعند ما سمع المهدي بذلك صمم علي ان لايهجم بل يستمر علي اطلاق البنادق كيفما اتفق . وكان ذلك في مساء يوم السبت . وفي طول ذلك الليل كان عسكر هكس يطلق البنادق والمدافع علي الغاب بغير طائل لان العصاة كانوا مختبئين وراء الصخور وبين الاشجار يصوبون رصاصهم الصائب الي صدور العسكر وبقي الامر علي هذه الحال كل نهار السبت والليل الذي بعده الي صباح يوم الاحد وعندها انطبق العصاة علي العسكر وتحولت الحرب الي مجزرة هائلة انتهت عند الظهر . ولم ينج من العسكر المصري غير ثلثماية نفر تظاهروا انهم قتلي ثم قاموا بعد انتهاء المجزرة

امس الاثنين خرج من اسيوط الكولونل هرنغتون وبرفقه المستر دوبانيل وخمسون من خيالة الترك قاصدين اسنا وينتظر وصولهم اليها بعد مضي ستة عشر يوما وقد استنسب ارسالهم الي مديرية اسنا لاجل منع السرقة والتعدي اللذين كثر حدوثهما فيها فان لصوص البدو قد اطلقوا عنان تعدياتهم وهم يهجمون كل يوم علي المدن والقري يسلبون و ينهبون ويأتون مايطيب لهم من المحظورات ٭

المسيو فري والصين

نشرت جريدة فوانس الاقوال الآتية منقولة اليها عن لسان المسيو فري من رجل اجتمع به في (سان دياو) ليلة سفره الي باريز قال لسنا نثير حرباً ولا يسع الحكومة الصينية ان تشهر علينا الحرب وانما اقتصرت أعمالها الي الآن علي منع مايلزم لنا من الفحم ولذلك لايوثق بما تنشره الجرائد الانكليزية واني اسف لما تبديه بعض جرائد لندن مما يضاد العلاقات الحبية الكائنة بين المملكتين بورودها الموارد الوخيمة القبيحة واثارتها الضغاين الساكنة . واني اعتبر ان مسالمتنا لانكلترا لها شان عظيم في خير المملكتين وخير اوربا اجمع وعكس ذلك يكون مجلبة للشقاء والويل علي العالم اجمع ولذلك أسف من أقوال بعض الجرائد الانكليزية العدوانية . فاننا لم نعمل في التونكين مانستوجب لاجله

(حوادث يومية)

(تلغرافات غوردون باشا)

وصل من غوردون باشا ثماني عشرة رسالة جميعها غير مؤرخة سوي واحدة منها فقط ذكر أنها بتاريخ ٢٤ اوغسطس غير انه لا يرتاب في صحة نسبتها اليه من التأمل في العبارات ونسق الكلام المختص به . والبرهان المذكور علي صحتها مستمد من الرسائل نفسها غير ان لنا علي اثبات صدق الاسناد شهادة المسيو هاربن القنصل الفرنساوي فانه بعث تلغرافًا يقول فيه انه عازم علي السفر من الخرطوم في أواخر شهر اوغسطس مع الكولونل ستوارت والمستر باوير وذلك يطابق ما صرح به غوردون عما عزم ان يفعله

حالما بلغ المهدي خروج هكس من الخرطوم قاصداً الدويم اصدر امرة الي اميرة الشيخ عبد الحليم أن يقصد الجهة المذكورة ويتتبع آثار هكس ولا يادئه بالحرب . وكان كلما عمل هكس باشا خنادق في المساء لحلول عساكره يقوم في الصباح فيجد الاعداء متحصنين بها . وقد رجع الجواسيس الي المهدي واخبروه ان بين هكس باشا وعلاء الدين باشا اختلاف في الرأي اذ أن هكس يري وجوب ضرب تلك الشرذمة من السودانيين الذين كانوا يقتفون آثارهم و يقطعون بينهم المواصلات واما علاء الدين فيري عدم ذلك لاعتقاده انهم معاضدون لهم اذ كان الشيخ عبد الحليم يقنع علاء الدين باشا بانه من حزبهم

وقد قضي علي هكس ان سار الي بركة وكان المهدي قد حشد مائة الف مقاتل وهجم بهم ليلاً علي بركة واخذ معه السبعة والعشرين من الافرنج الذين كانوا معه في الابيض . وبعد مسير يومين وليلتين وصل الي الابار

قال الراوي انه كان اذ ذاك مع المهدي وجاءه الجواسيس يخبرونه ان هكس لما بلغه وجود الاعداء عند ابار بركة تحول الي اليسار الي بئر كسجيل . فامر عبد الحليم ان يتوجه بالعجل و يكمن برجاله في الغاب الذي حول مياه كسجيل و يلبك العسكر باطلاق البنادق عليه اطلاقاً مستمراً . وكان مع عبد الحليم الفا رجل من الذين لا يخطئون في رمي الرصاص . ثم ان المهدي تقدم برجاله

منها الفرضة والمال الميري فارسل الكتخدا بيك الي كاشف المنوفية قبل الحادثة بيوم يأمره فيه بقتله فارسل اليه طائفة من العسكر دخلوا عليه في الفجر وهو يتوضا لصلاة الصبح فقتلوه وقطعوا رأسه واحضروها الي مصر وكانوا ياتون بأشخاص من بقاية البيوت القديمة فيمثلونهم بين يدي الكتخدا فيسألهم فيخبرون عن أنفسهم ونسبتهم فيكذبهم ويأمر بهم الي الحبس الاعلي حتي يتبين أمرهم فامّا تدركهم الالطاف فينجون بعد معاينة الموت وهذا في النادر فقتل في هذه الحادثة أكثر من ألف نفر أمراء وأجناد وكشاف ومماليك ثم صاروا يحملون رممهم علي الاخشاب ويرمونهم عند المغسل بالرميلة ثم يرفعونهم ويلقونهم في حفر من الارض فوق بعضهم البعض لا يتميز الامير عن غيره وسلخوا عدة رؤس من رؤس العظماء وألقوا جماجمهم المسلوخة علي الرمم في تلك الحفر فكانت هذه الكائنة من أشنع الحوادث التي لم يتفق مثلها ولم ينج من الانفية الا أحمد بيك زوج عديلة هانم بنت ابراهيم بيك الكبير فانه كان غائباً بناحية بوش وأمين بيك تسلق من القلعة وهرب الي ناحية الشام ٭

النساء وحليهن ويسحبون الواحد والاثنين أو أكثر بينهم وياخذون عمائمهم وثيابهم
وما في جيوبهم في أثناء الطريق واذا كان كبيرًا أو أميرًا يستحي منه طلبوه
بالرفق فاذا ظهر لهم قالوا له سيدنا حسن باشا يستدعيك اليه فلا تخش من
شيّ ويطمئن قليلاً ويظن أنهم يجيرونه وعلي أي حال لا يسعه الا الاجابة لانه ان
امتنع أخذوه قهراً فاذا اخرج من الدار استصحبه جماعة منهم وطلع البواقي
الي الدار فاخذوا ما قدروا عليه ولحقوا بهم وجري علي المأخوذ ما يجري علي
أمثاله من المأخوذين والبعض تواري والتجا الي طائفة الدلاة وتزيّا بشكلهم
ولبس له طرطورًا وأجاروه وهرب كثير في ذلك اليوم وخرجوا الي قبلي وبعضهم
تزيّا بزيّ نساء الفلاحين وخرج من ضمن الفلاحات اللاتي يبعن الجلة والجبنة
وذهبوا من ضمنهم وفر من نجا منهم الي الشام وغيرها وأما كتخدا بيك فانه
لشدة بغضه فيهم صار لايرحم منهم أحداً فكان كل من أحضروه ولو فقيرًا هرماً
من مماليك الامراء الاقدمين يأمر بضرب عنقه وأرسل أوراقًا الي كشاف النواحي
والاقاليم بقتل كل من وجدوه بالقري والبلدان فوردت الروس في ثاني يوم من
النواحي فيضعونها بالرميلة وعلي مصطبة السبيل المواجه لباب زويلة و كان كثير
من الاجناد بالارياف لتحصيل الفرض التي تعهدوا بدفعها عن فلاحيهم وانقضت
أجلتهم وطولبوا بالدفع والفلاحون قصرت أيديهم ولم يقبلوا للملتزمين عذرا في
التأخير فلم يسعهم الا الذهاب بانفسهم لاجل خلاص المطلوب منهم للديوان
فعند ما وصلت الاوامر الي كشاف الاقاليم بقتل الكائنين بالبلاد بادروا بقتل
من يمكنهم قتله ومن بعد عنهم أرسلوا لهم العساكر في محلاتهم فيدهمونهم
علي حين غفلة ويقتلونهم وينهبون متاعهم وما جمعوه من المال ويرسلون بروسهم
أو يتحيلون علي القبض عليهم وقتلهم فصار يصل في كل يوم العدد من الروس
من قبلي وبحري ويضعونها علي باب زويلة وباب القلعة ولم يقبلوا شفاعة في
أحد أبداً ويعطون الامان للبعض فاذا حضروا قبضوا عليهم وشلحوهم ثيابهم وقتلوهم
والباشا يعلم من كتخداه شدة الكراهة لجنس المماليك ففوّض له الامر فيهم
حتي انه كان بينه وبين محمد أغا كتخدا الجاويشية سابقًا بعض منافرة من مدة
سابقة أو لكونه صاهر بعض الالفية وزوّجه ابنته وكان غائباً ببلدة يقال لها
الفرعونية جارية في اقطاعه وتعهد بما عليها من الفرضة فذهب اليها بنفسه ليخلص

المصريين ونهبهم والظفر بهم طافح من وجوههم فكان كلما مرّ علي أرباب الدرك
والقلقات والضابطين وقف عليهم ووبّخهم علي النهب وعدم منعهم لذلك والحال
انهم هم الذين كانوا ينهبون أوّلا ويتبعهم غيرهم فمرّ علي العقادين الرومي
والشواتيين فخرج اليه شخص من تجار المغاربة يسمي العربي الحلو وصرخ في وجهه
وهو يقول ايش هذا الحال وايش علاقتنا حتي ينهبنا العسكر ونحن ناس فقراء
مغاربة متسببون ولسنا مماليك ولا أجناداً فوقف اليه وأرسل معه نفراً الي داره
فوجدوا بها شخصين أحدهما تركي والآخر بلدي وهما يلتقطان آخر النهب وما
سقط من النهابين فأمر بقتلهما فأخذ وهما الي باب الخرق وقطعوا روسهما ثم انه
عطف علي جهة الكعكيين فلاقاه من أخبره بأن المشايخ مجتمعون ونيتهم
الركوب لملاقاته والسلام عليه والتهنئة بالظفر فقال أنا أذهب اليهم ولم يزل
في سيره حتي دخل الي بيت الشيخ الشرقاوي وجلس عنده ساعة لطيفة وكان قد
التجأ الي الشيخ شخصان من الكشاف المصرية فكلمه في شأنهما وترجي عنده
في اعتاقهما من القتل وان يؤمنهما علي أنفسهما وقال له لاتفضح شيبتي
ياولدي واقبل شفاعتي وأعطهما محرمة الآمان فاجابه الي ذلك وقال له شفاعتك
مقبولة ولكن نحن لانعطي محارم وأنا أماني بالقول أو نكتب ورقة ونرسلها
اليك بالآمان فاطمأن الشيخ بطلبهما فقال لهما الشيخ ان الباشا أرسل هذه
الورقة يؤمنكما ويطلبكما اليه فقالا وما يفعل بذهابنا اليه فلاشك في انه يقتلنا
فقال الشيخ لايصح ذلك ولا يكون كيف انه يأخذكم من بيتي ويقتلكم بعد
أن قبل شفاعتي فذهبا مع الرسول فعندما وصلا الي الحوش وهو مملوء بالقتلي
وضرب الرقاب واقع في المحبوسين والمحضرين قبضوا عليهما وأدرجا في ضمنهم
وفي ذلك اليوم نزل طوسون ابن الباشا وقت نزول أبيه وشق المدينة وقتل
شخصاً من النهابين أيضاً فارتفع النهب وانكف العسكر عن ذلك ولولا نزول
الباشا وابنه في صبح ذلك اليوم لنهب العسكر بقية المدينة وحصل منهم غاية
الضرر وأمّا القبض علي الاجناد والمماليك فمستمر وكذلك كل من كان يشبههم
في الملبس والزي وأكثر من كان يقبض عليهم عساكر حسن باشا الارنؤدي
فيكبسون عليهم في الدور أو في الاماكن التي تواروا فيها واستدلوا عليهم
فيقبضون علي من يقبضون عليه وينهبون من الاماكن ما يمكنهم حمله وثياب

العطف ونواحي الازهر والمشهد الحسيني يوزعون فيها مايخافون عليه لظنهم بعدها وحمايتها بحرمة الخطه وصونها عند وقوع الحوادث وكثير من كبار العسكر مجاورون لهم في جميع النواحي ويرمقون أحوالهم ويطلعون علي أكثر حركاتهم وسكناتهم ويتداخلون فيهم ويعاشرونهم ويسامرونهم بالليل ويظهرون لهم الصداقة والمحبة وقلوبهم محشوّة من الحقد عليهم والكراهة لهم بل ولجميع أبناء العرب فلما حصلت هذه الحادثة بادروا لتحصيل مامولهم وأظهروا ماكان مخفياً في صدورهم وخصوصا من التشفي في النساء فان العظيم منهم كان اذا خطب أدني امرأة ليتزوّج بها فلا ترضي به وتعافه وتأنف قربه وان ألح عليها استجارت بمن يحميها منه والّا هربت من بيتها واختفت شهورًا وذلك بخلاف ما اذا خطبها أسفل شخص من جنس المماليك أجابته في الحال واتفق انه لما اصطلح الباشا مع الالفية وطلبوا البيوت ظهر كثير من النساء المستترات المخفيات و تناسوا في زواجهم وعملوا لهم الكساوي وقدّموا لهم التقادم وصرفوا عليهم لوازم البيت التي تلزم الازواج لزوجاتهم كل ذلك بمرأي من الاتراك يحقدونه في قلوبهم وفيهم من حمي جاره وصان داره ومانع أعلاهم أدناهم وقليل ماهم وذلك لغرض يبتغيه وأمر يرتجيه فانه بعد ارتفاع النهب كانوا يقبضون عليهم من البيوت فيستولي الذي حماه ودافع عنه علي داره وما فيها وانتهبت دور كثيرة من المجاورين لهم أو لدور أتباعهم بأدني شبهة وبغير شبهة أو يدخلون بجهة التفتيش ويقولون عندكم مملوك أو سمعنا ان عندكم وديعة لمملوك وبات الناس وأصبحوا علي ذلك ونهب في هذه الحادثة من الاموال والامتعة مالا يقدّر قدره ولا يحصيه الا الله سبحانه وتعالي ونهبت دور كثيرة من دور الاعيان الذين ليسوا من الامراء المقصودين ومن المتقيدين بخدمة الباشا مثل ذي الفقار كتخدا المتولي خوليّا علي بساتين الباشا التي أنشأها بشبرا و بيت الامير عثمان أغا الورداني ومصطفي كاشف المورلي والافندية الكتبة وغيرهم وأصبح يوم السبت والنهب والقتل والقبض علي المتوارين والمختفين مستمر ويدل البعض علي البعض او يغمز عليه وركب الباشا في الضحوة و نزل من القلعة وحوله أمراؤه الكبار مشاة وامامه الطواشية والجاويشية بزينتهم وملابسهم الفاخرة والجميع مشاة ليس فيهم راكب سواه وهم محدقون به وامامه وخلفه عدة وافرة والفرح والسرور بقتل

طوسون باشا يظن الالتجاء به والاحتماء فيه فقتلوهم وأسرف العسكر في قتل المصريين وسلب ما عليهم من الثياب ولم يرحموا أحداً وأظهروا كامن حقدهم وضحوا فيهم وفيمن رافقهم متجملاً معهم من أولاد الناس وأهالي البلد الذين تزيوا بزيهم لزينة الموكب وهم يصرخون ويستغيثون ومنهم من يقول أنا لست جندياً ولا مملوكاً وآخر يقول أنا لست من قبيلتهم فلم يرقوا لصارخ ولا شاك ولا مستغيث وتتبعوا المتشتتين والهربانين في نواحي القلعة وزواياها والذين قرّوا ودخلوا في البيوت والاماكن وقبضوا علي من أمسك حيًّا ولم يمت من الرصاص أو متخلفاً عن الموكب وجالساً مع الكتخدا كأحمد بيك الكيلارجي ويحيي بيك الالفي وعلي كاشف الكبير فسلبوا ثيابهم وجمعوهم الي السجن تحت مجلس كتخدا بيك ثم أحضروا أيضاً المشاعلي لرمي أعناقهم في حوش الديوان واحداً بعد واحد من صحوة النهار الي أن مضي حصة من الليل في المشاعل حتي امتلاء الحوش من القتلي ومن مات من المشاهير المعروفين وانصرع في طريق القلعة .قطعوا رأسه وسحبوا جثته الي باقي الجثث حتي انهم ربطوا في رجلي شاهين بيك ويديه حبالاً وسحبوه علي الارض مثل الحمار الميت الي حوش الديوان هذا ما حصل بالقلعة ✧ وأما أسفل المدينة فانه عند ما أغلق باب القلعة وسمع من بالرميلة صوت الرصاص وقعت الكرشة في الناس وهرب من كان واقفاً بالرميلة من الاجناد في انتظار الموكب وكذلك المتفرجون واتصلت الكرشة باسواق المدينة فانزعجوا وهرب من كان بالحوانيت لانتظار الفرجة وأغلق الناس حوانيتهم وليس لاحد عام بما حصل وظنوا ظنونا وعند ما تحقق العسكر حصول الواقعة وقتل الامراء انبثوا كالجراد المنتشر الي بيوت الامراء المصريين ومن جاورهم طالبين النهب والغنيمة فولجوها بغتة ونهبوها نهبًا ذريعاً وهتكوا الحرائر والحريم وسحبوا النساء والجواري والخوندات والستات وسلبوا ماعليهنّ من الحلي والجواهر والثياب وأظهروا الكامن في نفوسهم ولم يجدوا مانعًا ولا رادعا وبعضهم قبض علي يد امرأة لياخذ منها السوار فلم يتمكن من نزعها بسرعة فقطع يد المرأة وحل بالناس في بقية ذلك اليوم من الفزع والخوف وتوقع المكروه مالا يوصف لان المماليك والاجناد تداخلوا وسكنوا في جميع الحارات والنواحي وكل أمير له دار كبيرة فيها عياله وأتباعه ومماليكه وخيوله وجماله وله دار وداران صغار في داخل

وزينتهم امام الموكب فلما أصبح يوم الجمعة سادسه ركب الجميع وطلعوا الي القلعة وطلع المصرية بمماليكهم وأتباعهم وأجنادهم ودخل الامراء عند الباشا وصبحوا عليه وجلسوا معه حصة وشربوا القهوة وتضاحك معهم ثم انجر الموكب علي الوضع الذي رتبوه فانجر طائفة الدلاة وأميرهم المسمي أزون علي ومن خلفهم الوالي والمحتسب والاغا والوجاقلية والالداشات المصرية ومن تزيا بزيهم ومن خلفهم طوائف العسكر الرجالة والخيالة والبيكباشيات وأرباب المناصب منهم وابراهيم أغا أغات الباب وسليمان بيك البواب يذهب ويجي ويرتب الموكب وكان الباشا قد بيّت مع حسن باشا وصالح قوج والكتخدا فقط غدر المصرية وقتلهم وأسر بذلك في صبحها ابراهيم أغا أغات الباب فلما انجر الموكب وفرغ طائفة الدلاة ومن خلفهم من الوجاقلية والالداشات المصرية وانفصلوا من باب العزب فعند ذلك امر صالح قوج بغلق الباب وعرف طائفته بالمراد فالتفتوا ضاربين بالمصرية وقد انحصروا با جمعهم في المضيق المنحدر للحجر المقطوع في أعلي باب العزب مسافة مابين الباب الاء علي الذي يتوصل منه الي رحبة سوق القلعة الي الباب الاسفل وقد أعدو اعدة من العساكر أوقفوهم علي علاوي النقر للحجر والحيطان التي به فلما حصل الضرب من التحتانيين أراد الامراء الرجوع القهقري فلم يمكنهم ذلك لانتظام الخيول في مضيق النقر وأخذهم ضرب البنادق والقرابين من خلفهم أيضاً وعلم العسكر الواقفون بالاعالي المراد فضربوا أيضاً فلما نظروا ما حل بهم سقط في أيديهم وارتبكوا في أنفسهم .وتحيروا في أمرهم ووقع منهم أشخاص كثيرة فنزلوا عن الخيول واقتحم شاهين بيك وسليمان بيك البوّاب وآخرون في عدة من مماليكهم راجعين الي فوق والرصاص نازل عليهم من كل ناحية ونزعوا ما كان عليهم من الفراوي والثياب النقيلة ولم يزالوا سائرين وشاهرين سيوفهم حتي وصلوا الي الرحبة الوسطي المواجهة لقاعة الاعمدة وقد سقط أكثرهم وأصيب شاهين بيك وسقط الي الارض فقطعوا رأسه وأسرعوا بها الي الباشا ليأخذوا عليها البقشيش وكان الباشا عندما ساروا بالموكب ركب من ديوان السراية وذهب الي البيت الذي به الحريم وهو بيت اسمعيل افندي الضربخانه و أما سليمان بيك البوّاب فهرب من حلاوة الروح وصعد الي حائط البرج الكبير فتابعوه بالضرب حتي سقط وقطعوا رأسه ايضاً وهرب كثير الي بيت

(منتخب من الجزء الرابع من تاريخ الجبرتي)

ذكر مقتل الامراء المصريين وأتباعهم

(واستهل شهر صفر الخير بيوم الاحد سنة ١٢٢٦)

في ثانيه يوم الاثنين حضر الباشا من السويس الي مصر في سادس ساعة من الليل فضربوا في صبحها عدة مدافع لحضوره وقد حضر علي هجين بمفرده ولم يصحبه الا رجل بدوي علي هجين أيضًا ليدله علي الطريق وقطع المسافة في احدي عشرة ساعة وحضر من كان بصحبته في ثاني يوم وهم مجدون السفر وحضر السيد محمد المحروقي بحموله في اليوم الثالث وأخبروا ان الباشا أنزل من ساحل السويس خمسة مراكب من المراكب التي أنشأها باحتياجاتها ولوازمها وعساكرها و وجههم الي ناحية اليمن ليقبضوا علي ما يجدونه من المراكب وان الصنّاع مجتهدون في العمل في مراكب كبار لحمل الخيول والعساكر واللوازم (وفيه) حضر صالح أغا قوج حاكم أسيوط وتناقلت الاخبار عن الامراء المصريين القبليين بأنهم حضروا الي الطينة و رجعوا الي ناحية قناوص وخرج اليهم أحمد أغا لاظ وتحارب معهم وقتل من عساكره عدة وافرة (وفيه) قلد الباشا ابنه طوسون باشا صاري عسكر الركب الموجه الي الحجاز وأخرجوا جيشهم الي ناحية قبة العزب ونصبوا عرضيًا وخيامًا وأظهر الباشا الاجتهاد الزائد والعجلة وعدم التواني ونوه بتسفير عساكر لناحية الشام لتمليك يوسف باشا لمحله وصاري عسكرهم شاهين بيك الالفي ونحو ذلك من الايهامات وطلب من المنجمين ان يختاروا وقتًا صالحًا لالباس ابنه خلعة السفر فاختاروا له الساعة الرابعة من يوم الجمعة فلما كان يوم الخميس رابعه طاف الآي جاويش بالاسواق علي صورة الهيئة القديمة في المناداة علي المواكب العظيمة وهو لابس الضامه والطبق علي رأسه وراكب حمار عال وامامه مقدم بعكاز وحوله قابجية ينادون بقولهم يارن ألاي ويكررون ذلك في أخطاط المدينة وطافوا باوراق التنابيه علي كبار العسكر والبينبات والامراء المصرية الالفية وغيرهم يطلبونهم للحضور في باكر النهار الي القلعة ليركب الجميع بجملاتهم

مسرعاً وغلق الباب ونزل بالخيزران علي كتفيها وظهرها واضلاعها وايديها وارجلها ــ وهي تعيط وترتعد وتنتفض وهو يضربها ويقول لها تسأليني عن شيٌ مالكِ فيه حاجة ــ فتقول له انا والله من الناء بين ولا اسألك عن شيٍّ وقد تبت توبة نصوحاً ــ فبعد ذلك فتح لها الباب وخرجت وهي تاءبة ــ ففرح الشهود والجيران وأمّها وأبوها وانقلب العزاء بالفرح والسرور ــ وتعلم التاجر حسن التدبير من الديك ٭

فاعلمهم التاجر بانه قد حضرته الوفاة — فجلسوا يبكون عليه ثم بكوا عليه اولاده الصغار والكبار والزرّاع والغلمان والخدّام وسائر من يلوذ به وصار عنده في الدار عزاء عظيم — ثم انه دعا بالشهود فلما حضروا أوفي زوجته حقها وجعل وصياً علي اولاده وأعتق جواريه وودّع اقرباءه واهله فتباكوا كلهم — ثم بكت الشهود واقبلوا علي الامرأة يقولون لها ارجعي عن غيّك واعدلي عن هذا الامر ولو لم يتيقن انه اذا باح بالسر يموت ما كان فعل هذه الفعال وكان اخبرك به — فقالت لهم والله لم ارجع عنه اذا لم يخبرني به — فبكي الحاضرون بكاء شديداً — وكان عنده في البيت خمسون طيراً من الدجاج ومعها ديك — فبينما هو يودّع اهله وعبيده سمع كلباً من الكلاب يقول للديك بلغته ما اقل عقلك ايها الديك والله لقد خاب من رباك أفي مثل هذا الوقت تطير من ظهر هذه الي ظهر هذه خيبك الله تعالي — فلما سمع التاجر هذا الكلام سكت ولم يتكلم وبقي يسمع ما يقول الكلب والديك — فقال الديك وما في هذا اليوم ايها الكلب — فقال أما علمت ان سيدي اليوم متهيأ للموت لانّ زوجته تريد ان يبوح لها بالسر الذي علمه الله به واذا باح لها بذلك مات من ساعته وها نحن في حزن عليه وانت تصفق وتصيح ما تستحي علي نفسك — فلما سمع الديك كلام الكلب قال له اذا كان سيدنا قليل العقل عديم التدبير ما يقدر علي تدبير امره مع زوجة واحدة فما لبقاء حياته فائدة — فقال الكلب وماذا يصنع سيدنا فقال له الديك انا عندي خمسون امرأة اغضب هذه وارضي هذه واطعم هذه واجوّع هذه بحسن تدبيري وكلهنّ تحت طاعتي — وسيدنا يدّعي العقل والكمال وعنده امرأة واحدة ما عرف تدبير امره معها — فقال الكلب ايها الديك أفدنا كيف يصنع سيدنا حتي يخلو من هذا الامر — فقال الديك يقوم في هذه الساعة ويأخذ عصاً بيده ويدخل بها الي بعض المخازن ويغلق الباب ويضربها حتي يكسر اضلاعها وظهرها وارجلها ويقول لها انتِ تسألين عن شئ مالكِ فيه غرض حتي تقول اتوب يا سيدي لا اسألك عن شئ طول عمري توبة يا مولاي — فيوجعها ضرباً شديداً فاذا فعل هذا استراح من الهمّ وعاش — ولكن ما عنده عقل ولا فهم — فلما سمع التاجر هذا الكلام من الديك قام مسرعاً واخذ الخيزران ودخل للخزانة وامرها بالدخول معه — فدخلت وهي فرحانة فقام

دخل الحمار علي الثور فنهض له الثور قائماً وقال له بشرت بالخير يا ابا اليقظان لانك ارحتني في هذا اليوم وهنأتني بطعامي — فما ردّ عليه الحمار جوابًا من غيظه وغضبه وتعبه ومن الضرب الذي اكله الا انه قال في نفسه كل هذا جري عليّ من سوء تدبيري ونصيحتي لغيري كما قيل في المثل كنت قاعدًا بطولي ما خلاني فضولي — ولكن اذا لم اعمل له حيلة واردّه الي ما كان فيه هلكت — ثم انّ الحمار راح الي معلفه والثور يخوّر ويدعو له — فلما جري للحمار مع الثور ما جري خرج التاجر هو و زوجته علي السطح ليلة مقمرة والقمر مبدر — فاشرف علي الثور والحمار من السطح فسمع الحمار يقول للثور اخبرني يا ابا الثيران ما الذي تصنعه غدا — فقال له الثور وما الذي اصنعه غير الذي اشرت به عليّ وهذا الشور في غاية الحسن وفيه راحة كلية وما بقيت افارقه مطلقًا واذا قدّم العلف امكر فاتمارض وانفخ بطني — فقال له الحمار ايّاك ان تفعل ذلك — فقال له لماذا — فقال له سمعت صاحبنا يقول للزرّاع ان كان الثور لم يأكل علفه ولم ينهض قائماً فادع الجزار حتي يذبحه وأتصدّق بلحمه واجعل جلده نطعاً وانا خائف عليك من ذلك — ولكن اقبل نصحي قبل ان يصيبك هذا المصاب فاذا قدّموا لك العلف فكله وانهض و ارفس برجليك الارض — واذا لم تفعل ذلك فان صاحبنا يذبحك — فنهض الثور وصاح — فلما سمع التاجر هذا المقال نهض علي حيله وضحك ضحكاً عالياً — فقالت له زوجته وما هو الذي جري حتي انك ضحكت هذا الضحك الكثير — لعلك تهزأ بي — فقال لها كلا — فقالت له ان كنت لم تهزأ بي قل لي- ما سبب ضحكك — قال لها لست اقدر علي ذلك واخاف اذا بحت بالسر اموت — فقالت له زوجته والله انك تكذب وانما اردت اخفاء الكلام عني — ولكن وحق رب السماء اذا لم تقل لي ما سبب ضحكك ما اقعد عندك من الآن وجلست تبكي — فقال لها زوجها التاجر ويلك ما لك تبكين اتقي الله واعدلي عن سؤالك ودعينا من هذا الكلام — فقالت لا بدّ من أن تقول لي ما سبب ضحكك — فقال انني سألت ربّي ان يعلمني لغة الحيوانات فعلمني ثم أني عاهدته ان [illegible] اعلم بذلك احدًا وان افشيت سري فأمت — فقالت لا بدّ من ان تقول لي ما سمعت من الثور والحمار ودعك تموت هذه الساعة — فقال لها ادعي اهلك فدعتهم — ثم اتوا بعض الجيران

النهر ــ وعند مجيئك يربطك الزرّاع علي المعلف المنتن الرائحة ــ فتبقي تخبط وتمرح وتنطح بقرنك وتلبط برجليك ويظنّ بك انك فرحان وتصيح كثيرًا وما تصدّق متي يلقوا لك العلف فتسرع في أكله بحرص وتشحن بطنك منه فلو انك تنبطح عند مجيئك علي قفاك واذا قدّموا لك العلف لا تأكل منه وتجعل نفسك ميتًا كان أوفق لك وكنت تلقي من الراحة اضعاف ما انا فيه ــ فلما سمع الثور كلام الحمار وما آبدي له من النصيحة شكره كثيراً بلسان حاله ودعا له وجازاه خيراً وتيقن أنه ناصح وقال له نعم الرأي يا ابا اليقظان هذا كله يجري والتاجر يسمعه كونه يعرف لغة الحيوانات ــ فلما كان ثاني يوم جاء خادم التاجر واخذ الثور وركب عليه المحراث واستعمله كالعادة ــ فبدأ الثور يقصر في العمل والحرث فضربه الزرّاع ضرباً موجعاً فكسر المحراث وهرب لانه قبل وصية الحمار ــ فلحقه الزرّاع وضربه كثيرًا حتي انه آيس من الحيوة فلم يزل الثور يقوم ويقع الي ان صار المساء ــ فجاء به الزرّاع الي الدار و ربطه علي المعلف فبطل الثور الصراخ والمرح واللبط بالرجلين ــ ثم انه تباعد عن العلف فتعجب الزرّاع من ذلك ــ ثم ان الزرّاع اتاه بالفول والعلف فشمه وتأخر عنه ونام بعيداً منه وبات بغير اكل الي الصباح ــ فلما جاء الزرّاع و وجد العلف والفول والتبن مكانه ولم ينقص منه شيُ ورأي الثور قد انتفخ بطنه وتكسفت احواله ومدّ رجليه حزن عليه وقال في نفسه والله لقد كان مستضعفًا بالامس فلاجل ذلك كان مقصرًا بالعمل ــ

ثم ان الزرّاع جاء الي التاجر وقال له يا مولاي انّ الثور لم يأكل العلف في هذه المدّة من يومين ولا ذاق منه شيئاً ــ فعرف التاجر الامر بتمامه كونه قد سمع ما قاله الحمار كما مرّ سابقًا ــ ثم قال للزرّاع اذهب الي الحمار المكار وشدّ عليه المحراث واجتهد في استعماله حتي انه يحرث مكان الثور ــ فاخذه الزرّاع وشدّ عليه المحراث واجتهد به و كلفه مالا يطيق حتي انه يحرث مكان الثور ــ ولم يزل الحمار يأكل الضرب حتي انسلخ جلده وتهرّت اضلاعه و رقبته ــ فلما كان المساء جاء بالحمار الي الدار وهو لا يقدر يجرّ يديه ولا رجليه ــ وامّا الثور فانه كان ذلك النهار كله نائماً مستريحًا ــ وقد اكل علفه كله بالهنأ والسرور والراحة وهو طول نهاره يدعو للحمار ولم يدر ما أُصاب الحمار من اجله ــ فلما أقبل الليل

لاحد بسره مات وكان لا يظهر لاحد سره خوفاً من الموت ـ وكان عنده في المربض (cattle-pen) ثور وحمار وكل منهما مربوط (tied) في معلفه (manger) ـ وكانا متقاربين (close together) احدهما بجنب الآخر ـ فيوماً من الايام بينما التاجر جالس الي جانبهما و اولاده يلعبون قدّامه سمع الثور يقول للحمار يا ابا اليقظان (vigilant) هنيأً لك فيما انت فيه من الراحة للخدمة لك والكنس والرش (sprinkling) تحتك ومأكلك الشعير المغربل (sifted) وشربك الماء البارد ـ وأما انا فيالتعبي لانهم يأخذوني من نصف الليل ويشغلوني بالحرث (ploughing) و يركبون علي رقبتي (neck) النير (plough-yoke) والمحراث دائماً اعمل من اوّل النهار الي آخر النهار بشق (splitting) الارض ـ ثم أكلف ما لا طاقة لي به و اقاسي (suffered) أنواع الاهانة (insults) مثل الضرب والزجر من الزرّاع (labourers) القاسي وقد تهرّت اجفاني (eyelid) وتسلخت (flayed) رقبتي وسيقاني (legs) وفي آخر النهار يحبسوني في الدار و يطرحون لي التبن والفول وابات طول الليل في النجاسة (filth) والروائح (stink) الدنسة ـ وانت لم تزل في المكان المكنوس المرشوش (sprinkled) وفي المعلف النظيف الملآن (full) من التبن الناعم (agreeable) واقفاً مستريحاً وفي النادر يعرض لصاحبك التاجر حاجة ضرورية حتي انه يركبك يعود بك سريعاً وفيما عدا (except) ذلك من الاوقات انت مستريح وأنا تعبان وانت نائم وانا يقظان وانت معزز و أنا مهان (despised) ـ فلما انتهي كلام الثور قال له الحمار يا افطح (bull) صدق الذي سماك (called) ثوراً لانك بليد الي الغاية وليس عندك مكر ولا حيلة ولا خبث بل انك تبدى النصح (advice) و تبذل المجهود قدّام صاحبك وتشقي و تقتل نفسك في راحة غيرك ـ أما سمعت الشاعر يقول ـ

أُكَلِّفُ نَفْسِي كُلَّ يَوْمٍ وَلَيْلَةٍ ⬥ هُمُومًا عَلَي مَنْ لَا أَفُوزُ بِخَيْرِهِ
كَمَا سَوَّدَ القَصَّارُ بالشَّمْسِ وَجْهَهُ ⬥ حَرِيصًا عَلَي تَبْيِيضِ أَثْوَابِ غَيْرِهِ

ويقال في المثل من عدم التوفيق ضل عن الطريق ـ وأنت تخرج من صلاة الصبح ـ وما تعود (return) إلّا المغرب و تقاسي (endure) نهارك (prayer) كله اصناف (kinds) العذاب تارة (at one time) بالضرب وتارة بالحرث وتارة

وقال يا غلام قدّم الهريسة (hash) وصبّ عليها دهناً (melted butter) كثيراً — والتفت (looked towards) الي أخي وقال له بالله عليك يا ضيفي (guest) هل أكلت اطيب من هذه الهريسة — فقال لا ولا أظن السلطان أكل مثلها — فقال لاخي كل ولا تستحي — وكان اخي يحرّك فمه (mouth) ويمضغ (chewing) من غير شيٍّ — والرجل يطلب نوعاً بعد نوع (kind after kind) وما هناك شيٌ و يأمراخي بالاكل وهو لا يري شيئاً واستولي علي قواه الضعف من شدة الجوع — ثم قال له أخي قد اكتفيت (I have finished) يا سيّدي من الطعام — فصاح الرجل شيلوا هذا وقدّموا الحلاوات (sweetmeats) — ثم قال لاخي كل من هذا اللوزينج ومن هذه القطائف ومن هذه الكنافة — فقال له أخي ما اطيب هذه الحلاوات وما احسنها وهو يحرّك فمه و اشداقه (smacked his chops) — ثم قال له أخي قد اكتفيت يا سيدي وامتلاء (filled) بطني أنعم الله عليك كما انعمت عليّ — فقال له الرجل تريد تشرب — فقال أخي نعم — ثم قال أخي في نفسه لا عملنّ معه عملاً يتوّبه عن هذه الافعال — ثم قال الرجل قدّموا الشراب — فمدّ أخي يده كأنه يتناول (takes food) قدحاً وقرّب يده الي فمه كانه يشربه — فقال له الرجل هنيئاً مريئاً (a good digestion to you) — فقال له أخي هنّاك الله بالعافية — ثم أنه جعل نفسه سكران (intoxicated) وشرع في العربدة (violence) — ثم شال يده ولطم (slapped) الرجل لطمة دوّخت رأسه وألحقه بالثانية — فقال الرجل ما هذا يا سفلة — فقال أخي يا سيّدي هذا من بخار (fumes) طعامك اللذيذ (delicious) وشرابك المفرح — فلما سمع الرجل كلام أخي ضحك ضحكاً شديداً وقال والله مارأيت مثلك مسخرة وها أنا قد عفوت (pardoned) فكن نديمي (companion) ولا تفارقني أبداً — ثم أنه أمر له بالطعام والشراب فأكل أخي واستراح (reposed) ٭

قصة التاجر مع زوجته

قيل أنه كان تاجر غني وله مال و رجال و مواشي (cattle) و جمال — وله زوجة و اولاد و كان مسكنه في البرية (open country) وهو خبير (skilled) في الزرع (agriculture) — وكان يفهم لغة البهائم والحيوانات واذا أفشي (revealed)

(واقعة الاخ الحجام السادس وهي ماخوذة)
(من كتاب الف ليلة وليلة)

أما أخي السادس فكان فقيراً بعد ان كان غنيّاً ومن اخباره انه خرج يوماً يطلب شيئًا يسدّ به جوعه — فرأي في بعض الطرق داراً حسنة — لها دهليز (court) واسع وباب مرتفع وعلي الباب خدم وحشم (retinue) وأمر ونهي — فسأل بعض الحاضرين هناك عن صاحب الدار — فقال له هو رجل من البرامكة — فتقدّم اخي الي البوّابين (porters) وطلب منهم صدقة (an alms) — فقالوا له الباب قدّامك ادخل فيه فانك تجد ما تحب وتختار (choose) — فدخل أخي ومشي ساعة فرأي ساحة (a quadrangle) وسيعة — في وسطها بستان ما رأي مثله فبقي متحيراً فيما رأي — ثم انه مشي نحو مجلس من المجالس — فلما دخله وجد في صدره (chief place) انساناً حسن الوجه جالساً علي بساط مذهّب فقصده — فلما رآه الرجل صاحب المجلس رحّب (greeted) به وسأله عن حاله — فاخبره انه محتاج يريد شيئًا في حب الله — فاغتم ذلك الرجل غمّاً شديداً وقال يا سبحان الله انا موجود في هذه البلدة وانت جائع (starving) — ثم وعد أخي بخير وطيّب خاطره وصاح (called) علي الخدم بان ياتوا بطشت (basin) وابريق (water-jug) — فلما حضر الطشت والابريق قال لاخي تقدّم واغسل يدك — فقام أخي ليغسل يده فما رأي طشتاً ولا ابريقاً — فمدّ يده كأنه يغسلها ثم صاح الرجل يا غلمان قدّموا المائدة (dinner-tables) فلم يري أخي شيئًا — ثم قال لاخي تفضل كل من هذا الطعام ولا تستحي (ashamed) بحيوتي عليك — فمدّ أخي يده وجعل نفسه كأنه يأكل — فقال الرجل لاخي بالله كل واشبع بطنك لانك جائع وانظر الي حسن هذا الخبز و بياضه — فقال له أخي ما رأيت احسن من هذا الطعام ولا الذّ من هذا الخبز — وقال أخي في نفسه الظاهر ان هذا رجل يحب اللهو (joke) والمزاج (fun) — ثم قال له الرجل ان هذا الخبز خبزته (baked) جارية (girl) اشتريتها بخمس مائة دينار — ثم صاح باعلي صوته

وتهمة وهم جماعة و ربما يكون السارق واحداً و انت تعذّب خلق الله وهم مالهم ذنب فيدعون عليك فقال له ماذا نفعل اذاً قال ناخد بعقولنا أليس الله أعطانا عقولاً — فقال والله أنت يا محمد عاقل ذا الحين أنت ايش تقول —

فقال الباب ما هي مصكوكة عليك وانت نائم — قال بلي — قال والخرج ما هو مضروب عليه قفل — قال هات للخرج الآن عندي أشوفه فاتي به و اذا هو مقفول — فقال اين مفتاح القفل — قال عندي في الكيس — قال أخرج الكيس — فأخرج الكيس واذا بالمفتاح — قال ياشيخ اذا كان المفتاح عندك والخرج قفله مضروب والباب مردود فكيف يسرق السارق والحالة هذه — قال والله لا يسرق ولكن أخبرني عن هذه الصورة كيف للحال — قال أنا أظنّ ان الجنّ سرقوه ونحن يوم طرحناه في الخرج نسينا ما ذكرنا اسم الله — فقال يا محمد الجنّ يسرقون الدراهم ايش لهم حاجة فيها — قال يا سيّدي يحبّون الفلوس — فقال بالله عليك ايش يعملون فيها — قال يجعلونها مهر بناتهم وكم سرقوا خزانة ملك من الملوك وضبطوها عليه — قال هذا الكلام يقين عندك — قال ما فيه شك — فقال وانا صدقت الآن — هيّا قوموا نروح من هذه البلاد والإّ يسرقون الكيس الثاني ونروح هكذا فارغين لكن نحن اذا سلمنا علي النصف راعي النصف سالم — فقال محمد لكن يا شيخ لا تبري ذمّتهم — قال لا والله أنا ما أبري ذمّتهم أنا رجل مديون علي اسلاف مال الناس —

ثم انه قام وسافر وهو مصدّق ومعتقد هذا الامر ٭

فدخل عليه وهو نائم ومدّ يده الي جيبه وأخرج الكيس وأخذ منه المفتاح وفتح الخرج و أخذ أحد الكيسين ثم رجّع الكيس وغلق الخرج و أدخل المفتاح في كيس الشيخ و وضعها في جيبه و أخذ كيس الدراهم و غلق عليه الباب و خرج الي أصحابه وقال لهم خذوا هذا الكيس و اطرحوه في حوايجكم و اجعلوا بالكم لا يراكم احد فيشهد عليكم وتصيرون بدنًا ميتًا عند الناس واذا جلس الشيخ وصاح لكم لا تجاوبونه وتفرّقوا في الاماكن ولا يحضر منكم الّا واحد وأخبروني اِذا جلس وضرب الباب وهذه ألف وأنتم عشرة لكل واحد منكم مائة قرش تكفي عيالكم — خرج البيت — قالوا جزاك الله خيراً —

ولما صار بين الظهرين و جلس الشيخ قاسم وأراد أن يأخذ ابريقاً فضرب الباب وصاح فلم يجاوبه أحد فجعل يسبّهم ويشتمهم ولا يجاوبونه حتّي جاء محمد وفتح الباب — فقال أين الخدّام — قال كلّهم راحوا يصلّون وأنا جئت كنت صلّيت قبلهم وكنّا كلّنا نائمون ويا سيّدنا وقع علينا نوم كثير هذا اليوم — قال و أنا اليوم نمت كثيرًا وصار رأسي ثقيلًا — قال إنك كثّرت من أكل اللبن فحصل في دماغك رطوبة لحم الدجاج — قال أظنّه هكذا ثم انه أخذ الابريق و توضّي وصلّي و أراد أن يبات لانه رأي عندهم أكلاً طيباً فطابت نفسه فجاء محمد و رفع الخرج بيده ولم يكن فيه إلّا كيسًا واحداً — فقال ياشيخ الفلوس كيسين — قال نعم — قال أنا ما أري إلّا كيساً واحداً في الخرج — فقال له والآخر أين راح — قال لا أدري — قال سرقتوه أنتم أطلب لي الخدّام ياتون أريد أضربهم الآن فيقرّون وهذا شي عندكم لا محالة ولا شك وامّا الفلاحين فلا يدخلون عندي —

ثم انه جمع الخدّام وجعل يحلّفهم فيحلفون ويسبّهم وهم يتضرّعون بين يديه فقال يامحمد قال لبّيك قال وأنت أين كنت — قال كنت أصلي و تركتهم في المكان وهم جاوًا يصلّون وأنا أتيتك ورأيتك تصيح والباب مردود — قال نعم أنا جلست فلم أرَ أحداً منهم ولكن الآن أضربهم روح نادي الفلاحين يربطونهم — فجعلوا يبكون ويتضرعون يا سيّدنا نحن ما عندنا خبر — فقال الشيخ قاسم يامحمد ما تقول في هؤلاء الخدّام كسروا قلبي وهم يبكون وأنا أقول لا بدّ أنّ الكيس عندهم والي أين يروح — قال ياشيخ هذه غيبة

لان بقيت في يدكم الي بلوغ الغاية (end) واستيفاء المدّة تضمحلّ (*non est*) حقوق الله وحقوق العباد — فقال له كيف ذلك — فقال لانّ مَن كلّمكم في حقّه زُجر (angry) ومَن سكت (silent) قُهر (conquered) فلا قوله مسموع ولا ظلمه مرفوع ولا من جار عليه مردوع (dismissed) — وبينك وبين رعيتك مقام تذوب (melted) فيه الجبال حيث ملكك هناك خامل (loser) وعزّك زائل (spoil) وناصرك (friend) خاذل (dishonourable) والحاكم عليك عادل — فأكبّ عبد الملك علي وجهه يبكي (cries) ثم قال له فما حاجتك — فقال عاملك بالسماوة ظلمني وليله لهو (game) ونهاره لغو (nonsense) ونظره زهو (pride) — فكتب اليه باعطائه ظلامته ثم عزله (dismissed) ◆

الحكاية العاشرة

وحدث وأنا في بلد البصرة كان عندنا رجل من أعيان البصرة يقال له الشيخ قاسم ابن الشيخ درويش الكوازي وهو من ذوي البيوت ولكن آخر الوقت خانوه الوكلاء وأكلوا ماله وصار يأخذ بالاستدانة من التجار حتّي كثر عليه الدّين في آخر الوقت وكان في تلك السنة ما أعطي لخدّامه العادة التي لهم وقد أفلسوا وليس عندهم شيٌ وهم أهل بيوت ونساء وهم يريدون منهم النفقة والكسوة والشيخ قاسم يقول لهم أنا هذه السنة ما أعطيكم وأنا علي دَين كثير وهم صابرون ولكنّهم يريدون به الفرصة — ففي بعض الايام اراد أن يروح الي شط العرب فأمر علي الهواري و ركبوا و راح الي الدحيمي وهناك عنده نخل فباع الثمرة علي بعض التجار بألفين قرش البصرة وهي تساوي اربع خمس آلاف ولكن هذه حاله فأخذ الالفين و وضعها في كيسين و أدخلها في خرج صغير وضرب عليه القفل و راح الي جزيرة الصالحية عند خدّامه والجزيرة كلها له فضيّفوه وذبحوا له الدجاج واللبن والزبد وغير ذلك وكان يأكل كثيراً فأكل ونام و لم يشعر فقال رجل من الخدّام اسمه محمد ابن حاج درويش الدناق الآن إن كان ما تسرقون كيساً من هذه الدراهم والله لا يعطيكم في هذه السنة شيأً وقد حلف انه لا يعطي أحداً منّا في هذا العام — فقالوا ماذا نفعل — قال أنا أروح الي عنده — قالوا افعل إن كنت تقدر — قال نعم —

بوجه ظاهر ودليل (proof) والاّ حلّ (descend) بك النّدم (repentance) والتنكيل (punishment) — فقال الشيخ أسعد الله الملك وألهمه السداد (rectitude) — مثال أي شيء هذا الموضوع — فقال الملك مثال سنبلة من حنطة قائمة علي ساقها (legs) وفوقها عصفور — فقال الشيخ أصلح الله الملك أمّا العصفور فليس به خلل وانّما الخلل في وضع السنبلة — قال الملك وما الخلل وقد امتزج (mixed) غضبًا علي الشيخ — فقال الخلل في استقامة السنبلة لانّ في العرف أنّ العصفور اذا حطّ علي سنبلة أمالها (bends) لثقل العصفور وضعف ساق السنبلة ولو كانت السنبلة معوّجة (crooked) مائلة (bent) لكان ذلك نهاية في الوضع والحكمة — فوافق الملك علي ذلك وسلّم •

الحكاية التاسعة

قيل ان عبد الملك بن مروان خطب (preached) يومًا بالكوفة — فقام اليه رجل من آل (tribe) سمعان — فقال مهلاً (gently) يا أمير المؤمنين اقض (order) لصاحبي هذا بحقّه ثم أخطب — فقال وما ذاك — فقال إنّ النّاس قالوا له ما يخلّص ظلامتك من عبد الملك الاّ فلان — فجئت به اليك لأنظر عدلك الذي كنت تعدنا (promised) به قبل أن تتولّي (appointed) هذه المظالم — فطال (was far) بينه وبين الكلام — فقال له الرجل يا أمير المؤمنين انكم تأمرون ولا تأتمرون (obey) وتنهون (forbid) ولا تنتهون (refrain) وتعظون (advise) ولا تتّعظون — أفنقتدي (imitate) بسيرتكم في أنفسكم أم نطيع (obeyed) أمركم بألسنتكم — وإن قلتم أطيعوا أمرنا واقبلوا نصحنا (advice) — فكيف ينصح غيره من غش نفسه — وان قلتم خذوا الحكمة حيث وجدتموها واقبلوا العظة ممّن سمعتموها فعلي م قلّدناكم (chained) أزمّة (bridles) أمورنا وحكمناكم (exalted) في دمائنا (blood) وأموالنا أو ما تعلمون أنّ منّا من هو أعرف منكم بصنوف (kinds) اللغات وأبلغ (completes) في العظات — فان كانت الامامة (priesthood) قد عجزتم عن اقامة العدل فيها فخلّوا (emptied) سبيلها وأطلقوا (put away) عقالها (rope) يبتدرها أهلها الذين قاتلتموهم في البلاد وشتّتم (separated) شملهم بكل واد (desert) أمّا والله

الحكاية السابعة

حكي أنّ امرأة تخاصمت مع زوجها في ولد عند بعض الحكام ـ فقالت الامرأة ايّدك الله تعالي هذا ولدي كان بطني له وعاءً (vessel) وحجري له فناءً وثديي (breasts) له سقاءً (water-carrier) ـ الاحظه اذا قام و احفظه اذا انام ـ فلم أزل كذا مدة اعوام (years) ـ فلمّا كمل فصاله و اشتدت أوصاله (joints) و حسنت خصاله اراد أبوه اخذه مني وابعاده عنّي ـ فقال الحاكم للرجل قد سمعت مقال زوجتك فما عندك من الجواب ـ قال صدقت ولكنّي حملته قبل ان تحمله ـ و وضعته قبل ان تضعه و أريد اعلمه العام وافهمه الحكم ـ فقال الحاكم ما تقولين في جواب كلامه أيتها الامرأة ـ فقالت صدق في مقاله ولكنه حمله ضعيفاً وحملته ثقيلاً و وضعه شهوةً (lust) و وضعته كرهاً (with languor) ـ فتعجب الحاكم من كلامها وقال للرجل ادفع لها ولدها فهي احقّ به منك •

الحكاية الثامنة

قيل أنّ ملك الصين (China) بلغه عن نقاش ماهر (skilful) في النقاش و التصوير في بلاد الروم ـ فأرسل اليه وأشخصه (conveyed) وأمره بعمل شيّ مما يقدر عليه من النقش والتصوير مثالاً (a portrait) يعلّقه بباب القصر (palace) علي العادة (custom) ـ فنقش له في رقعة (tablet) صورة سنبلة (ear of corn) حنطة خضراء قائمة وعليها عصفور (sparrow) وأتقن نقشه وهيئته (form) حتّي إذا نظره أحد لا يشك في أنّه عصفور علي سنبلة خضراء ولا ينكر (belie) شيئاً من ذلك غير النطق (speech) والحركة (movement) ـ فأعجب الملك ذلك وأمره بتعليقه (hang) وبادر (hastened) بادرار الرزق (pay) عليه الي انقضاء (termination) مدّة التعليق ـ فمضت سنة الا بعض أيام ولم يقدر أحد علي اظهار عيب (fault) أو خلل فيه ـ فحضر شيخ مسنّ ونظر الي المثال وقال هذا فيه عيب ـ فأحضر الي الملك وأحضر النقاش والمثال وقال ما الذي فيه من العيب فأخرج (expose) عمّا وقعت فيه

قال نعم وجعل يلعق (lick) لعقة بعد لعقةٍ ــ فقال له البخيل والله يا أخي انه يحرق القلب ــ فقال صدقت ولكن قلبك ◆

الحكاية الخامسة

قيل أن بعض الملوك كان مُغرماً (addicted) بحبّ النساء و كان وزيره ينهاه (forbidding) عن ذلك ــ فرأته بعض قيانه (girls) متغيّر الحال عليهنّ ــ فقالت يا مولاي ما هذا ــ فقال لها إنّ وزيري فلان قد نهاني عن محبتكنّ ــ فقالت الجارية (female slave) هبني (bestow me) له أيها الملك وسترى ما أصنع به ــ فوهبها له ــ فلما خلا (alone) بها تمنّعت (abstained) منه حتى تمكّن (settled) حبّها من قلبه ــ فقالت لا تقربني حتّى أركبك وتمشي بي خطوات ــ فأجابها (accepted) الي ذلك ــ فوضعت (placed) عليه سرجاً و جعلت في راسه لجاماً وركبته ــ و كانت قد أرسلت الي الملك بهذا الخبر فهجم (rushed) عليه وهو علي تلك الحالة ــ فقال ما هذا أيها الوزير كنت تنهاني عن محبتهنّ وهذه حالتك معهنّ ــ فقال أيها الملك من هذا كنت أخاف عليك ــ فاستحسن (approved) منه هذا الجواب ◆

الحكاية السادسة

قيل أن قيصر (emperor) ملك الشام والروم أرسل رسولاً الي ملك فارس كسري أنوشيروان (name of a king) صاحب الايوان (palace) ــ فلما وصل ورأي عظمة الايوان وعظمة مجلس كسري علي كرسيه و الملوك في خدمته ميّز (inspected) الايوان فرأي في بعض جوانبه اعوجاجاً (irregularity) ــ فسأل الترجمان عن ذلك ــ فقيل له ذلك بيت العجوز كرهت (averse) بيعه عند عمارة الايوان ــ فلم ير الملك اكراهها (compel) علي البيع فابقي بيتها في جانب الايوان فذلك ما رأيت وسألت ــ فقال الرومي وحق دينه ــ ان هذا الاعوجاج أحسن من الاستقامة (stability) وحقّ دينه ان هذا الذى فعله ملك الزمان لم يؤرّخ (historically related) فيما مضي للملك ولا يؤرّخ فيما بقي (remained) للملك ــ فأعجب كسري كلامه فانعم عليه وردّه مسروراً مجبوراً (rejoicing) ◆

حكايات مختلفة

الحكاية الاولي

قيل أن بعض العلماء تخاصم مع زوجته (wife) ـ فعزم (vowed) علي طلاقها (divorce) ـ فقالت أذكر طول الصحبة ـ فقال والله مالك عندي ذنب (fault) سوي ذلك ٭

الحكاية الثانية

قيل أن اعرابياً وُلِّيَ البحرين ـ فجمع اليهود وقال ما صنعتم (did you do) بعيسي ابن مريم (عليه السلام) ـ قالوا قتلناه ـ قال والله لا تخرجوا من السجن (prison) حتي تؤدّوا ديته (price of blood) ـ فما خرجوا حتي أخذ منهم الديّة كاملة ٭

الحكاية الثالثة

قيل اجتاز بعض المغفلين بمنارة و كانوا ثلاثة نفر ـ فقال أحدهم ما أطول البنّائين (builders) في الزمن الاوّل حتّي وصلوا الي رأس هذه المنارة ـ فقال الثاني يا أبله كل يبنيها ولكن يعملونها علي وجه الارض ويقيمونها (erected) ـ فقال الثالث يا جهال كانت هذه بئراً فانقلبت (inverted) منارة ٭

الحكاية الرابعة

قيل ان بعض البخلاء استأذن (asked) عليه ضيف (guest) وبين يديه خبز وقدح فيه عسل ـ فرفع (raised) الخبز وأراد أن يرفع العسل وظنّ البخيل أنّ ضيفه لا يأكل العسل بلا خبز ـ فقال له تري أن تأكل عسلاً بلا خبز ـ

(disease) نَفْسِهِ — فَأَنَا أَعْلَمُ أَنَّ الْكَبْشَ لِصُوفِهِ وَالْعَنْزُ تَطْلُبُ لِلَبَنِهَا وَأَنَا الشَّقِيُّ
لَا صُوفَ لِي وَلَا لَبَنًا — وَأَنَا عِنْدَ وُصُولِي اِلَي الْمَدِينَةِ أُرْسَلُ اِلَي الْمَسْلَخِ —
لَا مَحَالَةَ — هَذَا مَعْنَاهُ — اِنَّ الَّذِينَ يَغْرَقُونَ فِي الْخَطَايَا وَالذُّنُوبِ الَّتِي جَنَتْ
أَيْدِيهِمْ يَعْلَمُونَ سُوءَ مُنْقَلَبِهِمْ وَمَاذَا تَكُونُ آخِرَتُهُمْ •

ثِيَابَهُ وَحَمَلَهَا عَلَي كَتِفِهِ مِنْ شِدَّةِ الْحَرِّ ـ هَذَا مَعْنَاهُ ـ مَنْ كَانَ مَعَهُ الْاِتِّضَاعُ (humility) وَحُسْنُ الْخُلُقِ (disposition) يَنَالُ (floods) مِنْ صَاحِبِهِ جَمِيعَ مَا يُرِيدُهُ ◆

١١ كَلْبَانِ

كَلْبٌ مَرَّةً كَانَ فِي دَارِ أَصْحَابِهِ وَلِيمَةٌ (feasting) ـ فَخَرَجَ اِلَي السُّوقِ فَلَقِيَ كَلْبًا آخَرَ ـ فَقَالَ لَهُ اِعْلَمْ أَنَّ عِنْدَنَا الْيَوْمَ وَلِيمَةً ـ فَامْضِ (come) بِنَا لِنَقْصِفَ (enjoy) الْيَوْمَ جَمِيعًا ـ فَمَضَي مَعَهُ فَدَخَلَ بِهِ اِلَي الْمَطْبَخِ ـ فَلَمَّا نَظَرَهُ الْخُدَّامُ قَبَضَ أَحَدُهُمْ عَلَي ذَنَبِهِ (tail) وَرَمَي بِهِ مِنَ الْحَائِطِ اِلَي خَارِجِ الدَّارِ ـ فَوَقَعَ مَغْشِيًّا عَلَيْهِ ـ فَلَمَّا أَفَاقَ (came to his senses) وَانْتَفَضَ مِنَ التُّرَابِ (soil) رَآهُ أَصْحَابُهُ فَقَالُوا لَهُ ـ أَيْنَ كُنْتَ الْيَوْمَ أَكُنْتَ تَقْصِفُ ـ فَاِنَّنَا نَرَاكَ مَا خَرَجْتَ الْيَوْمَ تَدْرِي (know) كَيْفَ الطَّرِيقُ ـ هَذَا مَعْنَاهُ ـ اِنَّ كَثِيرِينَ يَتَطَفَّلُونَ (unbidden guests) فَيُخْرَجُونَ (driven out) مَطْرُودِينَ بَعْدَ الْاِسْتِخْفَافِ (disgrace) بِهِمْ وَالْهَوَانِ (disgrace) ◆

١٢ اِنْسَانٌ وَخِنْزِيرٌ

اِنْسَانٌ مَرَّةً حَمَلَ عَلَي بَهِيمَةٍ (beast of burden) كَبْشًا (sheep) وَعَنْزًا (goat) وَخِنْزِيرًا وَتَوَجَّهَ اِلَي الْمَدِينَةِ لِيَبِيعَ الْجَمِيعَ ـ فَأَمَّا الْكَبْشُ وَالْعَنْزُ فَلَمْ يَكُونَا يَضْطَرِبَانِ عَلَي الْبَهِيمَةِ ـ وَأَمَّا الْخِنْزِيرُ فَاِنَّهُ كَانَ يُعَرِّضُ دَائِمًا وَلَا يَهْدَأُ (silent) ـ فَقَالَ لَهُ الْاِنْسَانُ يَا أَشَرَّ الْوُحُوشِ لِمَاذَا الْكَبْشُ وَالْعَنْزُ سُكُوتٌ ـ لَا يَضْطَرِبَانِ وَأَنْتَ لَا تَهْدَأُ وَلَا تَسْتَقِرُّ ـ قَالَ لَهُ الْخِنْزِيرُ كُلُّ وَاحِدٍ يَعْلَمُ دَاءَهُ

التَّأْخِيرَ (postponing) عَلَي الأَشْيَاء خَيْرٌ مِنَ الْمُبَادَرَةِ (precipitation) وَالْمُسَارَعَةِ (celerity) اِلَيْهَا •

٩ غَزَالٌ

أَيِّلٌ (chamois) يَعْنِي غَزَالٌ مَرَّةً عَطِشَ ـ فَأَتَي اِلَي عَيْنٍ (spring) مَاءٍ لِيَشْرَبَ ـ فَنَظَرَ خَيَالَهُ (shadow) فِي الْمَاءِ ـ فَحَزِنَ (mourned) لِدِقَّةِ (slimness) قَوَائِمِهِ (limbs) وَسُرَّ (was joyous) وَابْتَهَجَ (glad) لِعِظَمِ قُرُونِهِ وَكِبَرِهَا ـ وَفِي الْحَالِ خَرَجَ عَلَيْهِ الصَّيَّادُونَ ـ فَانْهَزَمَ مِنْهُمْ ـ فَأَمَّا وَهُوَ فِي السَّهْلِ (plain) فَلَمْ يُدْرِكُوهُ (overtake) ـ فَلَمَّا دَخَلَ فِي الْجَبَلِ وَعَبَرَ (crossed over) بَيْنَ الشَّجَرِ لَحِقَهُ (overtook) الصَّيَّادُونَ وَقَتَلُوهُ ـ فَقَالَ عِنْدَ مَوْتِهِ الْوَيْلُ لِي أَنَا الْمِسْكِينُ ـ الَّذِي ازْدَرَيْتُ (despised) بِهِ هُوَ خَلَّصَنِي وَالَّذِي رَجَوْتُهُ (confided) أَهْلَكَنِي •

١٠ الشَّمْسُ وَالرِّيحُ

الشَّمْسُ وَالرِّيحُ تَخَاصَمَا فِيمَا بَيْنَهُمَا مَنْ مِنْهُمَا يَقْدِرُ أَنْ يُجَرِّدَ (strip) الإِنْسَانَ مِنَ الثِّيَابِ (clothes) ـ فَاشْتَدَّتْ (increased) الرِّيحُ بِالْهُبُوبِ (blew) وَعَصَفَتْ (gales of wind) جِدّاً ـ فَكَانَ الإِنْسَانُ اِذَا اشْتَدَّتْ هُبُوبُ الرِّيحِ ضَمَّ (gathered up) ثِيَابَهُ اِلَيْهِ وَالْتَفَّ (wrapped) بِهَا مِنْ كُلِّ جَانِبٍ ـ فَلَمْ تَقْدِرِ الرِّيحُ عَلَي خَلْعِ (stripping) ثِيَابِهِ مِنْ جَسَدِهِ بِشِدَّةِ عَصْفِهَا (gusts) فَلَمَّا أَشْرَقَتِ (arose) الشَّمْسُ وَارْتَفَعَ النَّهَارُ وَاشْتَدَّ الْحَرُّ وَحَمِيَتِ (heated) الرَّمْضَاءُ (the scorched land) خَلَعَ الإِنْسَانُ

٦ دِيكَانِ (two cocks)

دِيكَانِ مَرَّةً اِقْتَتَلَا فِي قَاذُورَةٍ (dunghill) — فَفَرَّ أَحَدُهُمَا وَمَضَي (went) وَ اخْتَفَي (hid) مِنْ وَقْتِهِ فِي بَعْضِ الْأَمَاكِنِ — فَأَمَّا الدِّيكُ الَّذِي غَلَبَ صَعِدَ (ascended) فَوْقَ سَطْحٍ (roof) عَالٍ وَجَعَلَ يَصْفِقُ (flap) بِجَنَاحَيْهِ (wings) وَ يَصِيحُ (crow) وَ يَفْتَخِرُ (boast) — فَنَظَرَهُ بَعْضُ الْجَوَارِحِ (kite) — فَانْقَضَّ (swooped) عَلَيْهِ وَاخْتَطَفَهُ لِوَقْتِهِ — هَذَا مَعْنَاهُ — أَنْ لَا يَجُوزُ (lawful) لِلْإِنْسَانِ أَنْ يَفْتَخِرَ بِقُوَّتِهِ وَشِدَّةِ بَأْسِهِ (formidableness) •

٧ اَلْوِزُ وَالْخُطَّافُ (swallow)

اَلْوِزُ وَالْخُطَّافُ اشْتَرَكَا (become partners) فِي الْمَعِيشَةِ (livelihood) — فَكَانَ مَرْعَي الْجَمِيعِ فِي مَكَانٍ وَاحِدٍ — وَلَمَّا كَانَ ذَاتَ يَوْمٍ أَتَاهُمَا الصَّيَّادُونَ — فَأَمَّا الْخُطَّافُ فَإِنَّهُ لِخِفَّتِهِ (agility) طَارَ جَمِيعُهُ وَسَلِمَ — وَأَمَّا الْوِزُ فَأَدْرَكَهُ (caught) الصَّيَّادُونَ وَذَبَحُوهُ (slaughtered) — هَذَا مَعْنَاهُ — مَنْ يُعَاشِرُ (associate) مَنْ لَا يُشَاكِلُهُ (resemble) وَلَيْسَ هُوَ ابْنَ جِنْسِهِ يَتْعَبُ •

٨ حَمَامَةٌ

حَمَامَةٌ مَرَّةً عَطِشَتْ — فَاقْبَلَتْ تَحُومُ (flew) فِي طَلَبِ الْمَاءِ — فَنَظَرَتْ عَلَي حَائِطٍ (wall) صُورَةَ صَحْفَةٍ مَمْلُوَّةٍ مَاءً — فَطَارَتْ بِسُرْعَةٍ (celerity) وَضَرَبَتْ نَفْسَهَا اِلَي تِلْكَ الصُّورَةِ فَانْشَقَّتْ حَوْصَلَتُهَا — فَقَالَتِ الْوَيْلُ لِي أَنَا الشَّقِيَّةُ (miserable) لِأَنِّي أَسْرَعْتُ فِي طَلَبِ الْمَاءِ وَأَهْلَكْتُ رُوحِي — هَذَا مَعْنَاهُ — إِنَّ

٣ ذِئْبٌ (a wolf)

ذِئْبٌ مَرَّةً اخْتَطَفَ (seized) خَنُوصًا (sucking-pig) صَغِيرًا وَفِيمَا هُوَ
ذَاهِبٌ بِهِ لَقِيَهُ (met) الْأَسَدُ ــ فَأَخَذَهُ مِنْهُ ــ فَقَالَ الذِّئْبُ فِي نَفْسِهِ
عَجِبْتُ أَنْ اغْتَصَبْتُهُ كَيْفَ لَمْ يَثْبُتْ (remained) مَعِي ــ هَذَا مَعْنَاهُ ــ
إِنَّ مَا يُكْسَبُ (possessed) مِنَ الظُّلْمِ لَا يُقِيمُ مَعْ صَاحِبِهِ وَإِنْ هُوَ أَقَامَ
مَعَهُ (keeps) فَلَا يَتَهَنَّا بِهِ ◆

٤ قُطٌّ

قُطٌّ مَرَّةً دَخَلَ إِلَي دُكَّانِ حَدَّادٍ ــ فَأَصَابَ الْمِبْرَدَ (file) مَرْمِيًّا (thrown)
ــ فَأَقْبَلَ يَلْحَسُهُ (licked it) بِلِسَانِهِ وَلِسَانُهُ يَسِيلُ (bled) مِنْهُ الدَّمُ
(blood) ــ وَهُوَ يَبْلَعُهُ (swallowed) وَيَظُنُّ أَنَّهُ مِنَ الْمِبْرَدِ إِلَي أَنْ انْشَقَّ
(split) لِسَانُهُ وَمَاتَ ــ هَذَا مَعْنَاهُ ــ مَنْ يُنْفِقُ (spends) مَالَهُ فِي غَيْرِ
الْوَاجِبِ (uselessly) ثُمَّ أَنَّهُ لَا يَحْسِبُ (reckon) حَتَّي يُفْلِسَ وَهُوَ لَا يَعْلَمُ ◆

٥ بُسْتَانِيٌّ

بُسْتَانِيٌّ يَوْمًا كَانَ يَسْقِي (irrigating) الْبَقْلَ (herbs) ــ فَقِيلَ لَهُ لِمَاذَا
الْبَقْلُ الْبَرِّيّ (jungle) بَهِيّ (beautiful) الْمَنْظَرِ وَهُوَ غَيْرُ مَخْدُومٍ
(attendance) ــ وَهَذَا لِلْجُوِّيِّ سَرِيعُ الذُّبُولِ (withered) وَالْعَطَبِ
(perished) ــ قَالَ الْبُسْتَانِي لِإِنَّ الْبَرِّيَّ تَرْبِيَةُ (reared) أُمِّهِ وَهَذَا تَرْبِيَةُ
امْرَأَةِ أَبِيهِ ــ هَذَا مَعْنَاهُ ــ انَّ تَرْبِيَةَ الْأُمِّ لِلْأَوْلَادِ أَفْضَلُ مِنْ تَرْبِيَةِ امْرَأَةِ الْأَبِ ◆

مُنتخبات مختلفة من مصنّفات عربيّة

(بِسْمِ اللهِ الرَّحْمٰنِ الرَّحِيمِ)

أَمْثَالُ لُقْمَانَ الْحَكِيمِ

---

١ إِنْسَانٌ وَأَسْوَدُ

إِنْسَانٌ مَرَّةً رَأَى رَجُلاً أَسْوَداً وَهُوَ وَاقِفٌ فِي الْمَاءِ يَسْتَحِمُّ (intending to wash) — فَقَالَ لَهُ يَا أَخِي لَا تُعَكِّرِ (muddy) النَّهْرَ — فَإِنَّكَ لَا تَسْتَطِيعُ (cannot) الْبَيَاضَ — وَلَا تَقْدِرُ عَلَيْهِ أَبَدَ الدَّهْرِ — هَذَا مَعْنَاهُ — إِنَّ الْمَطْبُوعَ لَا يَتَغَيَّرُ طَبْعُهُ (its nature) ◆

٢ إِنْسَانٌ وَحَيَّتَانِ (two snakes)

إِنْسَانٌ مَرَّةً نَظَرَ حَيَّتَيْنِ تَقْتَتِلَانِ وَتَتَنَاهَشَانِ (biting each other) — وَإِذْ بِحَيَّةٍ أُخْرَى قَدْ أَتَتْ (came) فَأَصْلَحَتْ (made peace) بَيْنَهُمَا — فَقَالَ لَهَا الْإِنْسَانُ لَوْلَا أَنَّكِ أَشَرُّ (more wicked) مِنْهُمَا لَمْ تَدْخُلِي بَيْنَهُمَا — هَذَا مَعْنَاهُ — إِنَّ إِنْسَانَ السُّوءِ يَصِيرُ إِلَى أَبْنَاءِ جِنْسِهِ ◆

منتخبات مختلفة

من

مصنفات و جورنالات عربية

مكاتيب وجوابات
انكليزية وعربية

ENGLISH AND ARABIC
LETTERS AND MANUSCRIPTS

نمره ١

مصر ٢٥ سبتمبر ٩٤

سعادتلو مدير اسيوط الافخم

نتشرف بان نخبر حضرتكم أنه قد صار تسفير ألفين
عسكري انكليزي من هنا ومعهم مايتين وخمسين
حصان والارجح انهم يصلوا لاسيوط يوم الخميس
الواقع ٣٠ الحاضر وحيث انهم سيبقوا هناك
ثلاثة أيام نؤمل من همة سعادتكم أجرا التدبيرات
والتسهيلات لحصولهم على مؤنة لهم وعليق للخيل
مدة الثلاثة أيام المذكورة وذلك على حساب
الحكومة الانكليزية ويكون لحضرتكم الفضل افندم

الداعي

(الامضا)

TRANSLITERATION OF LETTERS AND MANUSCRIPTS

No. 1.

Maṣr, 25 sibtimbar, 1884.

Sa'ādatlu mudīr assiūṭ el-afkham.

Natashar raf b'inn nukhbir ḥaḍritkum innoh qadd ṣār tasfīr alfēn 'askarī inklīzī min hena wa ma'hum māyetēn wa khamsīn ḥuṣān wa'l-argaḥ innuhum yaṣalū li'assiūṭ yōm el-khamīs el-wāqi' ṭalaṭīn el-ḥāḍir wa ḥēs innuhum sayabqū henāk ṭalāṭat ayyām nū'mil min himmat sa'ādatkum igrā et-tadbīrāt wa't-tashhīlāt liḥusūluhum 'ala ma'ūnah luhum wa 'alīq lil-khēl muddat eṭ-ṭalāṭat ayyām el-mazkūrah wa zālik 'ala ḥisāb el-ḥukūmah el-inklīzīyah wa yekūn liḥaḍritkum el-faḍl effendim.

Ed-dā'ī
el-imḍā.

نمرة ٣

اسيوط في ٢٠ سبتمبر سنه ١٨٨٤

عزتلو كولونل كيلاري باشمعاون اركان حرب جيش

الاحتلال الانكليزي

بايدي التكريم اخذت نهار تاريخه شقة

عزتكم التي بها تطلبوا منا تقديم ما يلزم من

مؤونة للعساكر وعليق للخيل القادمة الينا بطريقهم

الى دونقلة وعليه نفيدكم اننا مستعدين لتتميم رغوب

عزتكم بكل جهدنا مع المنوه وسنقدم لعزتكم اخيرًا

حسابًا عن كل ما صرف واني اغتنم هذه الفرصة لتقديم

احتراماتي الممتازة لعزتكم افندم

الداعي

(الامضا)

(الختم)

No. 2.

Assiūṭ, fī 30 *sibtimbar*, 1884.

'*Izzatlu kolonel klārī bāsh̲mu'āwin arkān ḥarb gēsh̲ el-iḥtilāl el-afkh̲am.*

B'ayadī et-takrīm akh̲adtu nahār tārīkh̲oh sh̲uqqat 'izzatkum illatī bihā taṭlubū minnā taqdīm mā yelzam min ma'ūnat lil-'asākir wa 'alīq lil-kh̲ēl el-qādimat ilēna biṭarīquhum ila dōnkolah wa 'alēh nafīdkum innā musta'addīn li tatmīm marg̲h̲ūb 'izzatkum bikull gahdnā ma'l-mamnūnīyah wa sanaqadam liḥaḍritkum akh̲īran ḥisāban 'an kull mā ṣurif wa innī ag̲h̲tanim hāzī'l-furṣah li taqdīm iḥtirāmātī el-mumtāzah li 'izzatkum effendim.

(*Ed-dā'ī*)
(*el-imḍā*)
(*el-kh̲itm*)

نمرة ٤

مصر في ٢٢ اكتوبر ١٨٨٤

من ديوان اركان حرب جيش الاحتلال

الى حضرة الكولونيل يوسف افندي قومندان طوابي الاسكندرية

سيدي

اكون في غاية من الممنونية ان احسنتم بعمل الاتفاقات اللازمة لحضرة باشمهندس جيش الاحتلال لكونه يزور الطوابي المقيمة على فم رشيد فرع من النيل وهو يقوم من الاسكندرية يا رشيد بقطار الساعة سبعة وخمسة عشر دقيقة في صباح يوم الاحد القادم

اتشرف بان اكون لكم

سيدي

خادمًا مطيعًا

No. 3.

Maṣr, fī 22 aktobar, 1884.

Min dīwān arkān ḥarb gēsh el-iḥtilāl.

Ila ḥaḍrat el-kolonel yūsuf effendī qomandān ṭawābī el-iskindirīyah.

Sēyidī

Akūn fī ghāyet min el-mamnūniyah inn aḥsantum bi 'amal el-ittifāqāt el-lāzimah liḥaḍrat el-bāshmuhandis gēsh el-iḥtilāl kōnoh yazūr eṭ-ṭawābī el-muqīmah 'ala fumm rozettah fara' min en-nīl wa hūa yeqūm min el-iskindirīyah ila rozettah biqaṭār es-sa'ah sab'ah wa khamstāsher daqīqah fī ṣabāḥ yōm el-aḥad el-qādim.

Atasharraf b'ann akūn likum

Sēyidī

Khādiman muṭī'an.

etc. *etc.*

٤

مصر في ٢٤ اكتوبر ٨٤

لجناب الماجور جيمس مهندس الجيش الاحتلالية

افهم بناء على طلب حضرتكم في جواب تاريخ ٢٢ اكتوبر ٨٤ نمره

بوقته صدرنا جواب الى حضرة اليوزباشي مصطفى

سارى الذي بوظيفة قومندان طوابجي بوغاز

روزيته معلنا له بان يكون على استعداد بمقابلة

حضرة الباشمهندس في المحطه وبعده يتشرف بمعيته

الى طوابجي البوغاز المذكور داخل قارب مطلع لاجل

تتميم طلبه

الداعي

كولونل يوسف

قومندان طوابجي الاسكندريه

No. 4.

Maṣr, fī 24 aktobar, 1884.

Liganāb el-majūr grīn muhandis liyēsh el-iḥtilāl.

Effendim banā'a 'ala ṭalab ḥaḍritkum fī gawāb tārīkh 22 *aktobar* 1884 *biwaqtoh ṣaddarnā guwāb ila ḥaḍrat el-yūz bāshī muṣṭafa sārīr illazī biwaẓīfat qomandān ṭawābī būghāz rozettah mu'linan loh b'inn yekūn 'ala istī'dād bimuqābalat ḥaḍrat el-bāshmuhandis fil-maḥaṭṭah wa ba'doh yetasharraf bima'yetoh ila ṭawābī el-būghāz el-mazkūr dākhil qārib qāl' liagl titmīm ṭaluboh.*

Ed-dā'i

Kolonel yūsuf, qomandān ṭawābī el-iskindirīyah.

نمره

سعادتلو افندم وكيل مديرية المطريه

ان شيخ الناحية البلد المطريه المذكوره فانه قد استولى على

اخذ جوز اثنين بقر من شخص المدعو احمد فرالتاج المذكور

وبما ان شيخ البلد المذكور اخذ استولاه الجوز الاثنين بقر

الحالي عنهم يوجب الافاده والتنبيهات لزم

الداعي

ابراهيم

No. 5.

Sa'ādatlu effendim wakīl mudīriyat el-maṯariyah.

Inn s̲h̲ēk̲h̲ en-nāḥyat el-balad el-maṯariyah el-mazkūrah f'innoh qadd istau'a 'ula ak̲h̲ad gōz eṭnēn baqar min s̲h̲ak̲h̲ṣ el-mad'ū aḥmad min en-naḥyat el-mazkūrah wa bimā inn s̲h̲ēk̲h̲ el-balad el-mazkūrah ak̲h̲ad istaulāh el-gōz el-eṭnēn baqar el-maḥqī 'annuhum biwagh el-iqtidār wa'l-bahtān wa'ẓ-ẓulm.

Ed-dā'ī

ibrāhim mursī.

نمرة
٦

من مديرية المنوفية في ١٢ اكتوبر سنة ٨٦

سعادتلو افندم محافظ مصر

بمقتضى الافادة التي وردت الينا اخيرا المختصة باسم
ابراهيم مرسى التابع لمديريتنا مُعلِنَة بأن البعض من
مشايخ المديرية تعلقتنا تهددوا على احمد احمد
ملاحظ المديرية بأخذ جوز بقر خاصته له وعلى
الاهالي يعاملوهم في الظلم والقساوة فالمأمول من
سعادتكم بعد الاطلاع على هذا تأمروا في المسا
لاجل رفع هذه التعديات خوفاً من أن تتصل
الى اصعب حالة من هذه والامر لمن و
افندم

عبدكم المطيع
احمد رفعت
باشكاتب المديرية

No. 6.

Min mudīriyat el-maṭariyah fī 31 *aktobar*, '84.

Sa'ādatlu effendim muḥāfiẓ maṣr.

B'muqtaḍa el-afādah illatī waradet ilēnā akhīran el-mamḍiyah b'ism ibrāhim mursī et-tāba' li mudīriyatnā mu'linat b'ann el-ba'ḍ min mushāikh el-mudīriyah ta'alluqnā ta'addū 'ala aḥmad aḥad fallāḥīn el-mudīriyah bi akhad gōz baqar khāssatoh loh w'ala'l-igmāl yu'āmilūhum fiẓ-ẓulm wa'l-qasāwat fil-amal min sa'ādatkum ba'd el-iṭṭla' 'ala hāza t'amarū fil-musā'adah liagl raf' hāzī et-ta'addiyat khaufan min inn tattaṣil ila aṣa'ab ḥālat min hāzī wa'l-amr li man walīh effendim.

'abdukum el-muṭī'

aḥmad rafa'āt

bāshkātib el-mudīriyah.

نمره ٢

سعادتلو   قنصلاتو دكر

نخدم هنا الممنونة والاعتاب الكريمه عبدكم مرعشلي

احمد بيكباشي افندم اني كنت بادنكب سواريه ملحم اغا وماوردوفوي من

الحصانه فضاد شل يدي اليسرى وجرى المكتتب علينا بحوض

يكباشا المرام المذكوره لمنه اجل ذلك جرى زفني الترا اغسطرياه

ولم نحرز بالرقيه الاصليه الذي اصابني فعند مضروري للمراد / اعرضه

عن هذا المخصصه لاجل ترتيب المعاش بي حب الجاري فلوسطنه

عدم قيد الاصابه بالرقيه فصار اعراب ته المعاش وحيث اني

عونيب الحبار رته ملادب الاتراك درسه مجود عندي فشو دلتزجيل

ماليه بي فالتمس شمول النظر سنر ابي بهي طرف المبدي حيث اني

اصبت ولم الميق للخدام ولا موجود احد يعول حركة معاشي ومع كلا

فالامر سعادته افندم

مرعشلي احمد بيكباشي

No. 7.

Ma'rūḍ qollirī derkah (*Turkish*).

Muqaddim hāza lil-ḥaḍrat el-khediwiyah wa'l-a'tāb el-karīmah 'abdukum mar'ashlī aḥmad yūsuf.

Effendim innī kunt yāwarī (*Turkish*) *sawārī milḥim agha wa ṣār wuqū'ī min el-ḥūṣān, fa ṣār. shall ydī el-yusra wa gara el-kaslf 'alēnā bima'rifat ḥakīmbāsha el-gahat el-mazkūrah. Fa min agl zālik gara raftī fī shahr aghustus* '83 *wa lam taḥarrar bil-raftīyah el-iṣābah illazī aṣūbatnī fa'and ḥuḍūrī lil-maḥrūsah a'raḍt 'an hāza el-khuṣūṣ liagl tartīb el-ma'āsh lī ḥasb el-gārī fa liwāsiṭat 'adam qēd el-iṣābat bil-raftīyah fa ṣār iḥrāmī min el-ma'āsh wa ḥēs innī gharīb ed-diyār wa min bilād el-atrāk wa lēs maugūd 'andī nuqūd li tarḥīlī libilādī fa altamis shumūl en-naẓar bi safēyratī 'ala ṭaraf el-mīrī ḥēs innī ocṣibt wa lam alēq lil-khidāmah wa lā maugūd aḥadan ya'ūl ḥarakat ma'āshī wa ma' kullan fa'l-amr mu'fawaḍ effendim.*

banda mar'ashlī aḥmad yūsuf.

Ma'āshāt warad dākhil ẓarf min el-ma'yat es-saniyat fī 10 *muḥarram sanat* 1301.

ما را انقطاع منى كونى ستحتة للفوت الفريد
بعها ايم بطلك العز والغز والدوام انا الليل والمراف
نها وافع

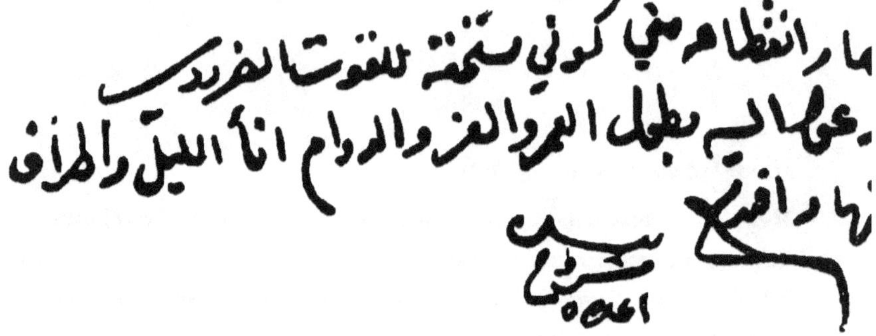

نمرة ٨

معروض فو للدير ركلم

مقدم لحضرة الاسني عبدكم مضاد شناوي من ناحية

الطرفايه قسم جرجا مدرسة الحق وما انعرض عنه للسياده

إن عبيدكم من سلك العسكرية من ٤ جمادى الاولى بباطر

ولداعي ما اصابني في نظري وكثرة من ما افظ به

مخلوقات الله وحسبي تعلي فوق عايلتي فقد كان مرتب

لنا معاش مبلغ ٧٦ قرش شهريه عن ... وكان جاري

صرفهم البنا شهري لغاية ١٠ اكتوبر سنة ... ومن ١١ منه

سنة ... صار صرف لنا مبلغ ٣٠ قرش غرشه وصار

انقطاع ٥٩ وعبيدكم مستحق ذالك لكوني كف البصر

كليا وحيي من الاطفال انا بهم وذكور رضع ووالدتهم فيكون

عايلة فقط اشخاص خلاف عادمين الاكتساب ولم

بنا عضاد لنا تساعدنا على المعايش فمن مالكم قد نجا...

بهذا الاعراض وبه راجيينه من مراحم ولي نعمتنا بصرف

No. 8.

Ma'rūḍ qollerī derkah.

Muqaddim hāza liannī 'abdukum naṣṣār shahāwī min nāḥyat eṭ-ṭurfāyah qism gartah mudīriyat el-khēriyat wa mā na'ruḍ 'annoh lis-siyādah :—

Inn 'abdukum min sulk el-'askarīyah min dortingī alāi (Turkish for 4th regt.) *biyādah wa lidā'ī mā aṣābanī fī naẓarī wa kafah 'an mā anẓur bīh makhlūqāt allah wa sa'ī 'ala qūt 'aylatī. Fa qadd kān tarattab linā ma'āsh mablagh* (79) *tisa'at wa sab'īn ghirsh wa kān gārī ṣarfuhum ilēna shahrī lighāyet 'asharat aktobar sanat* '83 *wa min* 11 *min sanat tārīkhoh ṣār ṣarf linā mablagh 'ashrūn ghirsh wa ṣār inqaṭā* 59 *wa 'abdukum mustaḥiqq zālik liannī kaf en-naẓar kulliyan wa ma'ī min el-aṭfāl* {*anāṯ* / *nafar* / 3} *wa* {*zukūr* / *nafar* / 1} *raḍī' wa* {*walidatuhum* / *nafar* / 1} *fa yekūn 'aylutī khamsat ashkhāṣ khilāfī 'ādimīn el-iktisāb wa lam linā 'iqārāt tasā'id linā 'ala'l-ma'āsh fa min zālik qadd tagāsart bihāza el-'arḍ wa bīh rāgīn min marāḥim walī na'amatnā biṣarf mā ṣār inqaṭā'oh minnī laiannī mustaḥiqqoh lil-qūt eḍ-ḍarūrī wa nada'ū ilēh biṭūl el-'umr wa'l-'izz wa'dawām anā'l-lēl w'aṭrāf en-nahār effendim.*

Banda

Mashrūḥ 'ālāh.

Ma'āshāt: warad dākhil ẓarf min el-ma'yat es-sanīyah fī saba'ah ragab sanat 1301.

Yūfaẓ.

TRANSLATION

No. 1.

Cairo, 25th September, 1884.

His most honoured Excellency the Mudir of Assiout :—

We have the honour to inform your Excellency that 2000 English soldiers have started from here with 250 horses; and it is probable that they will arrive at Assiout on Thursday, the 30th inst. and as they will remain there three days, we trust to your Excellency's energy to make arrangements and facilities for supplying them with provisions and fodder for the horses during these three days, on payment by the English Government, and your Excellency will oblige.

Yours truly (address for equals),
(Signature.)

No. 2.

Assiout, 30th September, 1884.

To H. E. Colonel Clery, Adjutant General, Staff of the Army of Occupation.

I have the honour to acknowledge the receipt of your Excellency's note of this day's date, in which you request us to supply what is necessary in the way of provisions for the soldiers and forage for the horses, which will come here on their way to Dongola, and beg to inform you that we are eager to execute your Excellency's wishes to the fullest extent, and are honoured thereby, and we will forward to your Excellency finally an account of all that has been expended, and I seize this opportunity to express to your Excellency my most profound respect.

etc. etc.

No. 3.

Cairo, 22nd October, 1884.
Head Quarters.

Sir,

I should feel obliged if you would make arrangements for the Commanding Royal Engineer to visit the forts at the mouth of the Rosetta branch of the Nile. He will leave Alexandria for Rosetta by rail at 7.15 a.m., on Sunday next.

I have the honour to be,
Sir,
Your obedient Servant,
(Signed) A. O. GREEN, Major,
Brigade Major, R. E.

To Colonel YŪSUF EFFENDI,
Fort Commandant,
Alexandria.

No. 4.

Cairo, 24th October, 1884.

To Major GREEN,
Engineer,
Army of Occupation.

Sir,

In compliance with your honour's request by letter of 22nd October, 1884, I immediately forwarded a letter to Captain Mustapha Sarīr, who is in command of the Boghāz Forts at Rosetta, directing him to meet H. E. the Commanding Engineer at the station and to accompany him to the above Boghāz Forts in a sailing-boat and carry out all his requests.

(Signed) Colonel YŪSUF,
Fort Commandant,
Alexandria.

No. 5.

To H. E. the deputy of the district of Matariyah.

(This is to complain) that the headman of the district of the above village of Matariyah (that he) has seized by force a pair of cows from a man named Aḥmad, belonging to the above district, and also that the headman of the above-mentioned village has seized the above pair of cows by way of violence, fraud, and oppression.

Yours,

Ibrāhim Mursī.

No. 6.

From the district of Matariyah,
31st October, 1884.

To H. E. the Prefect of Cairo.

In accordance with the report that has reached us lately, signed by the name of Ibrāhim Mursī, belonging to our district, explaining that some of the headmen of the district, which is in our charge, have threatened a cultivator (named) Aḥmad, of the district, to take away a pair of cows, his own property, and (that) in general they are acting towards them with tyranny and oppression, we hope from your Excellency that after enquiring about this (matter) you will give some order by way of assistance with the view to remove these threats, as we are afraid it may reach a more difficult condition of affairs than this.

(And the order to whom is the authority) i.e. as in duty bound.

Your obedient Servant,

Ahmad Rafa'at,
Chief Clerk of the District.

No. 7.

Petition to His Highness.

Your slave Marashlī Aḥmad Yūsuf ventures to bring the following to the notice of H. H. the Khedive, and to the threshold of (his) generosity.

Sir, I was a mounted guard of Milhim Agha and fell off my horse and my left hand became paralysed and I was examined by the knowledge of the chief doctor of the before mentioned (agha). And in consequence of that I was discharged in the month of August, 1883, and my discharge certificate does not mention the accident which injured me, and when I came to Cairo I petitioned about this particular matter in order to arrange my pension in accordance with regulations, and because the accident was not registered in the discharge certificate, I was thereby deprived of pension, and since I am a stranger in these parts and came from the country of the Turks and have no money to enable me to return to my own country, therefore, I beg that you will kindly see that my travelling expenses may be defrayed by the government, for I am disabled and not fit for service, and there is no one to look after me and provide for my subsistence, and in any case everything will be as your Highness may direct.

Your Slave,

Marashlī Aḥmad Yūsuf.

Pensions (office): Received in an envelope from H. H.'s Court officials on the 10th of Muḥarram, 1301.

No. 8.

Petition to His Highness.

This (petition) is presented on behalf of your slave Nassār Shahāwī Turfāyah, in the Gartah district of the Mudiriyah of Khairiyat, and (in regard to) what was represented about him to the throne :—

(Be it known) that your slave (was) in military employ in the 4th infantry regiment, and through an accident to my eyesight, I am unable to see my fellow men, or to provide for my family. And a pension of 79 piastres had been granted to me which was paid to me monthly up to the 10th October, 1883, and from the 11th of that date 20 piastres (only) have been paid me, and 59 have been deducted. And your slave is deserving of this (i. e. the piastres) for I am totally blind and have three female children and one male infant at the breast and their mother, which makes my family five persons besides myself, (who) are not fit to work, and we have no property which might assist us towards subsistence. Therefore, I have ventured (to approach Your Highness) with this petition, and we are thereby hopeful of the pity of the dispenser of our favours for the repayment of what was deducted from me, because I am deserving of it for my livelihood, and we ever pray both night and day for (Your Highness') long life, reign and prosperity.

Your Slave,
Mentioned above.

Pensions (office): Received in an envelope from H. H.'s Court officials on the 7th of Ragab, 1301.

To be guarded.

VOCABULARY

ENGLISH-ARABIC

NOTE—In the following Vocabulary the infinitive is given in English, and the corresponding root or third person singular of the Preterite in Arabic.

A

Abandon, هَجَر *hagar*, تَرَك *tarak*.

Abatis, موانع من الاشجار المقطوعة *mawāni' min el-ashgār el-maqtū'ah.*

Abide, سَكَن *sakan*.

Ability, قُدْرة *qudrah*.

Able (to be), قَدَر *qadar*.

Abominable, مَكْرُوه *makrūh*.

About, عن *'an*, دور *dōr*.

Above, فوق *fōq*, على *'ala*.

Abscess, خُرّاج *khurrāg*.

Absence, غياب *ghiyāb*.

Absence from parade, الغياب من الطابور *el-ghiyāb min et-tābūr*.

Absence, leave of, اجازة *agāzah*.

Absent, غائب *ghāib*.

Abyssinia, الحبش *el-habash*.

Accept, قَبِل *qabil*.

Accident, حادثة *hādsah*.

Accompany, رَافَق *rāfaq*.

According to, حسب *hasb*.

Account, حساب *hisāb*.

Accountant-general, مدير عموم الحسابات *mudīr 'umūm el-hisābāt*.

Accoutrements, مهمات *muhimmāt*.

Accuse, إشْتَكى *ishtaka*, تَشَكّى *tashakka*.

Accused (the), متهوم *mathūm*.

Accustom, عَوَّد على *'awwad 'ala*.

Ache, وَجَع *waga'*, أَلَم *ālam.*

Acid, حامض *ḥāmiḍ.*

Acquainted, عارف *'ārif,* مطلع علي *muṭalli' 'ala.*

Acquire, حَصَّل *ḥaṣṣal.*

Acquittal, تبرئة *tabriyah.*

Act, فَعَل *fa'al,* عَمَل *'amal.*

Active, نشيط *nashīṭ.*

Adapt oneself, تَعَوَّد *ta'auwad.*

Add, ضَاف *ḍāf,* زَاد *zād.*

Adhere, تَمَسَّك *tamassak.*

Adjutant, صاغقول اغاسي *ṣāghqōl aghāsī.*

Admit, allow, سَلَّم *sallam,* وَافِق *wāfiq,* أَدْخَل *adkhal.*

Advance (go forward), تَقَدَّم *taq-addam.*

Advance (pay beforehand), سَلَّف *sallaf.*

Advance-guard, طليعة *ṭalī'ah,* باشدار *bāshdār.*

Advantageous, نافع *nāfi',* مفيد *mufīd.*

Adversary, خصم *khaṣm* (pl. مخاصم *mukhāṣim*), عدوّ *'adū.*

Advertisement, أعلان *i'lān.*

Advice, نصيحة *naṣīḥah* (pl. نصائح *naṣāyiḥ*), راى *rāī.*

Adze, قدوم *qadūm.*

Affair, مصلحة *maṣlaḥah,* عمل *'amal* (pl. عمايل *'amāīl*).

Afraid, خائف *khāif.*

Africa, أفريقية *afrīqyah.*

After, بعد *ba'd,* غبّ *ghibb.*

Afternoon, عصر *'aṣar,* بعد الظهر *ba'd eḍ-ḍuhr.*

Again, ditto, كذلك *kazālik,* ايضاً *aīḍan,* كمان *kemān.*

Against, opposite, علي *'ala.*

Against (opposed to), ضدّ *ḍidd.*

Age, سنّ *sinn,* عمر *'umr.*

Agent, وكيل *wakīl* (pl. وكلا *wukala*).

Agree, وَافَق *wāfaq,* إتّفق *ittafaq.*

Agreeable, موافق *muwāfiq,* طيّب *ṭieyib,* لطيف *laṭīf.*

Agreement, شرط *sharṭ* (pl. شروط *shurūṭ*).

Aide-de-camp, ياور *yāwar.*

Aim, نَشَّن *nashshan.*

Aiming-drill, تعليم التنشين *ta'līm et-tanshīn.*

Air, هوا *howa.*

Alarm, كبسة *kabsah.*

Alexandria, إسكندرية *iskindiriyah.*

Alight, نَزَل *nazal.*

Alike, زى بعضه *zē ba'ḍoh.*

Alive, حيّ *ḥayy.*

Alkali, قلي *qalī.*

All, كلّ *kull,* جميع *gamī'.*

Alliance, محالفة *muḥālafah.*

Almanac, تقويم *taqwīm.*

Almond, لوزة *lōzah.*

Alms (give), تَصَدَّق *taṣaddaq.*

Also, ايضاً *aiḍan.*

Alteration, تغيير *taghyīr.*

Alum, شبّة *shabbah.*

Always, دائماً *dāiman,* تملّي *tamellī.*

Ambulance, شفاخانة *shefakhānah.*

Ambuscade, كمين *kamīn.*

America, أميريكا *amīrīkā.*

Ammunition, جبخانة *gabakhānah,* ذخيرة *ẓakhīrah.*

Among, بين *bēn.*

Amount, sum of money, مبلغ *mablagh.*

Amount, total, جملة *gumlah.*

Amusement, لَهْو *luhw.*

Anchor, مرسي *marsa.*

Anchovy, سنامورة *sanāmūrah.*

Ancient, قديم *qadīm,* عتيق *'atīq.*

And, وَ *wa.*

Anger, غضب *ghaḍab,* غيظ *ghēẓ.*

Angle, زاوية *zāwiyah.*

Angry, غضبان *ghaḍbān,* زعلان *za'lān.*

Animal, حيوان *ḥaiwān.*

Annoy, زَعَّل *za'al,* غاظ *ghāẓ.*

Another, واحد غير *wāḥid ghēr.*

Answer, جاوَبَ *gāwab.*

Ant, نملة *namlah* (pl. نمل *naml*).

Ape (an), قرد *qird* (pl. قرود *qurūd*).

Apologize, إعتذر *i'tazar.*

Appear, ظهر *ẓahar,* بَانَ *bān.*

Appear in person, شَخَصَ *shakhaṣ.*

Appetite, شهيّة *shahiyah,* قابلية *qābiliyah.*

Apple, تفّاح *tuffāḥ.*

Approach, إقترب *iqtarab.*

Appropriate, مناسب *munāsib.*

Approve, إستصوب *istaṣwab.*

Apricot, مشمش *mishmish.*

Arabic, عربي *'arabī.*

Arch, قنطرة *qanṭarah.*

Architect, معمار *mi'mār,* بنّا *bannā.*

Arise, قَامَ *qām.*

Arithmetic, علم الحساب *'ilm el-ḥisāb.*

Arm (the limb), ذراع *dh'rā'* or *dirā'.*

Arms (weapons), سلاح *silāḥ,* اسلحة *asliḥah.*

Army, عسكر *'askar,* جيش *gēsh.*

Around, داير *dāïr*, حول *ḥōl*.
Arrange, رتّب *rattab*, نظّم *naẓẓam*.
Arrangement, ترتيب *tartīb*.
Arrears, باقي *bāqi* (pl. بواقي *bawāqi*).
Arrival, وصول *wuṣūl*, قدوم *qudūm*.
Arrive, وَصَل *waṣal*.
Arsenal, طوبخانة *ṭobkhānah*, ترسانة *tarsānah*.
Art, فنّ *fann*.
Art (profession, trade), صنعة *ṣan'ah*.
Artful, مكّار *makkār*, داهي *dāhī*.
Artichoke, خرشوف *kharshūf*.
Artifice, غدر *ghadr*.
Artificer, صانع *ṣāni'*.
Artificial, عملي *'amalī*, إصطناعي *iṣṭinā'ī*.
Artillery, طوبجيّة *ṭobgīyah*.
As, ك *ka*, كما *kamā*.
As if, كأن *ka-inn*.
Ascend, طَلَع *ṭala'*.
Ashes, رماد *rumād*.
Asia, آسيا *āsiā*.
Ask, سأل *sa'al*, طَلَب *ṭalab*.
Asleep, نايم *nāim*.
Asparagus, هليون *halyūn*.
Ass, حمار *ḥimār* (pl. حمير *ḥamīr*).
Assemble, جَمَع *gama'*.
Assist, أعان *a'ān*, ساعَد *sā'ad*.
Assure, أكّد *akkad*, حقّق *ḥaqqaq*
Assuredly, في الحقيقة *fi'l ḥaqīqat*.
Astonished, تعجّب *ta'aggab*, مدهوش *madhūsh*.
At, ب *b'*, *bi*, عند *'and*.
Attack, هجم *hagam*.
Attentive, منتبه *muntabih*.
Attire, حلل *ḥulal*, اثواب *aṯwāb*.
Auction, مزاد *mazād*.
Auctioneer, دلّال *dallāl*.
Auger, برّيمة *barrīmah*.
Aunt, maternal, خالة *khālah*.
Aunt, paternal, والدي *wālidī*, عمّة *'ammah*.
Author, مصنّف *muṣannif*, مؤلّف *mū'allif*.
Autumn, خريف *kharīf*.
Avarice, بخل *bukhl*.
Avoid, تجنّب من *tagannab min*.
Awake, awoke, إستيقظ *istēqaẓ*.
Awake, rouse, أيقظ *ēqaẓ*, صحّي *ṣaḥḥa*.
Awl, مخرز *makhruz*.
Axe, فاس *fās* (pl. فوس *fūs*), بالطة *bālṭah*.
Axis, محور *miḥwar*.
Axle, دنجل *dingil*.

B

Back (the), ظَهْر *ḍuhr*.

Bad, بطّال *baṯṯāl*, ردي *radī*, شرّير *sharrīr*.

Bad money, عُملة بطّالة *'umlah baṯṯālah*.

Bag, كيس *kīs* (pl. اكياس *akyās*).

Baggage, عفش *'afsh*, اثقال *aṯqāl*.

Baker, خبّاز *khabbāz*, فرّان *farrān*.

Bald, اصلع *aṣla'*.

Bale, فردة *fardah*.

Ball, كورة *kūrah* (pl. كور *kuwar*).

Ball cartridge, فشيك برصاص *feshek biruṣāṣ*.

Bamboo, غاب هندي *ghāb hindī*.

Banana, موز *mōz*.

Bandage, رفروف *rafrūf*, رباط *rubāṭ*.

Bank (of sea or river), ساحل *sāḥil*, شاطي *shāṭī*.

Banker, صرّاف *ṣarrāf*.

Bankrupt (to become), أفلَس *aflas*.

Barber, حلّاق *ḥallāq*, مزيّن *muzēyyin*.

Bargain (to), سَاوَم *sāwam*, فَاصَل *fāṣal*.

Bark, قشر *qishr*.

Bark (to), عوّي *'awwa*.

Barley, شعير *sha'īr*.

Barrack, قشلة *qishlah*, قشلاق *qishlāq*.

Barrel, برميل *barmīl* (pl. براميل *barāmīl*).

Barrel (of rifle), ماسورة البندقية *māsūrat el-banduqiyah*.

Barren (as soil), بور *būr*.

Barricade, سدّ *sadd*.

Basin, طشت *ṭisht* (pl. طشوت *ṭushūt*).

Basket, زنبيل *zanbīl*, سبت *sabat*, سلّة *sallah*.

Bat, وطواط *wiṭwāṭ*.

Bath, حمّام *ḥammām*.

Battalion, اورطة *ōrṭah*.

Batten, مرينة *marīnah*.

Battle, موقعة *mauqa'ah*, معركة *ma'arikah*.

Bayonet, سونكية *sūnkiyah*.

Be, كَان *kān*.

Beak, منقار *minqār*.

Beam, كمرة *kamarah*.

Beans, فول *fūl*.

Beans, French, فسولية *fasūliyah*.

Bear (to), حَمَل *ḥamal.*

Beard, لحية *leḥyah.*

Beast, وحش *waḥsh.*

Beat, ضَرَب *ḍarab.*

Beater (sport), نشّاش *nashshāsh.*

Beautiful, حسن *ḥasan,* جميل *gamīl,* مليح *malīḥ.*

Become, صَار *ṣār.*

Bed, فراش *firāsh,* مرتبة *murtabah,* فرشة *farshah.*

Bedstead, سرير *sarīr,* تخت *takht.*

Beef, لحم بقر *laḥm baqar.*

Bees, نحل *naḥl.*

Before (in front), قبل *qabl,* قدّام *quddām.*

Before (in time), اوّل *awwal,* امام *amām.*

Beg, سَأَل *sa'al,* تَرَجّي *taragga.*

Beggar, فقير *faqīr,* شحّاذ *shaḥḥād.*

Begin, إبْتَدَي *ibtada.*

Behind, ورا *wara,* خلف *khalf.*

Behold, هوذا *hōdhā,* آهو *āhō.*

Belaying-pin, شمعة *sham'ah.*

Believe, صَدّق *ṣaddaq.*

Bell, جرس *garas* (pl. اجراس *agrās*).

Bellows, منفخ *manfukh.*

Belly, بطن *baṭn.*

Below, تحت *taḥt.*

Belt, shoulder, حمّالة *ḥammālah.*

Belt, waist, قايش *qāyish,* حزام *ḥizām.*

Bend, مَال *māl.*

Benefit, فايدة *fāīdah.*

Besides, عدا *'adā,* دون *dūn,* من دون *min dūn.*

Besiege, حَاصَر *ḥāṣar.*

Bestow, مَنَح *manaḥ,* وَهَب *wahab.*

Bet, رَاهَن *rāhan.*

Betray, غَدَر *ghadar,* خَان *khān.*

Betrothal, خطبة *khuṭbah.*

Between, بين *bēn,* بينما *bēnamā.*

Beyond, وراء *wara.*

Big, كبير *kabīr.*

Bilious, صفراوي *ṣafrāwī.*

Bird, طير *ṭēr* (pl. طيور *ṭuyūr*), عصفور *aṣfūr* (pl. عصافير *aṣāfīr*).

Birth, ميلاد *mīlād.*

Bite, عَضّ *'aḍḍ.*

Bitter, مرّ *murr.*

Bivouac, عرضية *'arḍiyah.*

Black, اسود *aswad* or *iswid.*

Blacksmith, حدّاد *ḥaddād.*

Blade, سلاح *silāḥ,* شفرة *shafrah.*

Blame, لَام *lām,* وَبّخ *wabbakh.*

Bless, بَارَك *bārak.*

Blind (adj.), اعمي *a'mā.*

Blood, دَمّ *damm.*

Blossom, زهرة *zahrah,* كِمّ *kimm.*

Blow (a stroke), ضربة *ḍarbah.*

Blue, أزرق *azraq.*

Blunt, ماهو حادّ *māho ḥādd.*

Boasting, إِفْتِخَار *iftikhār.*

Boat, قارب *qārib,* مركب *markib* (pl. مراكب *marākib*).

Boatman, مراكبي *marākbī.*

Body, جسم *gism* (pl. اجسام *agsām*).

Boil (to), غَلَي *ghala,* سَلَق *salaq.*

Boiler, دست *dist,* قزان *qazān.*

Bold, جسور *gasūr.*

Bolt, درباس *dirbās.*

Bolthead, مُخ *mukh.*

Bone, عظم *'aẓm.*

Bone-setter, مُجبِّر *mugabbir.*

Book, كتاب *kitāb* (pl. كتب *kutūb*).

Boot, جزمة *gazmah.*

Bootmaker, سكّاف *sakkāf,* جزماتي *gazmātī.*

Borrow, إِسْتَلَف *istalaf,* إِسْتَدَان *istadān.*

Bottle, قزازة *qazāzah* (pl. قزائز *qazāiz*).

Bottom, قعر *qa'r,* كعب *ka'b.*

Bough, فرع *far'* (pl. فروع *furū'*).

Boundary, حدّ *ḥadd* (pl. حدود *ḥadūd*).

Bow, قوس *qōs.*

Bowl, قلّة *qullah.*

Box, صندوق *ṣandūq* (pl. صناديق *ṣanādīq*).

Boy, صبي *ṣabī,* ولد *walad.*

Braces, حمّالات *ḥammālāt.*

Brain, دماغ *dimāgh.*

Bran, نخالة *nukhālah,* ردّة *raddah.*

Brass, نحاس *neḥās.*

Brave, جريّ *garī,* شجاع *shugā'.*

Brazier, منقل *minqal,* كانون *kānūn.*

Bread, عيش *'ēsh,* خبز *khubz.*

Bread (rations), جراية *gerāyah.*

Breadth, عرض *'arḍ.*

Break, كَسَر *kasar.*

Breakfast, فطور *fuṭūr,* ترويقة *tarwīqah.*

Breast, صدر *ṣadr.*

Breathe, إِسْتَنْشَق *istanshaq,* تَنَفَّس *tanaffas.*

Bribe, برطيل *barṭīl,* رشوة *rashwah.*

Brick, طوب *ṭōb,* قرميد *qarmīd.*

Bricklayer, بنّا *bannā.*

Bride, عروس *'arūs.*

Bridegroom, عريس *'arīs.*

Bridge, كبري *kubrī,* قنطرة *qanṭarah.*

Bridle, لجام *ligām.*

Brigade, لوا *liwā.*

Bring, جَابَ *gāb,* حَضَّرَ *ḥaḍḍar.*

Bring (imp.), أَحْضِر *aḥḍir,* هات *hāt,* جيب *gīb.*

Broad, عريض *'arīḍ.*

Broil (to), شَوَى *shawa.*

Broom, مكنسة *muknisah,* مقشّة *maqashshah.*

Brother, أَخ *akh* (pl. اخوة *ikhwah*).

Brown, اسمر *asmar.*

Brush (a), فرشة *furshah.*

Brush, مَسَحَ *masaḥ,* نَفَضَ *nafaḍ.*

Brute, بهيمة *bahīmah* (pl. بهايم *bahāyim*).

Bucket, دلو *dalū.*

Bug, بقّة *baqqah* (pl. بق *baqq*).

Bugle, نفير *nafīr,* بوري *būrī.*

Bugler, بروجي *barūgī.*

Build, بَنَي *bana,* عَمَّر *'ammar.*

Building, عمارة *'imārah,* بناية *bināyah.*

Bull, ثور *ṭōr* (pl. ثيران *ṭīrān*).

Bullet, رصاص *ruṣāṣ.*

Burden, حمل *ḥiml* (pl. احمال *aḥmāl*).

Burn, إِحْتَرَق *iḥtaraq.*

Burst, إِنْشَقّ *inshaqq.*

Bury, دَفَن *dafan,* قَبَر *qabar.*

Business, شغل *shughl.*

Busy, مشغول *mashghūl.*

But, لكن *lākin,* بل *bal,* امّا *amma.*

Butcher, قصّاب *qaṣṣāb,* جزّار *gazzār.*

Butt (to), نَطَح *naṭaḥ.*

Butter, سمن *samn,* زبدة *zibdah.*

Button (a), زرّ *zirr* (pl. ازرار *azrār,* زراير *zarāīr*).

Buttress, عامود *'āmūd.*

Buy, إِشْتَرَي *ishtara.*

Buyer, مشتري *mushtarī.*

By one, one, واحد واحد *wāḥid wāḥid.*

C

Cabbage, كرنب *kurunb.*

Cable, حبل *ḥabl.*

Cable, telegraph, سلك تلغراف *silk talighrāf.*

Cage, قفص *qafaṣ.*

Cairo, مصر *maṣr,* مصر القاهرة *maṣr el-qāhirah,* المحروسة *el-maḥrūsah.*

Cake, كعك *ka'k.*

Calf, عجل *'igl* (pl. عجول *'ugūl*).

Calico, خام *khām*, بفتة *baftah*.

Call (name), سمّي *samma*, زار *zār*.

Call (to), نادي *nāda*, دعي *da'a*.

Camel, جمل *gamal* (pl. جمال *gimāl*).

Camp, معسكر *mu'askar*, عرضي *'arḍī*.

Campaign, سفرية *safariyah*.

Camp-kettle, قزان *qazān*.

Canal, بوغاز *būghāz*, ترعة *tir'ah*.

Candle, شمع *sham'*.

Candlestick, شمعدان *shama'dān*.

Cannon, مدفع *madfa'*.

Cap, طربوش *ṭarbūsh* (pl. طرابيش *ṭarābīsh*), قلبق *qalbaq* (pl. قلابق *qalābiq*).

Captain, قبطان *qabṭān*, يوزباشي *yūzbāshī*.

Captivity, اسر *asr*.

Capture, أسر *asar*.

Caravan, قافلة *qāfilah* (pl. قوافل *qūāfil*).

Careful, حريص *ḥarīṣ*, محترس *muḥtaris*.

Careless, غافل *ghāfil*.

Carpenter, نجّار *naggār*.

Carpet, سجادة *saggādah* (pl. سجاجيد *sagāgīd*).

Carriage, عربية *'arabiyah*.

Carrot, جزر *gazar*.

Carry, حمل *ḥamal*, شال *shāl*.

Cartridge, فشك *feshek*, خرطوش *khartūsh*.

Cash, نقدية *naqdiyah*.

Cask, برميل *barmīl* (pl. براميل *barāmīl*).

Cast (to), رمي *rama*, طرح *ṭaraḥ*.

Castle, قلعة *qal'ah*.

Cat, قط *quṭṭ* (pl. قطاط *quṭāṭ*).

Cataract, شلال *shallāl*.

Catch, مسك *masak*, قبض *qabaḍ*, أخذ *akhad*.

Catch (sporting), إصطاد *iṣṭād*.

Cattle, مواشي *muwāshī*.

Cauliflower, قرنبيط *qarnabīṭ*.

Cause, سبب *sabab* (pl. اسباب *asbāb*).

Cautious, محترز *muḥtariz*.

Cavalry, خيالة *khiyālah*, سواري *sawārī*.

Cave, مغارة *maghārah*.

Cease, زال *zāl*.

Ceiling, سقف *saqf* (سقوف *saqūf*).

Celebrated, مشهور *mashhūr*.

Centre, وسط *wasṭ*.

Centre-bit, بنطة *bunṭah*.

Certainly, حقًا *ḥaqqan*, أكيد *akkīd*.

Certificate, تذكرة *tazkarah.*

Cesspit, مجرور *magrūr.*

Chain, سلسلة *silsilah* (pl. سلاسل *salāsil*).

Chair, كرسي *kursī.*

Chance (by), بالصدفة *bi'ṣ-ṣudafah,* اتّفاقاً *ittifāqan.*

Change (to), بَدّل *baddal,* تَغيّر *tagheyar.*

Channel, مجري *magra.*

Chaplain (Christian), قسّيس *qassīs.*

Chaplain (Moslem), امام *imām.*

Chapter, فصل *faṣl,* باب *bāb.*

Character, طبع *ṭab',* سيرة *sīrah.*

Charcoal, فحم *faḥm.*

Charge (to), هَجَم *hagam.*

Cheap, رخيص *rakhīṣ.*

Cheat (to), غشّ *ghashsh,* غَدْر *ghadr.*

Cheek, وجنة *wagnah,* خدّ *khadd* (pl. خدود *khadūd*).

Cheerful, مسرور *masrūr,* فرح *fariḥ.*

Cheese, جبنة *gibnah.*

Chess, شطرنج *shaṭarang.*

Chestnut, ابو الفروة *abū'l-farwah.*

Chicken, فرّوج *farrūg,* كتكوت *ketkūt,* صيص *ṣīṣ.*

Chick-pea, حمّص *ḥummuṣ.*

Chief (a), شيخ *shēkh,* رئيس *ra'īs.*

Chief of staff, رئيس اركان حرب *ra'īs arkān ḥarb.*

Child, ولد *walad* (pl. اولاد *awlād*).

Chimney, مدخنة *madkhanah.*

Chin, ذقن *daqn.*

Chisel, ازمة *azamah* (pl. ازميد *azmīd*).

Choose, اِخْتار *ikhtār.*

Chop (to), فَرَم *faram.*

Chosen, مختار *mukhtār.*

Cigarette, سيجارة *segārah.*

Circle, دائرة *dāirah.*

Circumcision, طهور *ṭuhūr,* ختان *khitān.*

Circumference, دائر *dāir,* محيط *muḥīṭṭ.*

Circumstance, حال *ḥāl* (pl. احوال *aḥwāl*), ظرف *ẓarf* (pl. ظروف *ẓarūf*).

Citadel, قلعة *qal'ah.*

City, مدينة *medīnah* (pl. مدن *mudun*).

Civil (polite), مؤدّب *mu'addab.*

Claim, حق *ḥaqq*, دين *dēn*, دعوي *da'wa*.
Clay, طين *ṭīn*.
Clean, نظيف *naẓīf*, *nadīf*, طاهر *ṭāhir*.
Clever, شاطر *shāṭir*, حاذق *ḥādiq*.
Cleverness, براعة *barā'ah*, شطارة *shaṭārah*.
Climate, هوا *hawa*, مناخ *manākh*.
Climb, صعد *ṣa'ad*, إرتقي *irtaqa*.
Cloak, برنس *burnūs*, كبّود *kabbūd*.
Clock, ساعة *sā'ah*.
Clod, طوبة *ṭōbah*.
Close (to), غلق *ghalaq*, قفل *qafal*.
Cloth, قماش *qumāsh*, جوخ *gōkh*.
Clothe (another), لبّس *labbas*, ألبس *albas*, كسي *kasa*.
Clothe (one's self), لبس *labas*.
Clothes, هدوم *hudūm*, ثوب *ṯūb*, ثياب *ṯiyāb* (pl. اثواب *aṯwāb*).
Cloud, سحاب *saḥāb*, غيم *ghēm*.
Clove, قرنفل *qoronfil*.
Club, دبّوس *dabbūs*.
Coachman, عربجي *'arbagī*.
Coal, فحم حجري *faḥm ḥagarī*.
Coat, سترة *sitrah*, بالطو *bālṭū*.
Cock, ديك *dīk* (pl. ديوك *dīyūk*).
Cock of a gun, ديك *dīk*.

Coffee, قهوة *qahwah*, بنّ *bunn*.
Coin, مخدّة *makhaddah*, سجل *sigill*.
Cold, coldness, برد *bard*.
Cold, frigid, بارد *bārid*.
Collect, لمّ *lamm*, جمع *gama'*.
College, مدرسة كلّية *madrasah kulliyah*.
Colonel, مير الآي *mīr ālāi*.
Colonel, Lieutenant-, قائمقام *qāimaqām*.
Colour, لون *lōn* (pl. الوان *alwān*).
Column (military), قول *qōl*.
Comb, مشط *misht*.
Come, جاء *gā*, اتي *āta*.
Come (imp.), تعال *ta'āl*.
Comfort, consolation, تسلية *tasliyah*, تسلّي *tasallī*.
Comfort, ease, راحة *rāḥah*.
Comfort (to), سلّي *salla*.
Commander, حكمدار *ḥukumdār*, قايد *qāid*.
Commencement, ابتدا *ibtidā*.
Commerce, متجر *matgar*, تجارة *tigārah*.
Commissariat, كمسربات *komisaryāt*.
Committee, لجنة *lagnah*.
Common (inferior), دون *dūn*, حقير *ḥaqīr*.

Common (to several), مشترك *mushtarak.*

Companion, رفيق *rafīq* (pl. رفقاء *rufaqā*).

Company, جمعية *gam'iyah*, مجلس *maglis*, صحبة *ṣuḥbah.*

Company (military), بلوك *bulūk.*

Compare, قايس *qāyas*, قابل *qābal.*

Compare, accounts, ضاهي *ḍāha.*

Compasses, بيكار *bīkār.*

Compassion, شفقة *shafaqah.*

Compel, ألزم *alzam*, أحوج *aḥwag.*

Competent, قادر *qādir.*

Complain, تشكي *tashakka*, شتكي *ishtaka.*

Complete, كامل *kāmil*, خالص *khāliṣ.*

Complete (to), أتم *atamm*, تمم *tammam.*

Completion, تكميل *takmīl.*

Conceal, أخفي *akhfa*, كتم *katam.*

Conceited, متصور *mutaṣawir.*

Conclude, finish, ختم *khatam.*

Concrete, خرسان *kharasān.*

Condemn (to death), حكم بالموت *ḥakam bi'l-mōt.*

Condition (agreement), شرط *sharṭ* (pl. شروط *shurūṭ*).

Condition (state), حال *ḥāl* (pl. أحوال *aḥwāl*).

Conduct (behaviour), سلوك *sulūk.*

Conduct (to), شيع *shēya'*, وصل *waṣṣal.*

Confess, أقر *aqarr*, أعترف *a'taraf.*

Confession, اقرار *iqrār*, اعتراف *i'tarāf.*

Confidence, ثقة *ṯiqah*, اعتماد *i'timād*, اعتقاد *i'tiqād.*

Congeal, تجمد *tagammad.*

Congratulate (to), هنا *hanna*, بارك *bārak.*

Conjectured (to be), أحتمل *aḥtamal.*

Conjunction, وصلة *waṣlah.*

Conquer, قهر *qahar*, غلب *ghalab*, فتح *fataḥ*, ظفر *ẓafar.*

Conquered (part.), مغلوب *maghlūb.*

Conquest, فتح *fat'ḥ*, ظفر *ẓafr.*

Consent, رضا *riḍā*, قبول *qabūl.*

Consent (to), رضي *riḍī.*

Consequence, عاقبة *'āqibah*, نتيجة *natīgah.*

Consider, esteem, أعتبر *a'tabar.*

Consider, reflect, تأمل *ta'āmmal*, تفكر *tafakkar.*

Constantinople, استامبول *istām-būl.*

Consul, قنصل *qunṣul.*

Consult, شَاوَرْ *shāwar.*

Contagious, معدي *mu'adī.*

Contain, يَسَعْ *yasa'*, اشْتَمَلْ *ishtamal*, إحْتَوَي *iḥtawa.*

Content, رَضِي *raḍḍa.*

Contentment, قناعة *qanā'ah.*

Continually, دائمًا *dāiman.*

Continue, persevere, إسْتَمَرّ *istamarr.*

Continue, without ceasing, ما زَالْ *mā zāl*, ما انْفَقْ *mā infaqq*, ما فَتِيء *mā fatīa.*

Contract, تعهد *ta'hud*, مقاولة *muqāwalah.*

Contractor, متعهِّد *muta'hhid*, مقاول *muqāwil.*

Contrary, خلاف *khilāf*, ضِدّ *ḍidd*, بالعكس *bi'l-'aks*, مغاير *mughāyir.*

Convenient, مناسب *munāsib*, ملائم *mulāim.*

Converse (to), تَحَدّث *taḥaddas.*

Convey, remove, نَقَلْ *naqal.*

Conviction, تذنيب *tadnīb.*

Cook, طبّاخ *ṭabbākh.*

Cook (to), طَبَخ *ṭabakh.*

Cool, fresh, طري *ṭarī.*

Cool (to), بَرّد *barrad.*

Copper, نحاس احمر *neḥās aḥmar.*

Copy (to), نَسَخ *nasakh.*

Cord, حبل *ḥabl* (pl. أحبال *aḥbāl*).

Cork, سدادة *sidādah*, فلّينة *fellīnah.*

Corkscrew, بَرّيمة *barrīmah.*

Corn, حبوب *ḥubūb*, غلّة *ghallah.*

Corn, Indian, ذرة *durah.*

Corner, ركن *ruk'n.*

Cornice, كرنيش *kornīsh.*

Corporal, اونباشي *onbāshī.*

Corporal punishment, قساس بدني *qasās badanī.*

Correct, وَصَل *waṣal.*

Correspondent, مكاتب *mukātib.*

Corrupt, فاسد *fāsid.*

Cost, ثمن *ṭaman*, سعر *si'r.*

Cotton, قطن *quṭn.*

Cough (a), سعال *su'āl*, قحّة *quḥḥah.*

Council, مجلس *maglis* (pl. مجالس *magālis*).

Count (to), عَدّ *'add*, حَسَبْ *ḥasab.*

Countersign, أشَرْ *ashar.*

Countersign (military), بارولة *bārolah*, كلمة المعارفة *kilmat el-mu'ārafah.*

Country, بلاد *bilād*, ريف *rīf.*

Courage, جرأة *garā'ah*, شجاعة *shagā'ah*.

Course (of time), مدّة *muddah*.

Court-martial, مجلس عسكري *maglis 'askarī*.

Court of law, محكمة *maḥkamah*.

Courtyard, حوش *ḥōsh*.

Covet, طَمَعَ في *ṭama' fī*.

Cow, بقرة *baqarah*.

Coward, جبان *gabān*, خوّاف *khawwāf*.

Cradle, مهد *mahd*, سرير *sarīr*.

Creak, تَفَرْقَعَ *tafarqa'*.

Cream, قشطة *qashṭah*.

Create, خَلَقَ *khalaq*.

Creator, خالق *khāliq*.

Credit (belief), اعتماد *i'timād*.

Credit (debt), دين *dēn*.

Credit (reputation), اعتبار *i'tibār*.

Crime, ذنب *danb* (pl. ذنوب *dunūb*).

Crooked, اعوج *a'wag*.

Crop, موسم *mausam*.

Cross, صليب *ṣalīb*.

Cross (to), عَبَرَ *'abar*, قَطَعَ *qaṭa'*.

Crow (bird), زاغ *zāgh*, غراب *ghurāb*.

Crowbar, عتلة *'atalah*.

Crowd, زحام *ziḥām*, جوقة *gauqah*.

Crown, تاج *tāg* (pl. تيجان *tīgān*).

Cruel, ظالم *ẓālim*, قاسي *qāsī*.

Crupper, اسقل *isqul*, قسقون *qisqon*.

Crushed (to be), إِنْهَرَسَ *inharas*.

Cry out, صَرَخَ *ṣarakh*.

Cry, weep, بَكَي *baka*.

Cubic, مكعّب *muka''ab*.

Cucumber, خيار *khiyār*.

Cultivate, حَرَثَ *ḥaras*, فَلَّحَ *fallaḥ*.

Cultivation, زراعة *zirā'ah*.

Cunning (adj.), مكّار *makkār*.

Cup, قدح *qadaḥ*, فنجان *fingān*, كاس *kās*.

Cupboard, دولاب *dūlāb*.

Curb, of a well, فمّ البير *fumm el-bīr*.

Curb-chain, سلسلة لجام *silsilet ligām*.

Cure (to), دَاوَي *dāwa*, شَفَي *shafa*.

Curious (inquisitive) متجسّس *mutagassis*.

Curious (strange), عجيب *'agīb*, غريب *gharīb*.

Current, stream, سيل *sēl*.

Curry-comb, حديدة تيمار *ḥadīdat tīmār*.

Curtain, ستارة *sitārah*.

Curtain of fortification, البردة *el-bardah.*
Curve (to), مَالَ *māla,* حَنِي *ḥana.*
Cushion, مسند *masnad,* تكاية *tukkāyah,* مخدّة *makhaddah.*
Custody, حبس *ḥabs.*
Custom, عادة *'ādah.*

Customer, زبون *zubūn.*
Custom-house, جمرك *gumrak.*
Cut, قَطَعَ *qaṭa'.*
Cutting off, جزمة *gazmah.*
Cypress (tree), سروة *sarwah.*
Cyprus, قبرص *qobroṣ.*

D

Dagger, خنجر *khangar.*
Daily, يوميًّا *yōmīyan.*
Damage (to), عَطَّلَ *'aṭṭal.*
Damp, moist, رطب *raṭb.*
Dance (to), رقص *raqaṣ.*
Dancing-girl, رقاصة *raqāṣah.*
Danger, خطر *khaṭar.*
Dangerously wounded, مخطر *mukhṭir.*
Dare, تجاسر *tagāsar.*
Darkness, ظلمة *ẓulmah.*
Darn (to), رَتِي *raṭa.*
Date (fruit), تمر *tamr,* بلح *balakh.*
Date (time), تاريخ *tārīkh.*
Date (tree), نخلة *nakhlah.*
Daughter, بنت *bint.*
Dawn, فجر *fagr,* صبح *ṣubḥ.*
Day, يوم *yōm* (pl. ايام *ayyām).*

Day after to-morrow, بعد بكرة *ba'd bukrah.*
Day, all day long, طول النهار *ṭūl en-nahār.*
Day before yesterday, اول البارح *awwal embāriḥ.*
Day, to-day, اليوم *el-yōm,* النهار دا *en-nahār da.*
Deaf, اطرش *aṭrash.*
Dear (beloved), حبيب *ḥabīb.*
Dear (not cheap), غالي *ghālī.*
Death, موت *mōt.*
Debt, دين *dēn,* استدانة *istidānah.*
Deceit, غش *ghish,* غرور *ghurūr.*
Deceive, خَدَعَ *khada'.*
Decide, determine, جزم *gazam.*
Decide, judge, حَكَمَ *ḥakam.*
Decoration, زينة *zīnah.*
Decree (to), حَكَمَ *ḥakam.*

Deep, profound, عميق *'amīq.*

Deep (the ocean), بحر المحيط *bahr el-muhīt.*

Deer, غزال *ghazāl.*

Defeated (to be), إنغلب *inghalab.*

Defend, حامي عن *hāma 'an.*

Defile (narrow passage), زنقة *zanqah.*

Delay, تاخير *tākhīr,* مهلة *muhlah.*

Delight, لذّة *lazzah.*

Deliver, liberate, خلّص *khallaṣ.*

Deliver, surrender, سلّم *sallam.*

Demand, claim, طلب *ṭalab.*

Denial, انكار *inkār.*

Deny, سلب *salab,* أنكر *ankar.*

Depart, راح *rāḥ,* سافر *sāfar.*

Department, فرع *far'.*

Depend, rely, إعتقد *i'taqad.*

Depôt, أساس *asās.*

Depth, عمق *'umq.*

Derrick, عيّار *'eyār.*

Descend, نزل *nazal.*

Describe, وصف *waṣaf.*

Desert (to), هجر *hagar,* ترك *tarak.*

Desert, waste, قفر *qafr,* صحرا *ṣaḥrā.*

Deserter, هارب *hārib,* هربان *harbān.*

Deserve, إستحق *istaḥaqq,* إستوجب *istaugab.*

Deserving, worthy, مستحق *mustaḥiqq.*

Desire, رغبة *raghbah,* مراد *murād.*

Desire, longing, شوق *shōq.*

Desire (to), إشتهي *ishtaha,* إشتاق *ishtāq,* رغب *raghab.*

Detachment, وداد *widād.*

Detachment, soldiers, سرية *sarīyah.*

Detail (to), فصّل *faṣṣal.*

Detain, عوّق *'awwaq,* أمسك *amsak,* أوقف *awqaf.*

Detain (in custody), حبس *ḥabas.*

Detect, كشف *kashaf.*

Detection, discovery, كشف *kashf,* اظهار *iẓhār.*

Determination, قصد *qaṣd,* عزم *'azm.*

Determine, decide, قرّر *qarrar.*

Detestable, مكروه *makrūh.*

Detraction, scandal, تهمة *tuhmah.*

Deviate, stray, تاه *tāh,* ضلّ *ḍall.*

Devil, شيطان *shaiṭān.*

Devotion (personal), تخصيص *takhṣīṣ.*

Devotion (religious), عبادة *'ibādah.*

Devour (to), إفترس *iftaras.*

Devout, زاهد *zāhid.*

Dew, ندي *nada.*

Diamond, ماس *mās,* الماس *el-mās.*

Diarrhœa, اسهال *is'hāl.*

Dictionary, قاموس *qāmūs.*

Die (to), مَاتَ *māt,* تَوَفَّي *tawaffa.*

Differ (in form), فَرَقَ *faraq.*

Differ (in opinion), إِخْتَلَفَ *ikhtalaf.*

Different, مخالف *mukhālif,* مختلف *mukhtalif.*

Differently, فرقاً *farqan.*

Difficult, صعب *ṣa'b,* عسير *'asīr.*

Dig, حَفَرَ *ḥafar.*

Digest, هَضَمَ *haḍam.*

Dignity, مرتبة *martabah,* شرف *sharaf,* مقام *maqām.*

Diligence, اهتمام *ihtimām,* اجتهاد *igtihād,* جهد *gahd.*

Diligent, مجتهد *mugtahid.*

Dim, معتم *mu'tim.*

Diminish, نَقَّصَ *naqqaṣ,* قَلَّلَ *qallal.*

Diminish, in value, مُنْحَطّ *munḥaṭṭ.*

Diminution, تقليل *taqlīl,* نقص *naqṣ.*

Dine, تَغَدَّي *taghadda,* فَطَرَ *faṭar,* تَعَشَّي *ta'asha.*

Dinner, عشا *'asha.*

Direct, command, أَمَرَ *amar.*

Direct, instruct, أَدَّبَ *addab.*

Direct, point out, هَدَي *hada,* دَلّ *dall.*

Direct, straight, سوا *sawa,* دغري *dughrī,* مستقيم *mustaqīm.*

Direction, indication, ارشاد *irshād,* ناحية *nāḥiyah,* جهة *gahah.*

Direction, order, امر *amr,* حكم *ḥukm.*

Direction, way, طريق *ṭarīq.*

Directly, حالا *ḥālama.*

Dirt, filth, زبالة *zubālah,* وسخ *wasakh.*

Dirty, وسخ *wasikh.*

Disappear, غَابَ *ghāb.*

Disappoint, خَيَّبَ *khayyab.*

Disapprove, أَنْكَرَ *ankar.*

Disaster, مصيبة *muṣībah.*

Discernment, تمييز *tamyīz,* عقل *'aql.*

Discharge (accused), عَفَي عن *'afa 'an,* غَفَرَ *ghafar.*

Discharge (a gun), أَطْلَقَ *aṭlaq.*

Discharge, dismissal, اطلاق *iṭlāq,* عزل *'azl,* رفت *raft.*

Discharge (from prison), اخلا سبيل *akhla sabīl.*

Discharge, leave to go, رخصة *rukhṣah.*

Discharge, pay, وَفَي *wafa.*

Discharge, perform, عَمَل *'amal.*

Discharge, performance, عمل *'amal.*

Discharge (to), أَطْلَق *aṭlaq.*

Discipline, ضبط و ربط *zabṭ wa rabṭ.*

Discontented, غير راضي *ghēr rāḍī.*

Discount, اسقاط *isqāṭ,* تنزيل *tanzīl.*

Discover, أَظْهَر *aẓhar,* كَشَف *kashaf.*

Discreet, لبيب *labīb.*

Discrimination, امتياز *imtiyāz.*

Disdain (to), أَهَان *ahān.*

Disease, داء *dā,* مرض *maraḍ,* عيا *'ayā.*

Diseased, مريض *marīḍ,* عيّان *'ayyān.*

Disembark (to), نَزَل للبرّ *nazal li'l-barr.*

Disgraceful conduct, السلوق القبيح *es-sulūq el-qabīḥ.*

Disgusting, مستكرة *mustakrah.*

Dish, طبق *ṭabaq,* صحن *ṣaḥn* (pl. صحون *ṣuḥūn*).

Dishonest, غير امين *ghēr amīn,* خاين *khāyīn.*

Dishonesty, خيانة *khiyānah.*

Dishonour, disgrace, عيب *'ēb,* عار *'ār.*

Dishonour (to), حَقَّر *ḥaqqar,* أَهَان *ahān.*

Dismiss (remove from office), عَزَل *'azal,* رَفَت *rafat.*

Dismiss (send away), سَيَّب *sēyab.*

Dismissal (off parade), دستور *dastūr.*

Dismount (a guard), بطّل (القره قول) *baṭṭal (el-qaraqōl).*

Dismount (to), نَزَل *nazal.*

Disobey, خَالَف *khālaf,* عَصَي *'aṣa.*

Disorder, disturbance, خلل *khalal.*

Disorder, sedition, فتنة *fitnah.*

Disperse, شَتَّت *shattat.*

Display, exhibit, أَظْهَر *aẓhar.*

Display, spread out, مَدّ *madd,* نَشَر *nashar.*

Displease, أَغَاظ *aghāẓ.*

Disposition, طبع *ṭab'.*

Dispute (to), بَحَث *baḥas,* جَادَل *gādal.*

Dissension, خصومة *khuṣūmah.*

Dissolve, حَلَّل *ḥallal.*

Distend, نفخ *nafakh*.

Distinct, ممتاز *mumtāz*.

Distress (to), غمّ *ghamm*, يأس *yā's*.

Distribute, وزّع *wazza'*, قسّم *qassam*.

Ditch, غدير *ghadīr*, خندق *khunduq* (pl. خنادق *khanādiq*).

Divide, قسّم *qassam*.

Divine, الهي *ilāhī*.

Division, تقسيم *taqsīm*.

Division (military), فرقة *firqah*.

Divorce (to), طلّق *tallaq*.

Do (to), فعل *fa'al*, عمل *'amal*.

Dockyard, ترسانة *tarsānah*.

Doctor (medical), طبيب *tabīb*, حكيم *hakīm*.

Dog, كلب *kelb* or *kalb* (pl. كلاب *kilāb*).

Dollar, ريال *riyāl*.

Dome, قبّة *qubbah*.

Door, باب *bāb* (pl. ابواب *abwāb*).

Double (to), ضاعف *dā'af*.

Doubt, suspicion, شكّ *shakk*, ريب *rēb*, شبهة *shubhah*.

Doubt (to), شكّ *shakk*.

Dough, عجين *'agīn*.

Dove, حمامة *hamāmah*.

Down (under), تحت *taht*.

Dowry, مهر *mahr*.

Drachm, درهم *dirham*.

Drag (to), جذب *gazab*, جرّ *garr*.

Drain, مجري *magra*.

Drain-pipe, ماسورة *māsūrah*.

Draw, along, جرّ *garr*, سحب *sahab*.

Draw, delineate, رسم *rasam*.

Draw, pull out, قلع *qala'*.

Drawer, بشتختة *bashtakhtah*.

Drawers, لباس *libās*.

Dream, حلم *hilm*, منام *manām*.

Dress, لباس *libās*.

Dress (to), كسي *kasa*, لبس *labas*.

Drill, military, طابور *tābūr*, تعليم *ta'līm*.

Drink (to), شرب *shirib*.

Drink (to give), سقي *saqa*.

Drive out, طرد *tarad*, دفع *dafa'*.

Dromedary, هجين *hagīn* (pl. هجن *hugun*).

Drop (a), قطرة *qatrah*, نقطة *nuqtah*.

Drought, عدم المطر *'adam el-matar*.

Drown, غرّق *gharraq*.

Druggist, عطّار *'attār*.

Drum, طبل *tabl*.

Drummer, ترنبتجي *trombetgī*.

Drunk, سكران *sakrān*.

Drunkard, سكري *sukrī*.

Dry, ناشف *nāshif.*

Dry (to), يَبَس *yabas,* نَشَف *nashif.*

Duck, بطّة *baṭṭah.*

Due, fitting, لايق *lāiq,* لازم *lāzim.*

Due, owing, واجب الوفا *wāgib el-wafā,* مستحق *mustaḥiq.*

Dumb, اخرس *akhras,* ساكت *sākit.*

Dung, زبل *zabl.*

Dunghill, مزبلة *mazbalah* (pl. مزابل *mazābil*).

Duration, دوام *dawām,* استمرار *istimrār.*

During, ما دام *mā dām,* في اثنا *fī asnā.*

Dust, غبار *ghubār,* عفار *'ufār.*

Duster, فوطة *fūṭṭah.*

Duty, واجب *wāgib,* فرض *farḍ,* حقّ *ḥaqq.*

Dwell, سَكَن *sakan.*

Dwelling, مكان *makān,* بيت *bēt.*

Dye (to), صَبَغ *ṣabagh.*

Dyer, صبّاغ *ṣabbāgh.*

Dysentery, زنطارية *zinṭāriyah.*

E

Each, كلّ واحد *kull wāḥid.*

Eager, مشتاق *mushtāq.*

Eagle, نسر *nisr.*

Ear, اذن *udhn* (pl. آذان *adhān*).

Early (adj.), بدري *badrī.*

Early (adv.), باكرًا *bākiran.*

Earn, كَسَب *kasab.*

Earth, ارض *arḍ.*

Earthenware, فخّار *fukhkhār.*

Earthquake, زلزلة *zalzalah.*

Ease (repose), راحة *rāḥah.*

East, شرق *sharq,* مشرق *mashriq.*

Easy, سهل *sahl.*

Eat, أكَل *akal.*

Ebony, أبنوس *abenūs.*

Edge, brink, كنار *kanār,* حافّة *ḥāffah.*

Edge (of knife), حدّ *ḥadd.*

Educate, ربّي *rabba.*

Education, تربية *tarbiyah.*

Egg, بيضة *bēḍah* (pl. بيض *bēḍ*).

Egg-plant, بيتنجان *bētingān.*

Egypt, مصر *maṣr.*

Elbow, مرفق *marfaq,* كوع *kū'a.*

Electricity, جاذبية *gādhbiyah,* كهربائية *kahrabā'iyah.*

Elegant, ظريف *ẓarīf*.

Element, عنصر *'anṣar*.

Elephant, فيل *fīl*.

Elevate, عَلّي *'alla*, رَفَع *rafa'*.

Elevation, ارتفاع *irtifā'*.

Ell, ذراع *dhirā'*.

Eloquence, فصاحة *faṣāḥah*.

Embankment, جسر *gisr*.

Embark, رَكِبَ البحر *rakib el-baḥr*.

Embarkation, سافر بالمركب *sāfar bi'l-markib*.

Embezzle, إخْتَلَس *ikhtalas*.

Embrace, عَانَق *'ānaq*.

Embrasure, مزغل *mazghal*.

Embroidery, تطريز *taṭrīz*.

Emery, سنفرة *sanfarah*.

Emetic, مطرّش *muṭarrish*.

Employ, give employment, شَغَّل *shaghghal*, إسْتَخْدَم *istakhdam*.

Employ, make use of, إسْتَعْمَل *ista'mal*.

Employment, خدمة *khidmah*.

Empty (to), فَضّي *faḍḍa*.

Empty, void, خالي *khālī*, فارغ *fārigh*.

Emulate, سَابَق *sābaq*.

Enable, قَدَّر *qaddar*, أقْدَر *aqdar*.

Enamel, مينا *mīnā*.

Encamp, خَيَّم *khayyam*.

Encampment, معسكر *mu'askar*.

Enclose, أحَاط *aḥāṭ*.

Enclosing, encircling, محيط *mu-ḥīṭ*.

Enclosure, إحاطة *iḥāṭah*.

Encounter, fight, حَرْب *ḥarb*.

Encounter, meeting, ملاقاة *mulā-qāh*, مصادفة *muṣādafah*.

Encourage, شَجَّع *shagga'*.

End, آخر *ākhir*, ختام *khitām*, انتها *intihā*.

End (to), *a.* تَمَّم *tammam*, خَتَم *khatam*, انْهي *anha*.

End (to), *p.* إنْتَهي *intiha*, تَمّ *tamm*.

Endeavour (to), إجْتَهَد *igtahad*, جَدّ *gadd*.

Enemy, عدوّ *'adū* (pl. اعدا *a'dā*).

Energetic, شاطر *shāṭir*, حازم *ḥāzim*.

Energy, قدرة *qudrah*, همّة *himmah*.

Engage, employ, عَيَّن في خدمة *'ayyan fī khidmah*, إسْتَخْدَم *istakhdam*.

Engage, pledge, تَعَهَّد *ta'ahhad*.

Engaged, busy, مشغول *mashghūl*.

Engine, بابور *bābūr*.

Engineer, مهندس *muhandis*.

England, انكلترا *inkilterrā*.

English, انكليزي *inklīzī.*

Enjoy, تَنَعَّم *tana"am,* إِنْبَسَطَ *inbasaṭṭ.*

Enjoy, possess, تَصَرَّف *taṣarraf.*

Enlarge, وَسَّع *wassa',* كَبَّر *kabbar.*

Enlist (to), إِكْتَتَب *iktatab.*

Enlistment, الاكتتاب *el-iktitāb.*

Enough, sufficient, كافي *kāfī.*

Enough, sufficiency, كفاية *kifāyah.*

Enrage, أَغْضَب *aghḍab.*

Enraged (to be), إِغْتَاظ *ightāẓ.*

Enrich, أَغْنَي *aghna.*

Enter, دَخَل *dakhal.*

Entertain (to), عَزَم *'azam.*

Entirely, بالكلّية *bi'l-kulliyah,* في الجملة *fi'l-gumlah.*

Envelope (of a letter), غلاف *ghulāf,* ظرف جواب *ẓarf gawāb.*

Envy, حسد *ḥasad.*

Equality, تسوية *taswiyah,* مساواة *musāwāh.*

Equivalent, معادل *mu'ādil,* مساوي *musāwī.*

Error, غلط *ghalaṭ,* خطا *khaṭā.*

Escape (to), نَجَا *nagā,* فَرّ *farr.*

Escort (to), حَرَس *ḥaras.*

Especially, خصوصاً *khuṣūṣan.*

Estate, property, املاك *amlāk,* عقار *'aqār.*

Esteem (to), إِعْتَبَار *i'tibār.*

Et cetera, وغيره *wagheroh.*

Eternal, أبدي *abadī,* أزلي *azalī.*

Eunuch, خصّي *khaṣṣī,* آغا *āgha.*

Europe, اوروبا *aurobā.*

Even (adv.), حتّي *ḥatta.*

Even, level, مستوي *mustāwī.*

Evening, مساء *masā,* عشيّة *'ashiyah.*

Event, واقعة *wāqi'ah,* حادثة *ḥādisah.*

Ever, دائم الايام *dāyim el-ayyām,* دائماً *dāiman.*

Every, كلّ *kull.*

Every one, كل واحد *kull wāḥid.*

Everywhere, كل مطرح *kull maṭraḥ.*

Evidence, شهادة *shahādah.*

Evil (adj.), ردي *radī,* فاسد *fāsid.*

Evil (an), سو *sū,* شرّ *sharr.*

Evolution, مناورة *manāwarah.*

Examination, إمتحان *imtiḥān.*

Examine, فَحَص *faḥaṣ,* إِمْتَحَن *imtaḥan.*

Example, مثال *miṯāl.*

Example, warning, عبرة *'ibrah.*

Excavation, فحت *faḥt*, حفر *ḥafar*.

Exceed, تجاوز *tagāwaz*.

Excellent, فاضل *fāḍil*, بارع *bāri'*, جيّد *gēyid*, عال *'āl*.

Except, إلا *illa*, حاشا *ḥāsha*, عدا *'adā*, خلا *khalā*, سوي *siwā*, غير *ghēr*.

Exception, استثنا *istiṯnā*.

Excess, زيادة *ziyādah*.

Exchange (an), تبديل *tabdīl*, مبادلة *mubādalah*.

Exchange (to), بدّل *badal*.

Excite, stir up, حرّك *ḥarrak*, حرّض *ḥarraḍ*.

Exclaim, صرّح *ṣarraḥ*.

Exclude, طرد *ṭarad*, أخرج *akhrag*.

Excluded, forbidden, محرّم *muḥarram*, ممنوع *mamnū'*.

Excuse (an), عذر *'udhr*.

Exercise, lesson, درس *dars*, تمرين *tamrīn*.

Exercise, recreation, رياضة *riyāḍah*, فسحة *fusḥah*.

Exercise (to), مارس *māras*, درّب *darrab*.

Exercise, use, استعمال *isti'māl*, تدريب *tadrīb*.

Exile, نفي *nafa*, طرد *ṭarad*.

Exile (an), طريد *ṭarīd*.

Existence, وجود *wugūd*.

Existent, موجود *maugūd*.

Expect, إنتظر *intaẓar*.

Expedition, حملة *ḥamlah*, ارسالية *irsāliyah*.

Expel, دفع *dafa'*.

Expend, صرف *ṣaraf*.

Experience, اختبار *ikhtibār*, تجربة *tagribah*.

Expert, خبير *khabīr*, أهل خبرة *ahl khabrah*.

Explain, شرح *sharaḥ*, فسّر *fassar*.

Explanation, تفسير *tafsīr*, شرح *sharḥ*.

Express (messenger), ساعي مستعجل *sā'ī must'agal*.

Express (to), لفظ *lafaẓ*.

Extension, مدّ *madd*.

Extensive, مديد *madīd*, شديد *shadīd*.

Extent, امتداد *imtidād*.

Extinguish, طفي *ṭafa*.

Extortion, ظلم *ẓulm*, تعذيب *t'azīb*.

Extract, إستخرج *istakhrag*.

Extraordinary, نادر *nādir*, خلاف العادة *khilāf el-'ādah*.

Extreme, غاية *ghāyah*.

Eye, عين *'ēn* (pl. عيون *'uyūn*).

Eyebrow, حاجب *ḥāgib* (pl. حواجب *ḥawāgib*).

Eyelash, رمش *rimsh* (pl. رموش *rimūsh*).

Eyelid, جفن *gifn* (pl. جفون *gifūn*).

F

Fable, خرافة *khurāfah*, مثل *maṯal*.

Face, وجه *wagh* (pl. وجوه *wugūh*).

Face, of a square, يوز *yūz*.

Factory, معمل *ma'mal* (pl. معامل *ma'āmil*).

Faggot, جرزة *gurzah*, حزمة *ḥizmah*.

Fail, be deficient, خَابَ *khāb*.

Faint, وَهَي *waha*, ضَعَفَ *ḍa'f*.

Fair (fine), لطيف *laṭīf*.

Fair (honest), عادل *'ādil*.

Faith (religion), دين *dīn*, إيمان *īmān*.

Faith (trust), اعتقاد *i'tiqād*.

Faithful, امين *amīn*, صادق *ṣādiq*.

Fall ill, أَعْتَلّ *a'tall*, عَيِي *'ēya*.

Fall (to), وَقَع *waqa'*, سَقَط *saqaṭ*.

Fall in (military), نوبة طابور *naubat-ṭābūr*.

False, زور *zūr*, كاذب *kādib*.

Falsehood, كذب *kidb*.

Familiar (intimate), مألوف *mā'lūf*.

Family (in a house), عيلة *'ēlah*, اهل *ahl*.

Family (race), اصل *aṣl*, نسل *nasl*, نسب *nasab*.

Famine, قحط *qaḥṭ*, جوع *gūa'*.

Famous, مشهور *mash'hūr*.

Fan (a), مروحة *marwaḥah*.

Fancy, خيال *khayāl*, وهم *wahm*.

Far, far off, بعيد *ba'īd*.

Fare (food), قوت *qūt*.

Fare (price), ثمن *ṯaman*, سعر *si'r*.

Farewell! خاطرك *khāṭarak!*

Farewell (to bid), وَدَّع *wadda'*.

Farm, عزبة *'ezbah*, أبعادية *ab'ādiyah*.

Farmer, مزارع *muzāri'*.

Farrier, بيطّار *bēṭṭār*.

Fascine, دمت *damat*, سجق *suguqq*.

Fashion (custom), عادة *'ādah*.

Fashion (form), زيّ *zē*, كسم *kasm*.

Fast (firm), مضبوط *mazbūṭ*, جامد *gāmid*, ثابت *ṯābit* or *sābit*.

Fast (swift), سريع *sarī'*.

Fasten, رَبَط *rabaṭ*, ثَبِّت *ṭabbit*.

Fat, سمين *samīn*.

Father, اب *ab*, والد *wālid*.

Fatigue, تعب *ta'ab*.

Fault, عيب *'ēb*, نقيصة *naqīṣah*.

Favour, مِنّة *minnah*, نعمة *ni'mah*, معروف *ma'rūf*.

Favourable, مرضي *marḍī*, موافق *muwāfiq*.

Favourite, مفضّل *mufaḍḍal*, مستحبّ *mustaḥabb*, عزيز *'azīz*.

Fear, خوف *khōf*, مخافة *makhāfah*.

Fear (to), خَاف *khāf*.

Fear (to cause), خَوِّف *khauwif*.

Fearful, مخيف *mukhīf*.

Feast (festival), عيد *'īd*.

Feather, ريشة *rīshah* (pl. ريش *rīsh*).

Features, تقاطيع الوجه *taqāṭī' el-wagh*, محاسن *maḥāsin*, ملامح *malāmiḥ*.

Feed, اطْعَم *aṭ'ām*, عَلَف *'alaf*, قَات *qāt*.

Feel (to), جَسّ *gass*.

Fellow, companion, رفيق *rafīq*.

Felt (cloth), لبّاد *lubbād*.

Female (a), إمرأة *imrāh*.

Female (gender), أنثي *unsa*.

Fence, enclosure, احاطة *iḥāṭah*, زريبة *zarībah*.

Ferocious, وحشي *waḥshī*.

Ferry, معبر *ma'bar*.

Fertile, مخصب *mukhṣib*.

Fetch, جَاب *gāb*.

Fever, حمّي *ḥumma*.

Few, قليل *qalīl*.

Fiddle, قوس *qōs*, رباب *ribāb*, كمانجة *kamāngah*.

Field, حقل *ḥaql*, غيط *ghēṭ*, ميدان *mīdān*.

Fig, تينة *tīnah* (pl. تين *tīn*).

Fight, conflict, قتال *qitāl*, حرب *ḥarb*.

Fight (to), حَارَب *ḥārab*, قَاتَل *qātal*.

Figure (shape), شكل *shakl*, صورة *ṣūrah*.

File (a), مبرد *mabrad*.

File, of soldiers, قطار *qaṭār*.

Fill, مَلأ *mala*.

Filter, jar, زير *zīr*.

Filth, نجاسة *nagāsah*, وساخة *wasākhah*.

Find, وَجَد *wagad*, لَقي *laqa*.

Finding (legal), قرار *qarār*.

Fine (beautiful), كويّس *kwyīs*, ظريف *ẓarīf*.

Fine (not coarse), رفيع *rafī'* or *rufēya'*.

Fine (penalty), غرامة *gharāmah*.

Finger, اصبع *aṣbu'* (pl. اصابع *aṣābi'*).

Finish, أَتَمّ *atamm*, تَمَّم *tammam*, خَلَّص *khalaṣ*, كَمَّل *kamal*.

Fire, نار *nār* (pl. نيران *nīrān*).

Fire, a gun, أَطْلَق *aṭlaq*.

Fire-engine, طلمبة *ṭalumbah*.

Fire, set on, أَحْرَق *aḥraq*.

Fire, take, إِحْتَرَق *iḥtaraq*.

Firm, ثابت *ṭābit* or *sābit*.

Fish, سمكة *samakah* (pl. سمك *samak*).

Fit (fainting), غشيان *ghushyān*.

Fit, proper, لايق *lāiq*, مناسب *munāsib*.

Fix, أَثْبَت *asbat*, قَرَّر *qarrar*.

Flag, banner, علم *'alam*, بنديرة *bindērah*, بيرق *bēraq* (pl. بيارق *bayāriq*).

Flame, لهب *lahab*, لهيب *lahīb*.

Flank, fortification, ابط *ibṭ* (pl. أباط *abāṭ*).

Flank side, جنب *ganb* or *gamb*.

Flap (of saddle), فخذة سرج *fakhdat sarg*.

Flash (to), بَرَق *baraq*.

Flask, شيشة *shīshah*.

Flat (ground), سهل *sahl*.

Flat (house), شقة *shaqqah*.

Flat, level, مستوي *mustawī*.

Flatter, مَلَّق *mallaq*.

Flax, كتان *kittān*.

Flea, برغوث *barghūṭ* (pl. براغيث *barāghīṭ*).

Flesh, لحم *laḥm*.

Fleshy, ملحم *mulḥim*, سمين *samīn*.

Flight (aerial), طيران *ṭēyarān*.

Flight (put to), هَزَم *hazam*.

Flight (running away), فرار *firār*, هرب *harb*.

Fling, رَمَي *rama*, قَوَّس *qawwas*.

Flint, صوّان *ṣawwān*.

Flood (to), طَفّ *ṭaff*.

Floor, حضيض *ḥaḍīḍ*, أرض *arḍ*.

Flour, طحين *ṭaḥīn*, دقيق *daqīq*.

Flow (of tide), مدّ *madd*.

Flow (to), جَرَي *gara*.

Flower, زهرة *zahrah* (pl. زهور *zuhūr*).

Fly (a), ذبانة *dubbānah*.

Fly (as a bird), طَار *ṭār*.

Fly (run away), فَرّ *farr*, هَرَب *harab*.

Foal, مهر *mihr.*

Fodder, علف *'alaf*, عليق *'alīq.*

Fog, ضباب *ḍabāb.*

Folded, مطوي *maṭwī.*

Follow, تَبِعَ *tabi'*, لَحَق *laḥaq.*

Following, تابع *tābi'.*

Folly, حماقة *ḥamāqah*, جهالة *gahālah.*

Fondness, مودّة *mawaddah.*

Food, قوت *qūt*, طعام *ṭa'ām*, غذا *ghidā*, مؤنة *ma'ūnah.*

Fool, احمق *aḥmaq*, عبيط *'abīṭ.*

Foot, رجل *rigl* (pl. ارجل *argul*).

Foot, on, داس *dās.*

Footstep, قدم *qadam.*

Forage, علف *'alaf*, عليق *'alīq.*

Forbid, نَهي *naha*, مَنَع *mana'.*

Force (power), قوة *quwah.*

Force (to), جَبَر *gabar.*

Force (violence), ظلم *ẓulm.*

Forcibly, اضطرارًا *iḍṭirāran*, جبرًا *gabran*, غصبًا *ghaṣban.*

Ford, مقطع *maqṭa'.*

Forehead, جبين *gabīn*, جبهة *gabhah.*

Foreign, غريب *gharīb*, اجنبي *agnabī.*

Foresight (gun), زية *zīh.*

Foresight (rifle), دبّانة *dibbānah.*

Forest, غابة *ghābah* (pl. غاب *ghāb*).

Forget, نَسي *nasī.*

Forgive, غَفَر *ghafar.*

Fork, شوكة *shōkah.*

Form (figure), شكل *shakl*, صورة *ṣūrah.*

Form (kind), صنف *ṣinf.*

Form (method), منوال *manwāl*, قاعدة *qā'idah.*

Form (to), عَمَل *'amal*, شَكَّل *shakkal.*

Former, سابق *sābiq*, مقدم *muqaddam.*

Fort, قلعة *qal'ah*, طابية *ṭābiyah.*

Fortification, حصن *ḥiṣn* (pl. حصون *ḥuṣūn*), استحكام *istiḥkām.*

Fortunate, سعيد *sa'īd*, مسعود *mas'ūd*, مبخت *mubkhat.*

Fortune, fate, قسمة *qismah*, طالع *ṭāli'.*

Fortune, property, ملك *milk*, رزق *rizq.*

Fortune, prosperity, بخت *bakht*, سعد *sa'd*, حظّ *ḥaẓẓ.*

Forward (to go), تَقَدَّم *taqaddam.*

Foundation, أساس *asās.*

Founder (to), غَرَّق *gharraq.*

Fountain, عين *'ēn*, ينبوع *yanbū'*.

Fowl, طير *ṭēr* (pl. طيور *ṭuyūr*).

Fox, تعلب *ṭa'lab*.

Fraud, مكر *makr*, تزوير *tazwīr*.

Free, حرّ *ḥurr*.

Free (to), أَعْتَقَ *a'taq*, خَلَّصَ *khal-laṣ*, أَطْلَقَ *aṭlaq*.

Free (to be), إِنْطَلَقَ *inṭalaq*.

Freedom, حرّية *ḥurriyah*.

Free will, اختيار *ikhtiyār*.

Frenchman, فرنساوي *fransāwī*.

Fresh, new, طري *ṭarī*, جديد *gadīd*.

Friend, حبيب *ḥabīb*, خليل *khalīl*, صاحب *ṣāḥib*, صديق *ṣadīq*.

Friendship, محبّة *muḥabbah*, صحبة *ṣuḥbah*.

Frightened, خايف *khāīf*.

Frog, ضفدعة *ḍufda'ah*.

Frog, of foot, ضبان *ḍabān*.

From, من *min*.

Front, قدّام *quddām*, وجه *wagh*.

Front (in), مقابل *muqābil*.

Frontier, حدّ *ḥadd* (pl. حدود *ḥadūd*).

Frost, جليد *galīd*.

Frown (to), عَبَسَ *'abas*.

Fruit, فاكهة *fākihah*, اثمار *aṭmār*.

Fry (to), قَلَي *qala*.

Frying-pan, مقلاية *meqlāyah*.

Full, ملان *malān*, ممتلي *mumtalī*.

Full moon, بدر *badr*.

Funeral, جنازة *gināzah*, مشهد *mashhad*.

Fur, فروة *farwah*.

Furlough, رخصة غياب *rukhṣat ghiyāb*.

Furnace, موقدة *mūqadah*.

Furnish (equip), جَهَّزَ *gahhaz*.

Furnished (as a house), مفروش *mafrūsh*.

Furniture, فرش *farsh*, أثاث *aṭāṭ*.

Futile, بطّال *baṭṭāl*.

Future, آتي *ātī*, مستقبل *mustaqbil*.

Fuze, طابّة *ṭābbah*.

G

Gabion, غلق *ghalaq*, سبت *sabat*.

Gain (to), كَسَبَ *kasab*, انْتَفَعَ *in-tafa'*, رَبِحَ *rabiḥ*.

Gaiter, طماق *ṭamāq*, طزلق *ṭuzluq*.

Gallop, رَمَحَ *ramaḥ*.

Gallop (a), درتنعل *durtena'l*.

Game (play), لعب *li'b*.

Game (sporting), صيد *ṣēd*.

Garden, جنينة *genēnah*, بستان *bustān* (pl. بساتين *basātīn*).

Garlic, توم *tōm*.

Garrison, حامية *ḥāmiyah*.

Gas, كاز *kāz*.

Gate, باب *bāb* (pl. ابواب *abwāb*).

Gather, جَمَعَ *gama'*.

Gelding, مخصّي *mukhṣṣī*.

Gemmed, مرصّع *muraṣṣa'*.

General, مشير *mushīr*, سرعسكر *sar'askar*.

General, Lieut., فريق *farīq*.

General, Major, لوا *liwa*.

Generally, عموماً *'umūman*, غالباً *ghāliban*.

Generate (beget), تَوليد *towlīd*.

Generosity, كرم *karam*, سخا *sakhā*. جود *gūd*.

Generous, جوّاد *gawwād*, كريم *karīm*.

Gentle, لطيف *laṭīf*.

Gentleman (Mr.), خواجة *khawāgah*, سيّد *sēyid*.

Genuine, خالص *khāliṣ*, صحيح *ṣaḥīḥ*.

German, الماني *ilmānī*.

Get, حصّل *ḥaṣṣal*.

Get up, قَامَ *qām*.

Gift, عطا *'aṭā*, هدية *hadiyah*.

Gimlet, برّيمة *barrīmah*.

Girdle (belt), كمر *kamar*, حزام *ḥizām*.

Girl, بنت *bint*, صبية *ṣabiyah*.

Girth, حزام *ḥizām*, شريحة *sharīḥah*.

Give, أعطى *a'ṭa*, أهدى *ahda*.

Give back, ردّ *radd*.

Glacis, (للمتراس) صحري *ṣaḥara* (*li'l-mitrās*).

Glad, فرحان *farḥān*, مبسوط *mabsūṭ*.

Glaring, زاهي *zāhī*.

Glass, زجاج *zugāg*, قزاز *qizāz*.

Glass (a), كاس *kās*, قدح *qadaḥ*, كبّاية *kubbāyah*.

Globe (the), كرّة *kurrah*.

Glorious, جليل *galīl*, مفتخر *muftakhar*.

Glory, مجد *magd*, جلال *galāl*.

Glove, كف *kaff* (pl. كفوف *kufūf*), غوانتي *ghwāntī*, الدوان *ed-diwān*.

Glue, غرا *ghirā*.

Glue-pot, المغراية *mughrāyah*.

Go, ذَهَبَ *dhahab*, رَاحَ *rāḥ*, مَشَي *masha*.

Go before, سَبَقَ *sabaq*.

Go by, مَضَي *maḍa.*

Go out, خَرَجَ *kharag.*

Goat, معز *ma'z,* تيس *tēs.*

God, الله *allah.*

Gold, ذهب *dahab.*

Goldsmith, صايغ *ṣāïgh.*

Good, طيب *ṭieyib,* حسن *ḥasan,* خير *khēr,* صالح *ṣāliḥ.*

Goods, بضايع *buḍāï'.*

Goose, وزّة *wizzah.*

Gorge, بوغاز *būghāz.*

Gouge, دفرة *dofrah.*

Govern, حَكَم *ḥakam.*

Government, حكومة *ḥukūmah.*

Governor, والي *wālī,* محافظ *muḥāfiẓ.*

Grain, corn, غلة *ghallah.*

Grammar, نحو *naḥū.*

Grand, عظيم *'aẓīm,* كبير *kebīr.*

Grandfather, جدّ *gidd.*

Grandson, حفيد *ḥafīd.*

Grant, allow, أجاز *agāz,* مَنَح *manaḥ.*

Grapes, عنب *'inab.*

Grasp (to), مَسَك *masak,* قَبَض *qabaḍ.*

Grass, عشب *'ushb,* حشيش *ḥashīsh.*

Grateful, شكور *shakūr.*

Grave, tomb, قبر *qabr,* حفرة *ḥufrah.*

Graze (to), يَرْعَي *yara'a.*

Grease, fat, دهن *duhn,* شحم *shaḥm.*

Greatness, كبر *kibr.*

Green, اخضر *akhḍar.*

Greens, خضرة *khuḍrah.*

Grey, سنجابي *singābī,* ابرش *abrash,* ازرق *azraq.*

Greyhaired, شايب *shāyib.*

Gridiron, شبّاك لحمة *shibbāk laḥmah.*

Grief, غمّ *ghamm.*

Grieve, غمّ *ghamm,* ظَلَم *ẓalam,* أحزن *aḥzan.*

Grind, طَحَن *ṭaḥan.*

Grindstone, الرحي *er-raḥa.*

Grin (to), كَشَّر *kashshar.*

Groan (to), نَاح *nāḥ,* أنّ *ann.*

Groom, سايس *sāïs.*

Ground, ارض *arḍ.*

Grow, نَمَي *nama,* نَبَت *nabat.*

Grow, increase, إزْدَاد *izdād,* تَرَقَّي *taraqqa.*

Guard (advanced), باشدار *bāshdār.*

Guard (military), كراكون *karākōn,* قره‌قول *qaraqōl.*

Guard (rear), دمدار *dimdār.*

Guard (to), حَرَس *ḥaras,* حَفَظ *ḥafaẓ,* حَمَي *ḥama.*

Guess, حزر *ḥazar*, خمّن *khamman*.
Guest, ضيف *ḍēf*.
Guide (a), دليل *dalīl*.
Guilty, مجرم *mugrim*, مذنب *muznib*.
Gun, boat, طرّادة *ṭarrādah*.
Gun, cannon, مدفع *madfa'*.
Gun, sporting, بندقية *bundūqiyah*.
Gunner, طوبجي *ṭobgī*.
Gunpowder, بارود *bārūd*.

H

Habit, عادة *'ādah*.
Hair, شعر *sha'r*.
Half, نصف *niṣf*.
Halt, limp, عرج *'arag*.
Halt, stop, وقّف *waqqaf*.
Halter, for horse, راس *rās*.
Hammer, شاكوش *shākūsh*.
Hammer (rifle), خروز *khurūz*.
Hammer, sledge, مطرقة *maṭraqah*.
Hammer, stonebreaker's, كسّارة حجر *kassārah ḥagar*.
Hand, يد *yad* or *yd* (pl. ايدي *ēdī*).
Handkerchief, منديل *mandīl*.
Handle, قبضة *qabḍah*.
Handsome, جميل *gamīl*.
Hang (a criminal), شنق *shanaq*.
Hang up, علّق *'allaq*.
Happen, جري *gara*, إتّفق *ittafaq*. حدث *ḥadas*, صار *ṣār*, حصل *ḥaṣal*.
Happy, سعيد *sa'īd*, مسعود *mas'ūd*.
Harbour, مينا *mīna*.
Hard, صلب *ṣalib*, قوي *qowī*, جامد *gāmid*, يابس *yābis*.
Hard, difficult, صعب *ṣa'b*.
Hard, unfeeling, قاسي *qāsī*.
Hare, ارنب *arnab*.
Harm, ضرر *ḍarar*.
Harness, طقم *ṭaqm*.
Harvest, حصاد *ḥaṣād*.
Haste, عجلة *'agalah*.
Hat, برنيطة *burnēṭah*.
Hatchet, فاس *fās*.
Hate (to), ابغض *abghaḍ*.
Hatred, بغضة *bughḍah*, كراهة *karāhah*.
Have, see Part I, p. 45 *et seq.*
Haversack, شنطة *shanṭah*.
Hawk, باز *bāz*.
Hay, حشيش *ḥashīsh*, دريس *darīs*.
He, هو *hūa*, *hū*.

Head, راس *rās*.

Head, leader, رئيس *raīs*, قايد *qāīd*.

Head-quarters, مركز رياسة *markaz riyāsah*.

Head-rope, سمسار *simsār*.

Head-stall, باشلق *bāshliq*.

Head (to), رَأَّس *rā'as*.

Headache, وجع الراس *waga' er-rās*.

Heal, شَفَي *shafa*.

Health, صحّة *ṣaḥḥah*, عافية *'āfiyah*.

Hear, سَمِعَ *sami'*, إِسْتَمَعَ *istama'*.

Heart, قلب *qalb* (pl. قلوب *qulūb*).

Heat, حرّ *ḥarr*, حرارة *ḥarārah*.

Heat (to), حَمّي *ḥamma*.

Heavens, سماوات *samāwāt*.

Heavy, ثقيل *ṭaqīl*.

Heel, عقب *'aqab*, كعب *ka'b*.

Height, ارتفاع *irtifā'*, علّو *'ullū*.

Heir, وارث *wāris*.

Hell, جهنّم *gahannam*.

Help (to), سَاعَدَ *sā'ad*.

Hen, دجاجة *dagāgah*, فرخة *farkhah*.

Henceforward, فيما بعد *fī mā ba'd*, من الآن فصاعداً *min el-ān faṣāi'dan*.

Here, هنا *hena*.

Hidden, مختفي *mukhtafī*.

Hide (to), أَخْفَي *akhfa*, خَبَّأ *khabba*.

High, عالي *'ālī*, مرتفع *murtafi'*.

Hill, تلّ *tell*.

Hinder, تَعَرَّض *ta'arraḍ*.

Hinge, مفصلة *mufṣalah*.

Hint, اشارة *ishārah*, تلميح *talmīḥ*.

Hire, rent, كري *kira*, اجرة *ugrah*.

Hire (to give on), كَرَي *kara*, أَكْرَي *akra*, أَجَّر *aggar*.

Hire (to take on), استأجر *istāgar*.

History, تاريخ *tārīkh*.

Hither, الي هنا *ila hena*.

Hitherto, الي الآن *ila'l-ān*.

Hog, خنزير *khanzīr*.

Hold, مَسَك *masak*.

Hole (in clothes), خرق *kharq*.

Hole (in ground), ثقب *ṭuqb*.

Hollow, جورة *gūrah*, نقرة *nuqrah*.

Holy, مقدّس *muqaddas*, طاهر *ṭāhir*.

Home (native land), وطن *waṭan*.

Honest, صالح *ṣāliḥ*, أمين *amīn*.

Honesty, امانة *amānah*.

Honey, عسل *'asal*.

Honour, dignity, شرف *sharaf*, افتخار *iftikhār*.

Honour, rectitude, استقامة *istiqāmah*.

Honour, reverence, احترام *iḥtirām*, تكريم *takrīm*.

Honour (to), أَكْرَمْ *akram*, كَرَّمْ *karram*.

Hoof, حافر *ḥāfir*.

Hope, أمل *amal*, رجا *ragā*.

Horizon (the), خافق *khāfiq*, افق *ufuq*.

Horn, قرن *qarn* (pl. قرون *qurūn*).

Horrible, مخوف *mukhūf*.

Horse, حصان *ḥuṣān* (coll. خيل *khēl*).

Horse-breaker, ركبدار *rukbadār*.

Horseman, فارس *fāris*, خيّال *khēyāl*.

Horse-shoe, نعل *na'l*.

Hospital, اسبتالية *isbitāliyah*, مستشفي *mustashfa*.

Hot, سخن *sukhn*, حارّ *ḥārr*.

Hôtel, منزل *manzal*, لوكندة *lōkandah*, خمّارة *khammārah*.

Hour, ساعة *sā'ah*.

House, دار *dār*, بيت *bēt* (pl. ديار *diyār*, بيوت *buyūt*).

How, كيف *kēf*, كيفما *kēfmā*.

How many, كم *kām*, *kam*.

How much, كم *kām*.

Humble, حقير *ḥaqīr*.

Hundred,ماية *māyah* or *miyah*.

Hundredweight, قنطار *qanṭār*.

Hunger, جوع *gū'*.

Hungry, جوعان *gū'ān*.

Hunt, chase, صيد *ṣēd*.

Hunt (to), إصطَادْ *iṣṭād*, تَصَيَّدْ *taṣēyad*.

Hunter, صيّاد *ṣēyād*.

Hurricane, زوبعة *zōba'ah*.

Husband, زوج *zōg*, بعل *ba'l*, جوز *gōz*.

Hut, زملك *zimlik*.

I

I, أنا *ana*.

Ice, بوز *būz*, ثلج *ṭalg*, جليد *galīd*.

Idea, opinion, رأي *rāī*, تصوّر *taṣawwir*.

Idea, thought, فكر *fikr*.

Idle, كسلان *keslān*.

Idol, صنم *ṣanam*.

If, لو *lau*, ان *inn*, اذا *iza*.

Ignorance, جهل *gahl*.

Ill, sick, مريض *marīḍ*, عيّان *'ayyān*.

Illness, مرض *maraḍ*, عيا *'ayā*.

Illustrious, مجيد *magīd*.

Image, صورة *ṣūrah.*

Imagine, تَصَوَّر *taṣawwar,* ظَانّ *ẓānn.*

Immediate, حالي *ḥālī,* حاضر *ḥāḍir.*

Immediately, حالاً *ḥālan.*

Immense, وافر *wāfir.*

Imminent, منيف *munīf.*

Imperfect, ناقص *nāqiṣ.*

Impertinent, سفيه *safīh.*

Implement, tool, آلة *ālah.*

Important (affair), مُهِمّ *muhimm.*

Import (to), جَلَب *galab.*

Impossible, محال *muḥāl,* غير ممكن *ghēr mumkin.*

Impostor, مكّار *makkār,* غدّار *ghaddār.*

Imprison, حَبَس *ḥabas,* سَجَن *sagan.*

Imprison (to be), إنْحَبَس *inḥabas.*

Improbable, غير محتمل *ghēr muḥtamal.*

Improper, غير مناسب *ghēr munāsib.*

Impure, غير خالص *ghēr khāliṣ.*

In, في *fī.*

Incapable, غير قادر *ghēr qādir,* بلا عقل *bilā 'aql.*

Incessant, دائم *dāim,* متواصل *mutawāṣil.*

Inch, قيراط *qīrāṭ.*

Inclination, ميل *mēl.*

Income, مدخول *madkhūl,* ايراد *irād.*

Inconvenient, متعب *mut'ib,* غير موافق *ghēr muwāfiq.*

Increase (to), زَاد *zād,* كَثَّر *kaṯṯar.*

Indebted, in debt, مديون *madyūn.*

Indebted, obliged, ممنون *mamnūn.*

Indecent, بلا ادب *bilā adab.*

Indigestion, عدم هضم *'adam haḍm.*

Indigo, نيلة *nīlah.*

Indispensable, لازم *lāzim,* مقتضي *muqtaḍī.*

Industrious, مجدّ *mugidd.*

Inevitably, لا بدّ *lā budd.*

Infancy, طفولية *ṭufūliyah.*

Infant, طفل *ṭifl* (pl. اطفال *aṭfāl*).

Infantry, بيادة *biyādah.*

Infection, عدوي *'adwa.*

Infer, أَنْتَج *antag,* إِسْتَنْتَج *istantag.*

Inferior, دون *dūn,* ادني *adna.*

Infidel, كافر *kāfir.*

Infirm, ضعيف *ḍa'īf,* معتلّ *mu'tall.*

Influence, نفوذ *nufūd,* تاثير *tāṯīr.*

Inform, أَخْبَر *akhbar,* خَبَّر *khabbar.*

Information, خبر *khabar,* اعلام *i'lām.*

Inhabit, سَكَن *sakan*, اِسْتَقام *istaqām*.

Inhabitant, ساكن *sākin*, اهل *ahal* (pl. اهالي *ahālī*).

Inherit, وَرَث *waras*.

Inheritance, ميراث *mīrās*.

Injure, ضَرّ *ḍarr*, أذَي *aza*.

Injustice, ظلم *ẓulm*, ظلامة *ẓulāmah*, عدم عدالة *'adam 'adālah*.

Ink, حبر *ḥibr*.

Inkstand, دواة *dawāt*.

Innocence (of guilt), براءة *barā'ah*.

Innocence (purity), طهارة *ṭahārah*.

Innocent, بري *barī*, معصوم *ma'ṣūm*.

Inquire, إسْتَفْسَر *istafsar*, إسْتَفْهَم *istafham*.

Inquiry, court of, مجلس التحقيق *maglis et-taḥqīq*.

Insane, مجنون *magnūn*.

Insect, دبّانة *dibbānah*.

Inside, within, في *fī*, في داخل *fī dākhil*.

Inspect, فَتّش *fattash*.

Inspection, تفتيش *teftīsh*.

Inspector, مفتّش *mufettish*.

Inspired (divinely), ملهم *mulham*.

Instance (for), مثلاً *masalan*.

Instant (an), لحظة *laḥẓah*.

Instantly, في الحال *fi'l-ḥāl*.

Instead (of), بدلاً من *badalan min*.

Instruct, أدّب *addab*, علّم *'allam*, عرّف *'arraf*, دَرّس *darras*.

Instruction, تأديب *ta'adīb*, تربية *tarbiyah*, تعليمات *ta'līmāt*.

Instructor, تعليمجي *ta'līmgī*.

Insubordination, عدم الانقياد *'adam el-inqiyād*.

Insulator, مغزل *maghzil*.

Insult (to), شَتَم *shatam*.

Intellect, عقل *'aql*.

Intelligent, فهيم *fahīm*, نبيه *nabīh*.

Intention, نيّة *niyyah*, قصد *qaṣd*.

Intercede, تَشَفّع *tashaffa'*.

Interest (advantage), فائدة *fāidah*.

Interest (of money), ربح *ribḥ*.

Interfere, تَداخَل *tadākhal*.

Interpret, تَرْجَم *targam*.

Interpreter, ترجمان *targumān*.

Interrupt, عطّل *'aṭṭal*.

Interview (an), مقابلة *muqābalah*.

Intrenchment, طوابي *ṭuwābī*, دروة *dirwah*.

Introduce, أدْخَل *adkhal*, عَرّف *'arraf*.

Introduction, ادخال *idkhāl*, ارشاد *irshād*.

Intrust, وَضَعَ *waḍa'*.

Invent, إِخْتَرَعَ *ikhtara'*.

Investigation, بحث *baḥt*, تحقيق *taḥqīq*.

Invisible, غايب *ghāīb*, غير منظور *ghēr manẓūr*.

Invisible (to become), غَابَ *ghāb*.

Invite, دَعَي *da'a*, عَزَمَ *'azam*.

Iron, حديد *ḥadīd*.

Iron, for laundry, مكوة *makwah*.

Irregular, غير مرتّب *ghēr murattab*, شاَز *shāz*.

Irrigate, رَوَي *rawa*.

Island, جزيرة *gazīrah* (pl. جزاير *gazāīr*).

Ivory, عاج *'āg*, سن *sin*.

J

Jack, screw, عفريتة *'afrītah*.

Jag, راس الحربي *rās el-ḥarbī*.

Jar, جرّة *garrah*.

Jaw, فك *fak*.

Jealous, غـيّـور *ghēyūr*, حـسـود *ḥasūd*.

Jest, joke, مزاح *mazāḥ*.

Jest (to), إِسْتَهْزَي *istahza*, مَزَحَ *mazaḥ*.

Jew, يهودي *yahūdī*.

Jewel, جوهر *gauhar* (pl. جواهر *gawāhir*).

Join (to), وَصَلَ *waṣal*.

Joist, كمرة *kamarah*.

Journey, سفر *safar*, رحيل *raḥīl*.

Joy, فرح *faraḥ*.

Joyful, فرحان *farḥān*.

Judge (n), قاضي *qāḍī*.

Judge, consider (to), ظَنّ *ẓann*.

Judge, decree (to), حَكَمَ *ḥakam*, قَضَي *qaḍa*.

Judgment (decree), حكم *ḥukm*, قضا *qaḍā*.

Juice, عصير *'aṣīr*.

Jump (to), نَطّ *naṭṭ*, قَفَزَ *qafaz*.

Junction, مجمع *magma'*.

Just, محق *muḥiqq*, عادل *'ādil*.

Justice, حق *ḥaqq*, عدل *'adl*.

K

Keel, قعر المركب *qa'r el-markib.*

Keen (sharp), حادّ *ḥādd.*

Keep, retain, أبْقَي *abqa.*

Keep, take care of, حَفَظ *ḥafaẓ.*

Kettle, غلّاية *ghallāyah.*

Key, مفتاح *miftāḥ* (pl. مفاتيح *mafātīḥ*).

Kick (to), رَفَس *rafas.*

Kid, جدي *gadī.*

Kill, قَتَل *qatal.*

Kiln, كوشة *koshah.*

Kind (adj.), لطيف *laṭīf*, شفوق *shafūq*, صاحب معروف *ṣāḥib ma'rūf.*

Kind (sort), نوع *nō'*, صنف *ṣinf* (pl. انواع *anwā'*, اصناف *aṣnāf*).

Kindle, وَلَّع *walla'.*

Kindness, رفق *rifq*, احسان *iḥsān*, فضل *faḍl.*

King, ملك *melik* (pl. ملوك *mulūk*).

Kingdom, مملكة *mamlakah.*

Kink, ملتوي *multawī.*

Kiss, بوسة *bōsah*, قبلة *qublah.*

Kiss (to), بَاس *bās*, قَبَّل *qabbal.*

Kitchen, مطبخ *maṭbakh.*

Kite, طيّارة *ṭēyārah.*

Kite (bird), سقر *saqr.*

Knapsack, جربندية *garabandiyah.*

Knee, ركبة *rukbah.*

Kneel, رَكَع *raka'*, جَثِي *gaṭa*, سَجَد *sagad.*

Knife, سكّين *sakkīn*, مطوي *maṭwa.*

Knock (to), قَرَع *qara'*, دَقّ *daqq.*

Knot, عقدة *'uqdah.*

Know, عَرَف *'araf*, عَلَم *'alam.*

Knowledge, معرفة *ma'rifah*, علم *'ilm.*

L

Labour, كدّ *kadd*, تعب *ta'ab.*

Labourer, شغيل *shaghīl*, فاعل *fā'il.*

Ladder, سلم *sillim.*

Lady, ستّ *sitt*, خاتون *khātūn.*

Lake, بحيرة *buḥērah.*

Lamb, خروف *kharūf.*

Lame, اعرج *a'rag.*

Lament (to), نَاح *nāḥ.*

Lamp, سراج *sirāg*, نور *nūr.*

Lance, مزراق *mizrāq.*

Land, country, أرض *arḍ.*

Land, ground, برّ *barr,* عقار *'aqār.*

Language, لسان *lisān,* لغة *lughah.*

Lantern, فانوس *fānūs.*

Lanyard, for gun, حبل الكبسول *ḥabl el-kabsūl.*

Lanyard, for sail, حبل القلع *ḥabl el-qal'.*

Large, great, عظيم *'aẓīm,* كبير *kebīr.*

Large, wide, واسع *wāsi'.*

Lark (the), قنبرة *qunbarah.*

Lashing, فلاصة *filāṣah.*

Last, آخر *ākhir.*

Lasting, دائم *dāim.*

Lastly, اخيرًا *akhīran.*

Latch (a), قفل *qufl,* سقّاطة *suqqāṭah.*

Late, بطي *baṭī,* وخري *wukhrī.*

Late (the), deceased, مرحوم *marḥūm.*

Lathe, مخرطة *makhraṭah.*

Latrine, ادبخانة *adab-khānah.*

Laugh (to), ضحِك *ḍaḥik.*

Laughter, ضحك *ḍiḥk.*

Laundress, غسّالة *ghassālah.*

Law, فقه *fiqh,* شرع *shar',* شريعة *sharī'ah.*

Lawful, شرعي *shar'ī,* حلال *ḥalāl.*

Lawsuit, دعوي *da'wa.*

Lay, place, وَضَعَ *waḍa',* حَطّ *ḥaṭṭ.*

Lazy, كسلان *keslān.*

Lead (metal), رصاص *ruṣāṣ.*

Lead (to), قَادَ *qād,* أَرْشَدَ *arshad.*

Leaf, ورقة *waraqah* (pl. اوراق *aurāq*).

Lean, thin, مهزول *mahzūl,* نحيف *naḥīf.*

Lean (to), إِتَّكَي *ittaka.*

Learn, تَعَلَّم *ta'allam.*

Learned, عالم *'ālim* (pl. علماء *'ulamā*).

Lease, ايجار *igār.*

Leather, جلد *gild.*

Leave, اجازة *igāzah,* اذن *izn.*

Leave (to), تَرَكَ *tarak,* سَافَرَ *sāfar.*

Left (hand), شمال *shimāl,* يسار *yasār.*

Left (remaining), باقي *bāqī.*

Leg, ساق *sāq.*

Legacy, وصيّة *waṣiyyah.*

Legible, يقرأ *yuqra* (is read).

Leisure, فضوة *faḍwah,* فرصة *furṣah.*

Leisure (being at), فاضي *fāḍī.*

Lemon, ليمون *lēmūn.*

Lend, سَلَّفَ *sallaf,* أَعَارَ *a'ār.*

Length, طول *ṭūl.*

Leper, ابرص *abraṣ.*

Lessen, قَلَّل *qallal*, صَغَّر *ṣaghghar.*

Lesson, درس *dars* (pl. دروس *durūs*).

Lest, لئلا *lialla.*

Let, allow, خَلَّي *khalla.*

Let (imp.), خَلِّ *khalli.*

Let (a house), أكْرَي *akra*, أَجَّر *aggar.*

Letter, مكتوب *maktūb*, رسالة *risālah*, جواب *gawāb.*

Letter (alphabet), حرف *ḥarf* (pl. حروف *ḥurūf*).

Lettuce, خس *khas.*

Level, a plain, ميدان *mīdān*, سهل *sahl.*

Level, smooth, مستوي *mustawī.*

Level (to), سَطَّح *saṭṭaḥ.*

Liar, كذاب *kadāb.*

Liberal, كريم *karīm*, سخي *sakhī.*

Liberation, فكّ *fakk*, نجاة *najāh*, اطلاق *iṭlāq.*

Lick, لَحَس *laḥas.*

Lie, recline, إتّكي *ittaka.*

Lie (to), كَذَب *kadab.*

Lieutenant, ملازم *mulāzim.*

Lieutenant-colonel, قايمقام *qāima-qām.*

Life, عمر *'umr*, حياة *ḥayāh.*

Lift, رَفَع *rafa'.*

Light (n), نور *nūr* (pl. انوار *anwār*).

Light (not heavy), خفيف *khafīf.*

Light (to), شَعَّل *sha'al*, نَوَّر *nawwar.*

Lighten (to), بَرَق *baraq.*

Lightning, برق *barq.*

Like, as, ك *ka* (prefix).

Like (similar), مثل *miṯl*, شبه *shibh*, نظير *naẓīr*, زيّ *zē.*

Likewise, كذلك *kadālik* or *kazā-lik.*

Limb, joint, عضو *'adw.*

Limber, gun, عريش *'arīsh.*

Lime, كلس *kils*, جير *gīr.*

Limit, حدّ *ḥadd.*

Line (n), خطّ *khaṭṭ* (pl. خطوط *khuṭūṭ*), صفّ *ṣaff* (pl. صفوف *ṣufūf*).

Linen, كتان *kittān*, تيل *tīl.*

Linseed, بزر كتّان *bizr kittān.*

Lion, اسد *asad* (pl. اسود *usūd*).

Lip, شفّة *shiffah.*

Liquid, مائع *māi'*, سايل *sāil.*

List, كشف *kashf*, قايمة *qāimah.*

Listen, إسْتَمَع *istama'*, صَغَي *ṣagha.*

Litter, stable, سرير اسطبل *sarīr isṭabli.*

Little, صغير *ṣaghīr*, قليل *qalīl.*

Little (a), قليلاً *qalīlan.*

Live, dwell, سَكَن *sakan.*

Live, exist, عَاش *'āsh.*

Livelihood, معاش *ma'āsh.*

Liver (the), كبد *kabid.*

Load (a gun), عَمَّر *'ammar.*

Load (to), حَمَّل *ḥammal.*

Loaf, رغيف *raghīf* (pl. ارغفة *arghifah*).

Loan, قرض *qirḍ*, استدانة *istidānah.*

Lock, قفل *qufl* (pl. اقفال *aqfāl*).

Lock, canal, سدّ ترعة *sidd tir'ah.*

Lock, gun, عدّة الزناد *'iddat ez-zinād.*

Lock (to), قَفَل *qafal.*

Locust, جرادة *garādah.*

Loiter, تَكَاسَل *takāsal.*

Long as (as), ما دام *mā dām.*

Long, lengthy, طويل *ṭawīl.*

Look at, نَظَر *naẓar.*

Looking-glass, مرآة *mirāh* (pl. مرايا *mirāyā*).

Loophole, كرنك *karnak* (pl. كرانك *karānik*).

Loose (to), حَلّ *ḥall*, فَكّ *fakk*, خَلّي *khalla.*

Lord, سيّد *sēyid*, *sīd.*

Lose, ضَيَّع *ḍayya'*, فَقَد *faqad.*

Lose, a cause, خَسِر *khasir.*

Loss, خسارة *khusārah.*

Loudly, بصوت عالي *b'ṣōt 'ālī.*

Louse, قملة *qamlah.*

Love, حبّ *ḥubb*, محبة *maḥabbah*, عشق *'ishq.*

Love (to), حَبّ *ḥabb*, عَشِق *'ashiq.*

Lover, عاشق *'āshiq.*

Low, سافل *sāfil*, واطي *wāṭī.*

Lucerne, برسيم حجازي *barsīm ḥigāzī.*

Luck, بخت *bakht*, طالع *ṭāli'.*

Luck (bad), نحس *naḥs.*

Luck (good), اقبال *iqbāl*, سعادة *sa'ādah.*

Luggage, عفش *'afsh*, اثقال *aṭqāl.*

Lukewarm, دافي *dāfī*, فاتر *fātir.*

Lungs, رئة *riyah.*

Lupins, ترمس *tirmis.*

M

Mad, مجنون *magnūn.*

Madden, جَنَّن *gannan.*

Made (partic.), معمول *ma'mūl*, مفعول *maf'ūl.*

Madhouse, مارستان *māristān*.

Magazine, مخزن *makhzan*.

Magic, سحر *siḥr*.

Magician, ساحر *sāḥir*.

Magistrate, قاضي *qāḍī*.

Magnificent, جليل *galīl*, فاخر *fākhir*.

Maid, بنت *bint*, بكر *bikr*.

Maid-servant, جارية *gāriyah*, خادمة *khādimah*.

Main body, اساس *asās*.

Main-mast, الصاري الكبير *eṣ-ṣārī el-kebīr*.

Main-spring, ياي كبير *yāī kebīr*.

Majesty, عظمة *'aẓamah*, جلالة *galālah*.

Major, بكباشي *binbāsha*.

Make, عَمَلَ *'amal*, فَعَلَ *fa'al*.

Maker, عامل *'āmil*, صانع *ṣāni'*.

Male, ذكر *zakar*.

Malingerer, متمارض *mutamāriḍ*.

Mallet, مدقّة *maddaqah*, بارية *bāriyah*.

Man, رجل *ragul* (*rāgil*), انسان *insān* (pl. رجال *rigāl*, ناس *nās*).

Mane, معرفة *ma'rafah*.

Manger, معلف *ma'laf*, مدود *madwid*.

Mankind, انسان *insān*, بني آدم *banī ādam*.

Manner, behaviour, سيرة *sīrah*, سير *sēr*, اداب *adāb*, اخلاق *akhlāq*.

Manner, mode, منوال *manwāl*.

Manual exercise, رياضة *riyāḍah*, سلاح استعمالي *silāḥ isti'mālī*.

Manufactory, فبريكة *fabrikah*, معمل *ma'mal*, ورشة *warshah*.

Manufactured goods (cloth, &c.), قماش *qumāsh*.

Map, خارطة *khārṭah*.

Marble, مرمر *marmar*, رخام *rukhām*.

March (to), مَشَي *masha*, زَحَفَ *zaḥaf*.

Mare, فرس *faras*.

Mark, علامة *'alāmah*.

Market, سوق *sūq* (pl. اسواق *aswāq*).

Marriage, زواج *zawāg*.

Marriage (to ask in), خَطَبَ *khaṭab*.

Marry, تزوّج *tazauwag*.

Marsh, غابة *ghābah*.

Marshal, field, مشير *mushīr*.

Martyr, شهيد *shahīd* (pl. شهدآ *shuhadā*).

Masculine, مذكّر *muzakkar*.

Mast, صاري *ṣārī*.

Master, معلّم *mu'allim*, سيّد *sēyid*, صاحب *ṣāḥib*.

Mat, حصيرة *ḥaṣīrah*.

Match (equal), قرين *qarīn*.

Match (lucifer), كبريت *kibrīt*.

Match (uniform), زوج *zōg*.

Mathematics, العلوم الرياضية *el-'ulūm er-riyāḍiyah*.

Matter, affair, امر *amr*.

Mattress, مرتبة *martabah*.

Mean, sordid, حقير *ḥaqīr*, خسيس *khasīs*.

Mean (to), عَنَي *'ana*.

Meaning, معني *ma'na*.

Means, وسيلة *wasīlah*, واسطّة *wāsiṭṭah*.

Meantime (in the), في غضون ذلك *fī ghuḍūn zālik*.

Measure, قياس *qiyās*.

Measure, grain, حبّة *ḥabbah*.

Measure (to), قَاسَ *qās*.

Meat, لحم *laḥm*.

Medicine, دوا *dawā*.

Medicine (the art), طبّ *ṭibb*.

Meet, لاَقي *lāqa*, صَادَفَ *ṣādaf*.

Melon, sweet, شمام *shamām*.

Melon, water, بطّيخ *baṭṭikh*.

Melt, دَوّبَ *dauwib*.

Memorandum, مذكّرة *muzakkarah*.

Memory, ذاكرة *zākirah*, ذكر *zikr*.

Mend, become better, اِنصَلَحَ *inṣalaḥ*.

Mend, improve, أصلَحَ *aṣlaḥ*.

Mend, repair, رَمَّمَ *rammam*.

Mention, ذَكَرَ *zakar*.

Merchandise, تجارة *tigārah*, بضاعة *buḍā'ah*.

Merchant, تاجر *tāgir* (pl. تجار *tugār*).

Merciful, رحيم *raḥīm*.

Mercury, زيبق *zēbaq*.

Merit, فضل *faḍl*, استحقاق *istiḥqāq*.

Message, رسالة *risālah*, جواب *gawāb*.

Messenger, رسول *rasūl*, قاصد *qāṣid*.

Metal, معدن *ma'dan*.

Metal, road, زلط *zalaṭ*.

Midday stables (military), تيمار الظهر *tīmār eẓ-ẓuhr*.

Middle, وسط *wasaṭ*, نصف *naṣf* (pl. انصاف *anṣāf*).

Middling, بين بين *bēn bēn*, متوسّط *mutawassiṭ*.

Mild, حليم *ḥalīm*, لطيف *laṭīf*.

Mile, ميل *mīl* (pl. اميال *amyāl*).

Militia, رديف *radīf*.
Milk, لبن *laban*, حليب *ḥalīb*.
Mill, طاحونة *ṭāḥūnah*.
Millet, ذرا *durā*.
Mince (to), فَرَمَ *faram*.
Mind, بال *bāl*, عقل *'aql*, خاطر *khāṭir*, روح *rūḥ*.
Mine (a), معدن *ma'dan*.
Mine (military), لغم *lagham*.
Minister, وزير *wazīr*, ناظر *nāẓir* (pl. نظار *nuẓẓār*).
Ministry (Department), نظارة *naẓārah*, ديوان *dīwān*.
Ministry of Finance, نظارة المالية *naẓārat el-mālīyah*.
Ministry of Foreign Affairs, نظارة الخارجية *naẓārat el-khārigīyah*.
Ministry of Interior, نظارة الداخلية *naẓārat ed-dākhilīyah*.
Ministry of Justice, نظارة الحقانية *naẓārat el-ḥaqqānīyah*.
Ministry of Public Instruction, نظارة المعارف العمومية *naẓārat el-ma'ārif el-'umūmīyah*.
Ministry of Public Works, نظارة الاشغال العمومية *naẓārat el-ashghāl el-'umūmīyah*.

Ministry of War, نظارة الحربية *naẓārat el-ḥarbīyah*.
Miracle, اعجوبة *u'gūbah*.
Mirth, فرح *faraḥ*, طرب *ṭarab*.
Mischief, مضرّة *maḍirrah*, سوء *sū'*, اذيّة *adiyyah*.
Miser, بخيل *bakhīl*.
Miserable, شقي *shaqī*, نكد *nakid*.
Misery, شقاوة *shaqāwah*.
Misfortune, بلاء *balā*, مصيبة *muṣībah*.
Mist, بخار *bukhār*.
Mistake, غلط *ghalaṭ*.
Mistress, ستّ *sitt*, خاتون *khātūn*.
Mitigation, تخفيف *takhfīf*.
Mix, مزج *mazag*, خلط *khalaṭ*.
Moderation, اعتدال *i'tidāl*.
Modern, جديد *gadīd*, متأخّر *muta'-akhkhir*, محدث *muḥdaṯ*.
Modest, محتشم *muḥtashim*.
Moment, دقيقة *daqīqah*.
Monastery, دير *dēr*.
Money, فلوس *fulūs*, نقدية *naq-dīyah*.
Money-changer, صرّاف *ṣarrāf*.
Monk, راهب *rāhib*.
Monkey, ميمون *memūn*.
Month, شهر *shahr* (pl. اشهر *ash-hur*).

Moon, قمر *qamar*.

Moon, full, بدر *badr*.

Moon, new, هلال *hilāl*.

Morals, اخلاق *akhlāq*, اداب *adāb*.

More (adj.), زيادة *ziyādah*, أكثر *akṭar*.

More (adv.), اخر *akhar*, كمان *kamān*.

Morning, صبح *ṣubḥ*.

Morrow, غدا *ghadā*.

Morsel, لقمة *luqmah*.

Mortar, building, مونة *mūnah*, طين *ṭīn*.

Mortar (military), هاون *hāwin*.

Mortice, نقار *naqār*.

Mosque, مسجد *masgid* (pl. مساجد *masāgid*), جامع *gāmi'* (pl. جوامع *gawāmi'*).

Mosquito, ناموس *nāmūs*.

Mosquito-curtain, ناموسية *nāmū-siyah*.

Mother, أمّ *umm*, والدة *wālidah*.

Mountain, جبل *gabal* (pl. جبال *gibāl*).

Mourn (to), حَزِن *ḥazin*, حَدّ *ḥadd*.

Mouse, فارة *fārah* (pl. فيران *fīrān*, فارات *fārāt*).

Moustaches, شوارب *shawārib*, شنب *shanab*.

Mouth, فمّ *fumm*, حنك *ḥanak*.

Move (to), حَرَّك *ḥarrak*.

Moved (to be), تَحَرَّك *taḥarrak*.

Movement, حركة *ḥarakah*.

Much, كثير *keṭīr*, جزيل *gazīl*, وافر *wāfir*.

Mud, وحل *waḥl*, طين *ṭīn*.

Mule, بغل *baghl*.

Muleteer, بغّال *baghghāl*, مكاري *mukārī*.

Munitions, ذخيرة *zakhīrah*.

Murder, قتل *qatl*.

Murder (to), قَتَل *qatal*.

Murderer, قاتل *qātil*.

Mushroom, كماة *kamāt*.

Music, نوبة *nōbah*, موسيقا *mū-sīqā*.

Musician, نوبتي *nōbatī*, موسيقجي *mūsīqagī*.

Musk, مسك *misk*.

Musketry instruction, تعليم ضرب النار *ta'līm ḍarb en-nār*.

Must (auxil. verb), the word لازم *lāzim* (necessary) is used for it in connection with the principal verb.

Mustard, خردل *khardal*.

Muster, تعداد *ta'dād*.

Mutilate, سَقَّط *saqqaṭ*, عَوَّر *'awwar*.

Mutiny, عصيان *'aṣayān*, عصاوة *'aṣāwah*.

Mutton, لحم ضاني *laḥm ḍānī*, لحم غنم *laḥm ghanam*.

Mutual, مشترك *mushtarak*.

Myrrh, مرّ *murr*.

Myrtle, آس *ās*.

Mystery, سرّ *sirr* (pl. اسرار *asrār*).

N

Nail, spike, مسمار *musmār* (pl. مسامير *masāmīr*).

Nail (to), سَمَّر *sammar*.

Nail (toe or finger), ظفر *ẓufr* (pl. اظافير *aẓāfīr*).

Naked, عريان *'aryān*.

Name, اسم *ism* (pl. اسما *asmā*).

Name (to), سَمّي *samma*.

Named, مسمّي *musamma*.

Namely, viz., يعني *ya'nī*.

Napkin, فوطة *fūṭah*.

Narration, رواية *riwāyah*, قصّة *qiṣṣah*, حكاية *ḥikāyah*.

Narrator, راوي *rāwī*, حاكي *ḥākī*, محدّث *muḥaddis*.

Narrow, ضيّق *ḍēyiq*.

Nasty, نجس *nagis*, وسخ *wasikh*, فاحش *fāḥish*.

Nation, امّة *ummah*, ملّة *mullah*.

Native, بلدي *baladī*, متولّد *mutawallid*, وطّني *waṭṭanī*.

Native land, وطن *waṭan*.

Natural, طبيعي *ṭabī'ī*.

Nature, temper, طبيعة *ṭabī'ah*.

Naughty, شرّير *sharrīr*, قبيح *qabīḥ*.

Naval, بحري *baḥrī*.

Nave (of wheel), باشلق *bāshliq*.

Near, قريب *qarīb*.

Nearly, نحو *naḥw*.

Neat, نظيف *naẓīf*, ظريف *ẓarīf*.

Necessarily, لا بدّ *lā budd*.

Necessary, لازم *lāzim*.

Necessaries (military), حاجات *ḥāgāt*.

Necessity, لزوم *luzūm*, اقتضا *iqtiḍā*, ضرورة *ḍarūrah*.

Neck, عنق *'unq*, رقبة *raqabah*.

Necklace, عقد *'iqd*, كردان *kirdān*.

Need, حاجة *ḥāgah*, احتياج *iḥtiyāg*.

Need (to), إحتاج *iḥtāg*.

Needle, ابرة *ibrah* (pl. ابر *ubar*).

Needleful of thread, ابرة ملضومة *ibrat malḍūmah*.

Needy, محتاج *muḥtāg*.

Neglect, غفلة *ghaflah*, اهمال *ihmāl*.

Neglect (to), أهمل *ahmal*.

Negligent, مهمل *muhmil*.

Negress, جارّية *gārriyah*.

Negro, سوداني *sūdānī*, حبشي *ḥabashī*.

Neighbour, جار *gār* (pl. جيران *gīrān*).

Neighbourhood, جيرة *gīrah*.

Neither—nor, لا—ولا *lā—walā*.

Nest (birds'), عش *'ush*, وكر *wikr*.

Net, شبكة *shabakah*.

Never, ابداً *abadan*, اصلاً *aṣlan*, قطّ *qaṭṭ*.

New, جديد *gadīd*.

News, خبر *khabar* (pl. اخبار *akhbār*).

Newspaper, جريدة *garīdah*.

Next, قريب *qarīb*, قابل *qābil*, تالي *tālī*, قادم *qādim*.

Nice, حسن *ḥasan*, طيّب *ṭieyib*.

Night, ليلة *lēlah*, ليل *lēl*.

Nightingale, بلبل *bulbul*, عندليب *'andalīb*.

Nightmare, كابوس *kābūs*.

Nimble, رشيق *rashīq*.

No, ليس *lēs*, لا *lā*.

Noble, شريف *sharīf*.

Noise, ضجّة *ḍaggah*, صوت *ṣōt*, زعيق *za'īq*.

Non-combatant, غير محارب *ghēr muḥārib*.

Non-comd. officer, صفّ ظابط *ṣaff ẓābiṭ*.

None, لا أحد *lā aḥad*.

Nonsense, هذيان *hadayān*.

Noon, midday, any time from twelve to one, ظهر *ẓuhr* or *ḍuhr*.

North, شمال *shamāl*, بحري *baḥrī*.

Nose, انف *anf*, مناخير *manākhīr*.

Nosebag, مخلة *mikhlah*.

Not, لا *lā*, غير *ghēr*, ليس *lēs*.

Not at all, كلّا *kalla*, اصلاً *aṣlan*.

Nothing, لا شي *lā shē*.

Notice, ملاحظة *mulāḥaẓah*, خبر *khabar*, اعلان *i'lān*.

Nourish, غذّي *ghadda*, قات *qāt*.

Novelty, مستجد *mustagid*.

Now, الآن *alān*, هذا الوقت *hāza el-waqt.*

Number, عدد *'adad.*

Numerous, وافر *wāfir*, عديد *'adīd.*

Numnah, لبّادة *libbādah.*

Nuptials, عرس *'urs.*

Nurse (a), مرضعة *murḍi'ah*, دادة *dādah.*

Nut, بندوق *bandūq.*

Nut, for bolt, صمولة *ṣamūlah.*

Nutmeg, جوز الطيب *gōz eṭ-ṭīb.*

O

O! holloa, يا *yā!*

Oak, بلّوط *ballūṭ*, سنديان *sindiyān.*

Oar, مقذاف *miqdāf.*

Oath, يمين *yamīn*, قسم *qasam.*

Oats, علف *'alaf.*

Obedience, طاعة *ṭā'ah.*

Obedient, طائع *ṭāi'*, مطيع *muṭī'.*

Obelisk, مسلّة *musallah.*

Obey, أطَاعَ *aṭā'.*

Object (a mental), قصد *qaṣd.*

Object (a visible), حاجة *ḥāgah*, شي *shē.*

Object (to), إعْتَرَضَ *i'taraḍ.*

Objection, اعتراض *i'tirāḍ*, مانع *māni'.*

Obligation, a favour, احسان *iḥsān*, منّة *minnah.*

Obligation (something binding), فرض *farḍ.*

Obligatory, الزامي *ilzāmī*, فرضي *farḍī.*

Oblige, favour, مَنّ علي *mann 'ala.*

Oblige, force, أَلْزَم *alzam.*

Obscure, darkened, مظلم *muẓlim*, معتم *mu'tim.*

Obscure, difficult to understand, مغلق *mughlaq*, غامض *ghāmiḍ.*

Obscure, mean, خامل *khāmil*, حقير *ḥaqīr.*

Observe, لاَحَظ *lâḥaẓ.*

Obstacle, مانع *māni'.*

Obstinate, عنيد *'anīd*, معاند *mu'ānid.*

Obstinate (to be), عَانَدَ *'ānad.*

Obtain, حصّل *ḥaṣṣal*, بَلَغ *balagh.*

Occasion, وقت *waqt*, فرصة *furṣah*, داعي *dā'ī.*

Occupant, occupier, متصرّف *mutaṣarrif*, محتلّ *muḥtall.*

Occupation, employment, عمل *'amal*, شغل *shughl*.

Occupation, military, احتلال *iḥtilāl*.

Occupation, occupancy, تصرّف *taṣarruf*.

Occupy, give employment, شَغّل *shaghghal*, إِسْتَخْدَم *istakhdam*.

Occupy oneself, إِشْتَغَل *ishtaghal*.

Occupy, possess, تَصَرَّف *taṣarraf*.

Occur, وَقَع *waqa'*, حَدَث *ḥadas*, عَرَض *'araḍ*.

Occurrence, وقوع *wuqū'*, عارض *'āriḍ*.

Odd (in number), فرد *fard*, كسور *kusūr*.

Odd, strange, غريب *gharīb*, بديع *badī'*.

Offence, اساءة *isā'ah*, مخالفة *mukhālafah*, جريمة *garīmah*.

Offend, أَسَاء *asā*, غَاظ *ghāẓ*.

Offended (to be), غِضِب *ghiḍib*, إِغْتَاظ *ightāẓ*.

Offer (to), قَدّم *qaddam*, أَعْطَي *a'ṭa*.

Office, bureau, ديوان *dīwān*.

Office, function, منصب *manṣab*, وظيفة *waẓīfah*.

Officer, official, ضابط *ẓābiṭ* (pl. ضباط *ẓubāṭ*), ذو وظيفة *zū waẓīfah*.

Often, كثيراً *keṯīran*, اكثر *akṯar*.

Often, as, مهما *mahmā*.

Oh! يا سلام *yā salām!*

Oil, زيت *zēt*.

Old (ancient), عتيق *'atīq*, قديم *qadīm*.

Old (man), شيخ *shēkh* (pl. شيّوخ *shīyūkh*).

Old (woman), عجوز *'agūz*.

Olives, زيتون *zētūn*.

Omelette, عجّة *'aggah*.

Omit, حَذَف *ḥadaf*, أَهْمَل *ahmal*.

Omnipotent (the), قادر علي كلّ شيّ *qādir 'ala kull shē*.

On, علي *'ala*.

Once, anciently, قديمًا *qadīman*, سابقًا *sābiqan*.

Once (a single occasion), مرّة *marrah*.

Once (at), علي الفور *'ala'l-fōr*, حالا *ḥālan*.

One, واحد *wāḥid*.

Onion, بصل *baṣal*.

Only, فقط *faqaṭ*.

Open (adj.), مفتوح *maftūḥ*.

Open (to), فَتَح *fataḥ*.

Opinion, ظَنّ *ẓann*, راي *rāi*.

Opinion, religious, مذهب *maz-hab*.

Opium, افيون *afyūn*.

Opponent, مخالف *mukhālif*, خصم *khaṣm*.

Opportunity, فرصة *furṣah*.

Oppose, عَارَض *'āraḍ*.

Opposite (prep.), قبالة *qabūlah*, تجاه *tugāh*, تلقاء *tilqā*.

Opposite, facing (adj.), مقابل *mu-qābil*, امام *amām*, قصاد *quṣād*.

Opposition, مقابلة *muqābalah*, معارضة *mu'araḍah*.

Oppress, ظَلَم *ẓalam*.

Oppression, ظلم *ẓulm*, جبر *gabr*.

Or, او *ow*, ام *am*.

Orange, برتقان *burtuqān*.

Orator, خطيب *khaṭīb*.

Order (arrangement), ترتيب *tar-tīb*, تدبير *tadbīr*, نظام *niẓām*, رستاق *ristāq*.

Order (command), وصيّة *waṣiy-yah*, امر *amr* (pl. اوامر *awā-mir*).

Order (to), أمَر *amar*.

Orderly, مراسلة *murāsalah*.

Orderly-room (infantry), مكتب الاورطة *maktab el-orṭah*.

Ordnance-store, مهمّات *mu-himmāt*.

Origin, اصل *aṣl* (pl. اصول *uṣūl*).

Ornament, زينة *zīnah*.

Ornamented, مزيّن *muzēyan*.

Orphan, يتيم *yatīm* (pl. ايتام *ētām*).

Ostrich, نعام *na'ām*.

Other, اخر *akhar*, f. اخرى *ukhra*, غير *ghēr*.

Out, خارج *khārig*, برّا *barra*.

Out of, من *min*.

Outlet, مخرج *makhrag*.

Outposts, اوائل العسكر *awā'il el-'askar*. طليعة *ṭalī'ah*, كركولات الامامية *karakolāt el-amāmi-yah*.

Outside, في الخارج *fī'l-khārig*.

Outside, surface, سطح *saṭ'ḥ*.

Over, فوق *fōq*.

Overcoat, عبا *'abā*.

Overcome, غَلَب *ghalab*.

Overflow, طَفَح *ṭafaḥ*.

Overseer, ناظر *nāẓir*.

Overset, قَلَب *qalab*, رَكَس *rakas*.

Overtake, أدْرَك *adrak*, لَحِق *laḥiq*.

Owe, عليه دين *'alēh dēn.*

Owl, بوم *būm.*

Owner, صاحب *ṣāḥib,* مالك *mālik.*

Ox, بقرة *baqarah* (pl. بقر *baqar*).

P

Pace, قدم *qadam,* خطوة *khaṭwah.*

Pack of cards, شدة ورق *shadat waraq.*

Pack-saddle, سرج *sarg.*

Pack up (to), يحضر للسفر *yiḥaḍir li's-safar.*

Packet (bundle), صرّة *ṣurrah.*

Page (of a book), صفحة *ṣafḥah,* صحيفة *ṣaḥīfah.*

Pail, bucket, دلو *dalū.*

Pain, وجع *waga',* الم *alam.*

Pain (to), وَجَّعَ *wagga'.*

Painful, اليم *alīm,* موجع *mūgi'.*

Paint (depict), صَوَّرَ *ṣawwar.*

Paint (to), لَوَّنَ *lawwan,* دَهَنَ *dahan.*

Painter, نقّاش *naqqāsh.*

Painting (a), نقش *naqsh.*

Painting (the art of), تصوير *taṣwīr.*

Pair (a), زوج *zōg,* اثنين *eṯnēn.*

Palace, سراي *sarāī,* قصر *qaṣr.*

Pale, اصفر *aṣfar* (f. صفرا *ṣafra*).

Palisades (military), شرامبول *sherāmbūl.*

Palm-branches, سعوف نخل *sa'ūf nakhl.*

Palm of the hand, كف *kaf.*

Palm-tree, نخل *nakhl.*

Paper, ورق *waraq,* قرطاس *qarṭās.*

Paper (a sheet of), فرخ ورق *farkh waraq.*

Paper, blotting, ورق نشّاف *waraq nashshāf.*

Parade, طابور *ṭābūr.*

Parapet, دروة *dirwah.*

Parapet of fort, ستارة *sitārah.*

Parasol, شمسيّة *shamsiyyah.*

Pardon, عفو *'afū,* غفران *ghifrān,* مغفرة *maghfirah.*

Pardon (to), غَفَرَ *ghafar,* صَفَحَ *ṣafaḥ.*

Pardon (to ask), إِسْتَغْفَرَ *istaghfar.*

Parents, والدين *wālidēn.*

Parlour, غرفة *ghurfah,* مقعد *maq'ad.*

Parole, وعد شرف *w'ad sharf*, بارولة *bārūlah*, كلمة المعارفة *kilmat el-mu'ārafah*.

Parrot, درّة *durrah*, ببغا *babaghā*.

Parsley, بقدونس *baqdūnis*.

Part, portion, جز *guz*, حصّة *ḥiṣṣah*, قسم *qism*, قطعة *qiṭ'ah*.

Part, quarter, طرف *ṭaraf*, جانب *gānib*, ناحية *nāḥiyah*.

Partake, إشْتَرَك في *ishtarak fī*.

Part from, فَرَق *faraq*.

Part (to), قَسّم *qassam*.

Particular, مخصوص *makhṣūṣ*.

Particularly, خصوصاً *khuṣūṣan*.

Partner, شريك *sharīk*.

Partnership, شركة *sharikah*.

Party, assembly, جماعة *gamā'ah*.

Pass by, فَاتّ *fātt*.

Pass, cross (to), عَبَر *'abar*, مَرّ *marr*.

Pass on, ذَهَب *zahab*.

Pass (the night), بَات *bāt*.

Passage (of troops), مرور *murūr*.

Passenger, مارّ *mārr*, مسافر *musāfir*.

Passion (anger), غضب *ghaḍab*.

Passionate, غضوب *ghaḍūb*.

Passport, تذكرة السفر *tazkarat-es-safar*, جواز *gawāz*.

Past, bygone, سابق *sābiq*, ماضي *māḍī*.

Path, ممرّ *mamarr*, مسلك *maslak*, طريق *ṭarīq*.

Patience, صبر *ṣabr*.

Patient (adj.), صبور *ṣabūr*.

Patrol, دورية *dauriyah*.

Pattern, مسطرة *masṭarah*.

Pause (to), وَقَف *waqaf*.

Paving, بلاط *balāṭṭ*.

Pay (to), وَفّي *waffa*, أدّي *adda*.

Paymaster, ضابط صرّاف *ẓābiṭ ṣarrāf*.

Payment, وفا *wafā*, ادا *adā*.

Pay-sergeant, بلوك آمين *bulūk āmīn*.

Pea, بزلّة *bazallah*, لوبيّة *lūbiyah*.

Peace, سلام *salām*, صلح *ṣulḥ*.

Peach, درّاقة *durrāqah*, خوخ *khōkh*.

Pear, كمّثري *kummiṭra*.

Pearl, لولو *lūlū* (pl. لآلي *laālī*).

Peas, parched, حمّص *ḥummuṣ*.

Peasant, فلّاح *fallāḥ*.

Pen, قلم *qalam* (pl. أقلام *aqlām*).

Penal servitude, ليمان *līmān*.

Penalty, غرامة *gharāmah*, نكال *nakāl*.

Penetrate, نَفَذ *nafad*.

Peninsula, شبه جزيرة *shibh gazīrah*.

Penknife, مبراة *mibrāh*, مبراة القلم *mibrāt el-qalam*, مطوة *maṭwah*.

Pension, معاش *ma'āsh*.

People, اهل *ahl*, قوم *qūm*.

Pepper, فلفل *filfil*.

Perfect, كامل *kāmil*, تام *tām*.

Perfection, كمال *kamāl*.

Perform, عَمَل *'amal*.

Perfume, عطر *'iṭr*.

Perhaps, لعلّ *la'alla*, يمكن *yimkin*, ربّما *rubbama*.

Perish, هَلَك *halak*, فُنِي *funī*.

Permanent, ثابت *sābit*, مستمر *mustamir*.

Permission, اجازة *agāzah*, اذن *izn*.

Perpendicular, عامودي *'āmūdī*.

Perpetual, ابدي *abadī*, دايم *dāim*.

Perplex, حَيَّر *ḥeyar*.

Perplexed, حيران *ḥērān*.

Perplexed (to be), إِحْتَار *iḥtār*.

Persevere, وَاظَب *wāẓab*.

Persia, عجم *'agam*.

Person, شخص *shakhs* (pl. اشخاص *ashkhāṣ*), نفر *nafar*.

Person (a certain), فلان *fulān*.

Person (to appear in), شَخَّص *shakhaṣ*.

Personally, بالذات *bi'z-zāt*.

Perspire, عَرَق *'araq*.

Persuade, أَقْنَع *aqna'*.

Persuasion, advice, نصيحة *naṣīḥah*.

Petition, عرض *'arḍ*.

Phrase, جملة *gumlah*, عبارة *'ibārah*.

Physic (medicine), دوا *dawā*, علاج *'ilāg*.

Physic (science of), طبّ *ṭibb*.

Physician, طبيب *ṭabīb*, مداوي *mudāwī*, حكيم *ḥakīm*.

Piastre, غرش *ghirsh* (pl. غروش *ghurūsh*), قرش *qirsh* (pl. قروش *qurūsh*), (vulg.) قرش صاغ *ersh ṣāgh*.

Piastre, half, (vulg.) قرش تعريفة *ersh ta'rīfah*.

Pickaxe, ازمة *azmah*.

Pickles, مخلّل *mukhallil*.

Picquet, دورية *dauriyah*.

Picture, صورة *ṣūrah*, نقش *naqsh*.

Piebald, ابلق *ablaq*.

Piece, bit, قطعة *qiṭ'ah*.

Piety, تقوي *taqwa*.

Pig, خنزير *khanzīr*.

Pigeon, حمامة *ḥamāmah*.

Pillar, عمود *'amūd* (pl. عواميد *'awāmīd*).

Pillow, مخدة *mukhaddah.*

Pin (n), دبّوس *dabbūs.*

Pincers, ملقط *milqaṭ.*

Pinch (to), قَرَص *qaraṣ.*

Pine-apple, عين الناس *'ēn en-nās.*

Pioneer, بلطجي *baltagī.*

Pipe, شبوك *shibūk,* قصبة *qaṣabah,* نرجيلة *nargīlah.*

Pistol, طبنجة *ṭabangah.*

Pit, hole, حفرة *ḥufrah.*

Pitch, زفت *zift.*

Pitch (to), tents, ضَرَب *ḍarab,* نَصَب *naṣab.*

Pity, شفقة *shafaqah.*

Pity (to), شَفَق *shafaq,* رَحَم *raḥam,* رأَف *ra'af.*

Place, position, مكان *makān,* موضع *mauḍa',* مطرح *maṭraḥ.*

Place (to), وَضَع *waḍa',* حَطّ *ḥaṭṭ.*

Plague, pestilence, طاعون *ṭā'ūn,* وبا *wabā,* شوطّة *shōṭṭah.*

Plain, clear, بسيط *basīṭ,* صريح *ṣarīḥ.*

Plain, ugly, باين *bāīn.*

Plaister, مرهم *marham,* لزقة *lazqah,* لبخة *labkhah.*

Plan, drawing, رسم *rasm.*

Plane, jack, ربوة *rabūh.*

Plane, smoothing, فارة *fārah.*

Plank, لوح *lōḥ* (pl. الواح *alwāḥ*).

Plant (n), نبات *nabāt.*

Plant (to), غَرَس *gharas.*

Plaster, بياض *bayāḍ.*

Plate, صحن *ṣaḥn* (pl. صحون *ṣuḥūn*), صحفة *ṣaḥfah,* طبق *ṭabaq.*

Play, sport, لعب *li'b,* لعبة *li'bah.*

Play (to), لِعِب *li'ib.*

Pleasant, لطيف *laṭīf,* مرضي *murḍī.*

Please (if you), من فضلك *min faḍlak.*

Please (to), أعْجَب *a'gab,* أرْضي *arḍa.*

Pleasure, لذّة *lazzah,* سرور *surūr.*

Pledge (a), رهن *rahn.*

Plentiful, وافر *wāfir,* جزيل *gazīl.*

Plenty, كثرة *kaṭrah,* وفور *wufūr.*

Plough (a), فدّان *faddān,* محراث *miḥrāṭ.*

Plough (to), حَرَث *ḥaraṭ.*

Plum, برقوق *barqūq.*

Plumber, سنكري *sankarī.*

Plunder, يغما *yaghmā,* نهب *nahb.*

Plunder (to), نَهَب *nahab.*

Plunge into, إنْهَمَك *inhamak.*

Pocket, جيب *gēb*.

Poet, شاعر *shā'ir*.

Poetry, شعر *shi'r*.

Point (of knife or needle), حدّ *ḥadd*, راس *rās*.

Point (to), دَلّ على *dall 'ala*.

Policy, سياسة *siyāsah*.

Polish (to), صَقَل *ṣaqal*, قَرْنِش *qarnish*.

Polite, اديب *adīb*.

Politeness, ادب *adab*, كياسة *kiyāsah*, حلم *ḥilm*.

Politics, تدبير *tadbīr*, سياسة *siyāsah*.

Pomegranate, رمّان *rummān*.

Pony, مهر *muhr*.

Pool, pond, غدير *ghadīr*, حوض *ḥōḍ*, جورة *gōrah*, بركة *burkah*.

Poor, فقير *faqīr*.

Populous, معمور *ma'mūr*, ماهول *māhōl*.

Port, haven, مينا *mīnā*.

Porter (carrier), حمّال *ḥammāl*, شيّال *sheyāl*.

Porter (doorkeeper), بوّاب *bauwāb*.

Portion, حصّة *ḥiṣṣah*, قسمة *qismah*.

Portrait, صورة *ṣūrah*, تصويرة *taṣwīrah*.

Portrait painter, مصوّر *muṣawwir*.

Possess, مَلَك *malak*.

Possessing, being the possessor of, is expressed by ذو *zū*, ذات *zāt*, صاحب *ṣāḥib*.

Possession, ملك *mulk*, تصرّف *taṣarruf*.

Possibility, امكان *imkān*.

Possible, ممكن *mumkin*, محتمل *muḥtamal*.

Post, military, مركز *markaz*, نقطة *nuqṭah*.

Postage, أجرة البوسطة *ugrat-el-būsṭah*.

Postage-stamp, تمنة بوسطة *timnah būsṭah*.

Potatoes, بطاطس *baṭāṭis*.

Pouch, كفّة *kaffah*.

Poultice, لبخة *labkhah*.

Pound (weight), رطل *raṭl* (pl. ارطال *arṭāl*).

Pour, سَكَب *sakab*, صَبّ *ṣabb*.

Poverty, فقر *faqr*.

Powder, سفوف *sufūf*.

Powder, gun-, بارود *bārūd*.

Power, قدرة *qudrah*, اقتدار *iqtidār*.

Powerful, قادر *qādir*, عزيز *'azīz*, قوي *qawī*, شديد *shadīd*.

Practice, عادة *'ādah*, ممارسة *mumārasah*, استعمال *isti'māl.*

Praise, حمد *ḥamd*, مدح *madḥ*, شكر *shukr*, ثنا *ṯanā.*

Praise (to), شَكَرَ *shakar*, حَمَدَ *ḥamad*, مَدَحَ *madaḥ.*

Pray, صَلَّي *ṣalla*, دَعَا *da'ā.*

Prayer, صلاة *ṣalāh*, دعا *du'ā.*

Prayer (the call to), اذان *adān.*

Preach (to), وَعَظَ *wa'aẓ.*

Preacher, واعظ *wā'iẓ*, خطيب *khaṭīb.*

Precious, costly, ثمين *ṯamīn.*

Preface, مقدّمة *muqaddamah*, ديباجة *dībāgah.*

Prefer, رَجَّحَ *raggaḥ*, فَضَّلَ *faḍḍal.*

Preference, ترجيح *targīḥ.*

Prejudice (detriment), ضرر *ḍarar.*

Prejudice (in opinion), تعصّب *ta'aṣṣub.*

Prepare, أَعَدَّ *a'dd*, هَيَّا *hayyā*, حَضَّرَ *ḥaḍḍar.*

Presence, حضور *ḥuḍūr*, حضرة *ḥaḍrah.*

Present (a gift), هدية *hadiyah*, تحفة *tuḥfah*, بخشيش *bakhshīsh.*

Present (not absent), حاضر *ḥāḍir.*

Present (to), بَخْشَشَ *bakhshash*, وَهَبَ *wahab.*

Present (to be), حَضَرَ *ḥaḍar.*

Presently, now, حالاً *ḥālan.*

Preserve (to), protect, حَفَظَ *ḥafaẓ*, وَقَ *waq*, صَانَ *ṣān.*

President of court, رئيس مجلس *ra'īs maglis.*

Press, printing, مطبعة *maṭba'ah.*

Pretence, claim, دعوي *da'wa.*

Pretence, pretext, excuse, تعلّل *ta'allul*, حيلة *ḥīlah*, عذر *'uzr*, إدّعا *iddi'a.*

Pretty, كويّس *kwyīs*, جميل *gamīl.*

Prevail, غَلَبَ *ghalab.*

Prevent, مَنَعَ *mana'.*

Price, ثمن *ṯaman*, قيمة *qīmah*, سعر *si'r.*

Pride, كبر *kibr*, غرور *ghurūr.*

Priest, امام *imām.*

Prince, أمير *amīr.*

Print, طَبَعَ *ṭaba'.*

Prison, سجن *sagn*, حبس *ḥabs.*

Prisoner, اسير *asīr*, محبوس *maḥbūs.*

Privacy, in private, خلوة *khilwah.*

Private, soldier, نفر *nafar.*

Probable, محتمل muḥtamal.

Proceed, go forward to, تَوَجَّهْ tawaggah.

Proceed, go on, صَدَرَ ṣadar, إِسْتَمَرَّ istamarr, تَقَدَّمْ taqaddam.

Proceedings, اجراآت igrā'āt.

Procure, حَصَّلْ ḥaṣṣal.

Produce, bring forth, أَنْتَجَ antag, أَغَلَّ aghall.

Produce, bring forward, قَدَّمْ qaddam, أَصْدَرَ aṣdar.

Produce (of cultivation), غلة ghallah, حاصل ḥāṣil, محصول maḥṣūl.

Profession, صنعة ṣana'ah, مهنة mihnah, كار kār.

Profit, فايدة fāīdah.

Profitable, مفيد mufīd.

Prolong, طَالْ ṭāl.

Promise (a), وعد wa'd.

Promise (to), وَعَدْ wa'ad.

Promotion, ترقية tarqīyah.

Prompt, سريع sarī'.

Promptly, حالاً ḥālan.

Pronounce, لَفَظْ lafaẓ.

Proof, دليل dalīl, برهان burhān.

Proper, لايق lāiq, واجب wāgib, مناسب munāsib.

Property, possession, ملك milk, مال māl.

Property, quality, خاصّة khāṣṣah, صفة ṣifah.

Prophet, نبي nabī.

Proportion, تناسب tanāsub.

Proportionate, متناسب mutanāsib.

Proposal, عرض 'arḍ.

Propose, عَرَضْ 'araḍ.

Propriety, لياقة layāqah, مناسبة munāsabah.

Prose, نثر naṭr.

Prospect, عشم 'asham, امل amal.

Prosper, أَفْلَحْ aflaḥ.

Prosperous, موفّق muwaffaq, ناجح nāgiḥ.

Prostitute, قحبة qaḥbah, شرموطة sharmūṭah, عاهرة 'āhirah.

Protect, حَمَى ḥama, أَجَارْ agār.

Protection, حماية ḥimāyah, محافظة muḥāfaẓah.

Proud, متكبّر mutakabbir.

Prove, demonstrate, بَرْهَنْ barhan, أَثْبَتْ aṭbat.

Prove, test, إِمْتَحَنْ imtaḥan.

Proverb, مثل masal (pl. امثال amsāl).

Providence (divine), عناية الله *'ināyat allāh.*

Province, ايالة *iyālah.*

Provisions, ذخيرة *zakhīrah,* طعام *ṭa'ām.*

Prudence, حزم *ḥazm,* بصيرة *baṣīrah,* فطنة *fiṭnah.*

Publisher (of books), ناشر *nāshir.*

Pull, جَذَبَ *gadab,* سَحَبَ *saḥab.*

Pulley, بكرة *bakarah.*

Pulpit, منبر *minbar.*

Pulse, نبض *nabḍ.*

Punish, عَاقَبَ *'āqab,* عَذَّبَ *'azzab.*

Punishment, عذاب *'azāb,* جزا *giza.*

Pupil, scholar, تلميذ *talmīd.*

Purchase-money (military), بدلية *badalīyah.*

Pure, chaste, نقي *naqī.*

Pure, clean, طاهر *ṭāhir.*

Pure, unmixed, خالص *khāliṣ.*

Purgative, مسهل *mushil.*

Purpose, قصد *qaṣd,* ارادة *irādah.*

Purse, كيس *kīs* (pl. اكياس *akyās*).

Pursue, طَارَدَ *ṭārad,* تَبَعَ *taba'.*

Push, دَفَعَ *dafa'.*

Put, وَضَعَ *waḍa',* حَطّ *ḥaṭṭ.*

Put out, طَلّ *ṭall.*

Putty, معجون *ma'gūn.*

Pyramid, هرم *haram* (pl. اهرام *ahrām*).

Q

Quail (a bird), سمّان *sammān.*

Qualification, صفة *ṣifah.*

Quality, كيفيّة *kēfīyah,* ماهيّة *māhīyah,* منقبة *manqabah,* وصف *waṣf.*

Quantity, مقدار *miqdār,* كمّيّة *kammīyah.*

Quarrel (a), نزاع *nizā',* خصام *khiṣām.*

Quarrel (to), تَخَاصَمَ *takhāṣam.*

Quarter (a fourth), ربع *rub'.*

Quarter (region, district), ناحية *nāḥiyah,* حارة *ḥārah.*

Quarters (military), قشلاق *qishlaq.*

Queen, ملكة *malikah.*

Quench, اَطْفَا *aṭfā.*

Question, سؤال *suāl.*

Question (to), سَأَلَ *sa'al,* إِسْتَفْهَمَ *istafham,* إِسْتَفْسَرَ *istafsar.*

Quick, سريع *sarī'.*

Quickly, علي الفور *'ala'l-fōr*, قوام *qawām*.

Quicksilver, زيبق *zēbaq*.

Quiet, peaceful, ساكت *sākit*, ساكن *sākin*, هادى *hādī*.

Quiet, rest, راحة *rāḥah*, هدو *hudū*.

Quill (feather), ريش *rīsh*.

Quilt, لحاف *laḥāf*.

Quince, سفرجل *safargal*.

Quit, ترك *tarak*, هجر *hagar*.

Quite, بالتمام *bi't-tamām*.

Quotation, نقل *naql*, ايراد *irād*, اقتباس *iqtibās*.

Quote, نقل *naqal*, إقتبس *iqtabas*, اورد *aūrad*.

R

Rabbit, ارنب *arnab*.

Race, طايفة *ṭāïfah*.

Radish, فجل *figl*.

Rags, رقعات *ruq'āt*, دعابيل *da'ābīl*.

Raid, غزا *ghazā*.

Railway, طريق or سكة الحديد *ṭarīq* or *sikkat el-ḥadīd*.

Railway-station, محطة *maḥaṭṭah*.

Rain, مطر *maṭar*.

Raise, رفع *rafa'*.

Raisins, زبيب *zabīb*.

Ramble, stroll, دار *dār*.

Rampart, متراس *mitrās*.

Rank (military), رتبة *rutbah*.

Rank (of soldiers), صف *ṣaff*.

Ransom, فدية *fadīh*.

Rare, نادر *nādir*.

Rash, متهور *mutahawwir*.

Rat, جرذون *gardūn*, فار *fār*.

Rate (to), value at, ثمن *ṭamman*.

Ration, bread, جراية *girāyah*.

Ration return, كشف تعيينات *kashf ta'yīnāt*.

Rations, تعيينات *ta'yīnāt*.

Ravage, waste, خرب *kharab*, عطل *'aṭṭal*.

Ravaged (to be), تخرب *takharrab*.

Raven (a), زاغ *zāgh*.

Ravine, وادي *wādī*, عمق *'umq*.

Raw (meat), ني *nē*.

Rays, شعاع *shu'ā'*.

Razor, موس *mūs* (pl. امواس *amwās*).

Reach, بلغ *balagh*, حصل *ḥaṣṣal*, وصل *waṣal*.

Read, قرأ *qarā.*

Reader, قاري *qārī.*

Reading (a), قراية *qirāyah.*

Ready, متهي *mutahayy,* حاضر *ḥāḍir.*

Real, حقيقي *ḥaqīqī.*

Real, حصد *ḥaṣad.*

Rear, خلف *khalf.*

Rear-guard, دمدار *dimdār.*

Rear-rank, الصف الثاني *eṣ-ṣaff eṭ-ṭānī.*

Reason, cause, سبب *sabab.*

Reason, intellect, عقل *'aql.*

Reasonable, معقول *ma'qūl.*

Rebel, عاص *'āṣ,* عصاة *'uṣāh.*

Rebellion, عصيان *'iṣyān.*

Receipt, وصول *wuṣūl,* وصل *waṣl.*

Receive, take, get, أخذ *akhadh,* إستلم *istalam,* قبل *qabil,* قبض *qabiḍ,* نال *nāl.*

Receive, welcome, رحب *raḥḥab,* إستقبل *istaqbal.*

Recent, حادث *ḥādis,* حديث *ḥadīs,* جديد *gadīd,* طريف *ṭarīf.*

Reckon, حسب *ḥasab,* عد *'add.*

Recline, إتكا *ittaka,* إنسند *insanad.*

Recognize, recollect, تذكر *tazakkar.*

Recommend, أشار علي *ashār 'ala,* وصي *waṣṣa.*

Recommendation, توصية *tauṣiyah.*

Recompense, مكافاة *mukāfāh,* مجازاة *mugāzāh.*

Reconnaissance, استكشاف *istikshāf.*

Recount, حكي *ḥaka.*

Recover, get well, أفاق *afāq,* بري *barī.*

Recover, regain, إسترد *istaradd.*

Recovery (of health), شفاء *shifā.*

Recruiting, لم العساكر *lamm el-'asākir.*

Red, احمر *aḥmar.*

Redden, grow red, إحمر *iḥmar.*

Redden, make red, حمر *ḥammar.*

Red-lead, سلاقون *salāqūn.*

Redoubt, بلانقة *balānqah.*

Reeds, بوص *būṣ,* غاب *ghāb.*

Re-enlisting, الاكتتاب ثانيا *el-iktitāb ṭāniyan.*

Reflect, consider, فكر *fakkar.*

Reflect, throw back, إنعكس *in-'akas.*

Reflection, thought, تفكر *tafakkur.*

Refrain, إِحْتَرَز *iḥtaraz.*

Refresh, طَرِّي *ṭarra,* إِسْتَرَاح *istarāḥ.*

Refusal, اباء *ibā,* امتناع *imtināʻ.*

Refuse, أَبَي *aba,* إِمْتَنَع *imtanaʻ.*

Regard, esteem, اعتبار *iʻtibār.*

Regard, relation to, مناسبة *munāsabah.*

Regiment, اورطة *orṭah,* الآي *alāi.*

Regimentals, كساوي *kasāwī.*

Regret (to), تَأَسَّف *tāassaf.*

Regular, مرتّب *murattab,* قانوني *qānūnī.*

Regularity, ترتيب *tartīb.*

Rein, صرع *ṣuraʻ.*

Reject, رَدّ *radd.*

Rejoice, gladden, فَرَّح *farraḥ.*

Rejoice (to), فَرِح *fariḥ.*

Relation, narrative, قصّة *qiṣṣah,* حكاية *ḥikāyah.*

Relation, relative, قريب *qarīb,* قريبة *qarībah.*

Relief (military), غيار *ghiyār.*

Religion, دين *dīn,* ايمان *imān,* ملّة *millah,* ديانة *diyānah,* مذهب *mazhab.*

Rely on, إِعْتَمَد علي *iʻtamad ʻala.*

Remain, be left, بَقِي *baqī.*

Remain, continue, إِسْتَقَرّ *istaqarr,* إِسْتَمَرّ *istamarr.*

Remainder, باقي *bāqī.*

Remark (to), لاَحَظ *lāḥaẓ.*

Remedy, help, معاونة *muʻāwanah.*

Remedy (medical), علاج *ʻilāg,* دواء *dawā.*

Remembrance, ذكرة *zikrah.*

Remove, change abode, إِنْتَقَل *intaqal.*

Remove, take away, نَقَل *naqal,* نَحّي *naḥḥī,* رَفَع *rafaʻ.*

Rendezvous, موعد *mauʻid.*

Renew, جَدَّد *gadda.l,* عَاد *ʻād.*

Renown, شهرة *shuhrah.*

Rent (house), كرا *kirā,* أُجرة *ugrah.*

Repair, mend, صَلَّح *ṣallaḥ* رَمَّم *rammam.*

Repeat, كَرَّر *karrar,* أَعَاد *aʻād.*

Repent, تَاب *tāb,* نَدِم *nadim.*

Replace, رَدّ *radd,* عَوَّض *ʻawwaḍ.*

Reply (a), جواب *gawāb.*

Reply (to), جَاوَب *gāwab.*

Report (to), قَرَّر *qarrar,* أَشَاع *ashāʻ.*

Repose, راحة *rāḥah.*

Reproach, لاَم *lām,* وَبَّخ *wabbakh.*

Reptiles, هوام *hawām*, حشرات *ḥasharāt*.

Republic, جمهور *gamhūr* (pl. جماهير *gamāhīr*).

Request (a), عرض *'arḍ*, التماس *iltimās*, طلب *ṭalab*.

Request (to), طَلَبَ *ṭalab*, إِلْتَمَسَ *iltamas*.

Resemblance, تمثيل *tamṯīl*.

Reserve of troops, مستحفظ *mus-taḥfaẓ*, احتياطي *iḥtiyāṭī*.

Reside, سَكَنَ *sakan*, قَطَنَ *qaṭan*, أَقَامَ *aqām*.

Resign, إِسْتَعْفَى *ista'fa*, سَلَّمَ *sallam*.

Resignation, تسليم *taslīm*, استعفاء *isti'fā*.

Resist, قَاوَمَ *qāwam*, مَانَعَ *māna'*.

Resolution, resolve, عزيمة *'azīmah*.

Resolve (to), عَزَمَ *'azam*.

Respect, تكريم *takrīm*.

Respecting, with reference to, بخصوص *bi-khuṣūṣ*.

Rest (to), إِسْتَرَاحَ *istarāḥ*.

Restive, حاد *ḥād*, قلوق *qalūq*.

Restless, قلقان *qalqān*, غير مرتاح *ghēr murtāḥ*.

Restrain, check, ضَبَطَ *ḍabaṭ* or *zabaṭ*.

Result, نتيجة *natīgah*, حاصل *ḥāṣil*.

Retire, إِنْصَرَفَ *inṣaraf*, رَجَعَ *raga'*, تَرَكَ الخدمة *tarak el-khidmah*.

Retirement, خلوة *khilwah*, انصراف *inṣirāf*.

Retreat, sunset, نوبة المساء *nōbat el-misā*.

Return, come back, رَجَعَ *raga'*.

Return (to), give back, رَجَّعَ *ragga'*, رَدّ *radd*.

Revenge, نقمة *naqmah*, انتقام *intiqām*.

Review, استعراض *isti'arāḍ*, عرض *'arḍ*.

Revive, أَحْيَى *aḥya*.

Revolution, انقلاب *inqilāb*.

Reward, جزا *gazā*, مكافأة *mukāfāh*.

Reward (to), جَازَى *gāza*, كَافَى *kāfa*.

Rheumatism, وجع مفاصل *waga' mafāṣil*.

Rib, ضلع *ḍil'*.

Rice, رُزّ *ruzz*.

Rich, غني *ghanī*.

Riches, مال *māl* (pl. أموال *amwāl*).

Ride, رَكِبَ *rakib*.

Rider, راكب *rākib*.

Ridicule (to), تَضَحَّكَ *taḍaḥḥak*, هَزَأَ *hazā*.

Right, correct, صحيح *ṣaḥīḥ*, صايب *ṣāīb*.

Right, just claim, حقّ *ḥaqq*.

Right (not left), يمين *yamīn*.

Rind, قشرة *qishrah*.

Ring, حلقة *ḥalaqah*.

Ring, seal, خاتم *khātim*.

Riot, عصاوة *'aṣāwah*.

Ripe, مستوي *mustawī*.

Rise (as the sun), طالِع *ṭāli'*, شَرَق *sharaq*.

Rise, stand up, قام *qām*.

River, نهر *nahr* (pl. انهار *anhār*).

Rivet, مسمار *musmār*.

Road, طريق *ṭarīq* (pl. طرق *ṭuruq*), درب *darb*.

Roast (to), شَوَي *shawa*.

Rob, سَرَق *saraq*.

Robber, لصّ *liṣṣ* (pl. لصوص *luṣūṣ*).

Robe, كسوة *kiswah*, قفطان *qafṭān*, خلعة *khal'ah*.

Rock (a), صخرة *ṣakhrah*.

Rocket, ساروخ *sārūkh*.

Roll (to), حدّل *ḥadal*, دَحْرَج *daḥrag*.

Roof, سطح *saṭ'ḥ*, سقف *saqf*.

Room, chamber, بيت *bēt*, اوضة *ōḍah*, حجرة *ḥugrah*.

Room, space, وسع *wasa'*.

Root, اصل *aṣl*, جدر *gidr*.

Rope, حبل *ḥabl*.

Rose (a), ورد *ward*.

Rot (to), عَطَن *'aṭan*, قَضّ *qaḍḍ*, دَاب *dāb*.

Rough, خشن *khashin*.

Round about, حول *ḥōl*.

Round (circular), مدوّر *mudawwar*.

Row (to), قَدَّف *qaddaf*.

Rub, دَعَك *da'ak*.

Rub together, حَكّ *ḥakk*.

Rubble, دبش *dabsh*.

Rudder, دفّة *daffah*.

Rude, brutal, غليظ *ghalīẓ*, خشني *khushnī*.

Rug, بساط *busāṭ*.

Ruin, devastation, خراب *kharāb*, تخريب *takhrīb*.

Rule, regulation, قانون *qānūn*.

Ruler, governor, حاكم *ḥākim*, عامل *'āmil*, متسلّط *mutasalliṭ*, والي *wālī*.

Ruler, instrument, مسطرة *misṭarah* (pl. مساطر *masāṭir*).

Run, رَكَض *rakaḍ*, جَرَي *gara*.

Rupture, فرق *qirq*.

Rust, صدا *ṣadā*.

S

Sack, زكيبة *zakībah*, جوال *guwāl*.

Sacrifice (n), ذبيحة *dabīḥah*.

Sad, كئيب *ka'īb*, مغموم *maghmūm*.

Saddle (of a donkey), بردعة *barda'ah*.

Saddle (of a horse), سرج *sarg*.

Saddle-bag, خرج *khurg*.

Saddler, سرّوجي *sarrūgī*, برادعي *barâd'ī*.

Safe, secure, مامون *māmūn*, سالم *sālim*.

Safety, سلامة *salāmah*, امان *amān*.

Sage (a), علّامة *'allāmah*.

Sail (of a ship), شراع *shirā'*, قلع *qal'*.

Sail (to make), أَقْلَعَ *aqla'*.

Sailor, بحري *baḥrī*.

Salary, جمكيّة *gamkīyah*, ماهية *māhiyah*.

Sale, بيع *bē'*.

Salt, ملح *malḥ*.

Salute, سلام *salām*.

Sand, رمل *raml*.

Sand-bag, كيس رمل *kīs raml*.

Sapper, لغمجي *laghamgī*.

Satan, شيطان *shēṭān*.

Satisfaction, رضوان *riḍwān*.

Satisfied, contented (to be), كفي *kafa*, أَرْضِي *arḍa*, اقْنَعَ *aqna'*.

Satisfied (to be), شَبِعَ *shabi'*, إِكْتَفَي *iktafa*, أَقْتَنَعَ *iqtana'*.

Satisfy, satiate, شَبَّعَ *shabba'*, أَشْبَعَ *ashba'*, اقْنَعَ *aqna'*.

Sauce, صلصا *ṣalṣā*.

Saucepan, حلّة *ḥallah*.

Saucer, طبق صغير *ṭabaq ṣaghīr*.

Savage, wild, وحشي *waḥshī*.

Save (economize), وَفَّر *waffar*.

Save (from evil), حَفَظَ *ḥafaẓ*.

Save (from hurt), خَلَّصَ *khallaṣ*.

Saw (tool), منشار *minshār*.

Say, قَال *qāl*.

Scale, balance, ميزان *mīzān*.

Scale (of drawing), مقياس *miqyās*.

Scarabæus, جعران *gu'arān*.

Scarce, rare, نادر *nādir*.

Scent, عطر *'iṭr*.

School, مدرسة *madrasah*, مكتب *maktab*.

Science, علم *'ilm*, فنّ *fann*, حكمة *ḥikmah*.

Scissors, مقص *maqaṣ*.

Scorpion, عقرب *'aqrab*.

Scoundrel, خبيث *khabīṯ*.

Scout, طليعة *ṭalī'ah*.

Screw, برغي *birghī*.

Sea, بحر *baḥr*.

Seal (to), خَتَمَ *khatam*.

Search, فَتَّش *fattash*.

Season, اوان *awān*, فصل *faṣl* (pl. فصول *fuṣūl*).

Seat (a), كرسي *kursī*.

Secret (a), سرّ *sirr*.

Secret, private, سرّي *sirrī*, خفي *khafī*.

See, نَظَرَ *naẓar*, شَافَ *shāf*, رَأَي *rā'a*.

Seed, زرع *zar'*, بزر *bizr*.

Seek, طَلَبَ *ṭalab*, فَتَّش *fattash*.

Seem, ظَهَرَ *ẓahar*.

Seize, قَبَضَ *qabaḍ*, مَسَكَ *masak*.

Seldom, نادراً *nādiran*.

Self, نفس *nafs*; myself, نفسي *nafsī* (see Gr., Art. 170).

Sell, بَاعَ *bā'*.

Send, بَعَثَ *ba'aṯ*, أَرْسَلَ *arsal*, شَيَّعَ *shayya'*.

Sense (meaning), معني *ma'na*.

Sense (understanding), عقل *'aql*.

Sentry, غفير *ghafīr*, ديدهبان *dīdebān*.

Sentry-box, ورديّة *wardīyah*.

Separate, مفرد *mufrad*, منفصل *munfaṣil*, مفروق *mafrūq*.

Separation, مفارقة *mufāraqah*.

Sergeant, شاويش *shāwīsh*.

Sergeant-major, باش شاويش *bāsh shāwīsh*.

Serious, important, مهمّ *muhimm*.

Serious, staid, مهاب *muhāb*.

Serpent, حيّة *ḥayyah*, ثعبان *ṯi'bān*, أفعي *afa'a*.

Servant, خادم *khādim*, خدّام *khaddām*, عبد *'abd*, غلام *ghulām* (pl. غلمان *ghilmān*).

Service, خدمة *khidmah*.

Servitude, عبودية *'ibūdiyah*.

Set (as a jewel), مرصّع *muraṣṣa'*.

Set, to (as the sun), غَابَ *ghāb*, غَرُبَ *gharub*.

Several, بعض *ba'ḍ*, عدّة *'iddah*, كثير *keṯīr*.

Several times, مراراً *mirāran*.

Severity, شدّة *shiddah*, قساوة *qasāwah*.

Sew, خَيَّط *khayyaṭ.*

Shade, shadow, ظلّ *ẓill.*

Shake, agitate, نَفَض *nafaḍ,* حَرَك *ḥarak,* هزّ *hazz.*

Shaken (to be), إِضْطَرَب *iḍṭarab,* إِرْتَعَد *irta'ad.*

Shallow, شايف *shāyif.*

Shame, bashfulness, خجل *khagal.*

Shame, disgrace, عيب *'ēb,* خزي *khīzī,* خجل *khagal,* خشو *khashū.*

Shape, دكان *dokān,* سهم *sahm,* شكل *shakl.*

Share, حصّة *ḥiṣṣah.*

Share (to), divide, قَسَّم *qassam.*

Sharp, حادّ *ḥādd,* ذرب *darib.*

Shave, حَلَق *ḥalaq.*

Shawl, شال *shāl.*

She, هي *hīya.*

Sheep, غنم *ghanam* (pl. اغنام *aghnām*) ; a sheep, نعجة *na'gah.*

Sheet (of a bed), ملاة *malāh,* شرشف *sharshaf.*

Sheet (of paper), طلحيّة *ṭalḥīyah,* فرخ ورق *farkh waraq.*

Shell, صدف *ṣadaf.*

Shell (military), دانة *dānah.*

Shelter (refuge), ملجا *malgā.*

Shine, لَمَع *lama',* أَشْرَق *ashraq,* لألا *lā' lā.*

Ship, مركب *markib* (pl. مراكب *marākib*), سفينة *safīnah* (pl. سفن *sufun*).

Shirt, قميص *qamīṣ.*

Shoal, باجة *bāgah.*

Shoe, خفّ *khuff,* مداس *madās,* تاسومة *tāsūmah,* مركوب *markūb,* سرماية *sirmāyah.*

Shoot, قَوَّس *qawwas,* رَمَي *rama.*

Shop, حانوت *ḥānūt,* دكّان *dukkān.*

Short, قصير *qaṣīr.*

Shoulder, كتف *kitf* (pl. اكتاف *aktāf*).

Show (to), أَرَي *ara,* أَبْدَي *abda,* أَظْهَر *aẓhar,* فَرَّج *farrag.*

Shut, غَلَق *ghalaq,* أَغْلَق *aghlaq,* قَفَل *qafal.*

Shut (to block), سَدّ *sadd.*

Sick, ill, مريض *marīḍ,* عيّان *'ayyān.*

Side, جنب *ganb* (pl. جوانب *gawānib*), طرف *ṭaraf* (pl. اطراف *aṭrāf*).

Siege, حصار *ḥiṣār,* محاصرة *muḥāṣarah.*

Sight, بصر *baṣar.*

Sight, back, نشانكاه ورّاني *nishāngāh warrānī.*

Sight (gun), نشانكاه *nishāngāh.*

Sight, lateral, نشانكاه جنبي *nishāngāh gambī.*

Signal, mark, علامة *'alāmah,* اشارة *ishārah.*

Signaller, اشارتجي *ishāratgī.*

Signature, امضا *imḍā,* فرمة *firmah.*

Silence, سكوت *sukūt,* صمت *ṣamt.*

Silk, حرير *ḥarīr.*

Silver, فضّة *faḍḍah.*

Simple, بسيط *basīṭ.*

Sin (a), خطيئة *khaṭiyyah.*

Since, because, لان *lian.*

Since, from, منذ *mund.*

Since, then, من ذاك الوقت *min zāk el-waqt.*

Sincere, صادق *ṣādiq,* مخلص *mukhliṣ.*

Sincerity, اخلاص *ikhlāṣ.*

Sing, غنّي *ghanna.*

Singer, مغني *mughannī.*

Singing-girl, عالمة *'ālimah* (pl. عوالم *'awālim*).

Single, one only, فرد *fard,* واحد *wāḥid.*

Single, unmarried, عازب *'āzib.*

Singly, واحداً واحداً *wāḥidan wāḥidan,* فرداً *fardan.*

Sink, غرِق *ghariq,* غطَس *ghaṭas.*

Sister, اخت *ukht.*

Sit, قعَد *qa'ad,* جلَس *galas.*

Size, قدر *qadr,* جرم *girm,* حجم *ḥagm.*

Skilful, حاذق *ḥādiq,* ماهر *māhir,* شاطر *shāṭir.*

Skill, مهارة *mahārah,* شطارة *shaṭārah.*

Skin, جلد *gild* (pl. جلود *gulūd*).

Skin, water, قربة *qarbah.*

Skirmish (to), تَشَرْخَج *tasharkhag.*

Sky, جو *gau,* سما *samā,* فلك *falak,*

Slave, عبد *'abd,* مملوك *mamlūk.*

Sleep (subs.), نوم *nōm,* رقاد *ruqād.*

Sleep (to), نَام *nām.*

Sleeping, نايم *nāim.*

Sleepy, نعسان *na'sān.*

Sling (of rifle), قايش *qāīsh.*

Sling (of sword-belt), بندة *bandah.*

Slip, زَلَق *zalaq.*

Slipper, بابوج *bābūg,* بنتوفلة *bantūflah.*

Slippery, زلق *zaliq,* مزحلق *mezaḥlaq.*

Slow, slothful, بطي• *baṭī*, مهمل *muhmil*, متمهّل *matamahhil*.
Slowness, بطؤ *baṭū*, اهمال *ihmāl*, تواني *tawānī*.
Small, صغير *ṣaghīr*, قليل *qalīl*.
Small, minute, دقيق *daqīq*.
Smash, كسّر *kassar*.
Smell, odour, رائحة *rāiḥah*.
Smell (to), شمّ *shamm*.
Smile (to), تبسّم *tabassam*.
Smoke (to), دخّن *dakhkhan*.
Smooth, ناعم *nā'im*, مصقول *maṣqūl*.
Snaffle, قرطمّة *qarṭimmah*.
Snipe, بكاسين *bakasīn*.
Snow, ثلج *talg*.
Snow (to), ثلّج *tallag*.
Snuff, نشوق *neshūq*, سعوط *su'ūṭ*.
So, هكذا *hakazā*, كذلك *kazālik*.
So and so, such a one, فلان *fulān*.
So that, لكي *likai*, حتّى *ḥatta*, كيما *kēmā*.
Soak, بلّ *ball*.
Soap, صابون *ṣābūn*.
Society, صحبة *ṣuḥbah*, رفقة *rufqah*, جمعيّة *gam'īyah*, شركة *shirkah*.
Socks, جرابات *gurābāt*.
Soft, ناعم *nā'im*, ليّن *lēyin*, رخو *rakhū*.

Sold, مباع *mubā'*.
Solder, لحام *liḥām*.
Soldier, عسكري *'askarī*.
Solid, متين *matīn*, جامد *gāmid*.
Solitary, منفرد *munfarid*.
Some, بعض *ba'ḍ*.
Something, شي *shē*.
Sometimes, احيانًا *aḥyānan*.
Son, ابن *ibn* (pl. ابنا *abnā*).
Son-in-law, صهر *ṣihr*.
Song, غنا *ghunā*, موّال *mawwāl*.
Soon, سريعًا *sarī'an*, عن قريب *'an qarīb*.
Soot, هبا *hibā*.
Soothe, ملّق *mallaq*.
Sorrow, حزن *ḥuzn*, غمّ *ghamm*.
Sorry, متأسّف *mutā'assif*, حزنان *ḥaznān*.
Sort, kind, نوع *nau'*, شكل *shakl*.
Sortie, طلعة *ṭal'ah*.
Soul, spirit, self, نفس *nafs*, روح *rūḥ*.
Sound, healthy, سالم *sālim*, صحيح *ṣaḥīḥ*.
Sound, noise, صوت *ṣūt*.
Soup, شوربة *shūrbah*.
Sour, حامض *ḥāmiḍ*.
South, جنوب *ganūb*, قبلة *qiblah*.

Space, مدي *mada*, مدّة *muddah*.

Spade, فسحة *fasḥah*.

Span, شبر *shibr* (pl. اشبار *ashbār*).

Spar (of wood), برطوم *barṭūm*.

Spark, شرارة *sharārah*.

Speak, قال *qāl*, تكلّم *takallam*.

Spear, رمح *rumḥ* (pl. ارماح *armāḥ*, رماح *rimāḥ*).

Special, مخصوص *makhṣūṣ*, خاص *khāṣ*.

Spectacles, نظّارات *naẓẓārāt*.

Speech, نطق *nuṭq*, لفظ *lafẓ*.

Speech, oration, مقالة *maqālah*, خطاب *khiṭāb*.

Spend, صَرَف *ṣaraf*.

Spice, بهار *buhār*.

Spider, عنكبوت *'ankabūt*.

Spill, صَبّ *ṣabb*.

Spilt (to be), إنْصَبّ *inṣabb*.

Spin, غَزَل *ghazal*.

Spindle, مغزل *maghzal*.

Spirit, breath, روح *rūḥ* (pl. ارواح *arwāḥ*).

Spit, بَصَق *baṣaq*, تَفّ *taff*.

Spite, حقد *ḥaqd*.

Splendid, جليل *galīl*.

Splendour, شأن *shān*.

Split, شَقّ *shaqq*, صَدَع *ṣada'*.

Spoiled, مخسّر *mukhassar*, متلف *mutlaf*.

Spoke (of wheel), برمق *barmaq*.

Sponge, أسفنج *isfing*.

Spoon, ملعقة *mal'aqah*.

Spot, stain, بقعة *buq'ah*, شين *shēn*.

Sprained, مملوخ *mamlūkh*, مقصوع *maqṣū'*, ملتوي *multawī*.

Spread, بَسَط *basaṭ*, مدّ *madd*.

Spring, fountain, عين *'ēn*, ينبوع *yanbū'*.

Spring, jump, نطة *naṭṭah*.

Spring, machine, زنبرك *zimbrek*, ياي *yāy*.

Spring-time, ربيع *rabī'*.

Sprinkle, رَشّ *rashsh*.

Spur (a), مهماز *mahmāz*.

Spur (to), هَمَز *hamaz*.

Spy, جاسوس *gāsūs*.

Squadron (military), اورطة سواري *ōrṭat sawārī*.

Square (adj.), مربّع *murabba'*, زاوية *zāwiyah*.

Square, place, ساحة *sāḥah*.

Stable, اسطبل *isṭabl*.

Stack, بضاعة *baḍā'ah*.

Staff (military), اركان حرب *arkān ḥarb*.

Stag, deer, غزال *ghazāl*.

Stair, درجة *daragah*.

Staircase, درج *darag*.

Stall, بكس *buks*.

Stamp (postage, etc.), دمغة *damghah*, نقش *naqsh*.

Stamp (to), طَبَعَ *ṭaba'*, نَقَشَ *naqash*.

Stand still, وَقَفَ *waqaf*.

Stand (to), قَامَ *qām*.

Star, نجم *nagm* (pl. نجوم *nagūm*), كوكب *kowkab* (pl. كواكب *kawākib*).

Starch (to), نَشّي *nashsha*.

State, condition, حال *ḥāl* (pl. احوال *aḥwāl*), شان *shān*.

State, government, حكومة *ḥukūmah*.

Station, منزل *manzil*.

Station, railway, محطّة *maḥaṭṭah*.

Statue, تمثال *timsāl*.

Stature, قامة *qāmah*, قدّ *qadd*.

Stay, remain, مَكَثَ *makaṯ*, اسْتَقَامَ *istaqām*.

Steady, ساكن *sākin*, ثابت *sābit*.

Steal, سَرَقَ *saraq*.

Steam, بخار *bukhār*.

Steamer, مركب بخار *markib bukhār*, وابور *wābūr*.

Steel, بولاد *bulād*, صلب *ṣulb*.

Step, خطوة *khaṭwah*.

Stern, grim, عبوس *'abūs*.

Stick, staff, عصا *'aṣā*.

Still (nevertheless), مع كلّ ذلك *ma' kull zālik*.

Still, quiet, هادي *hādī*, ساكت *sākit*.

Still (till now), الي الآن *ila alān*, لسّا *lissā*.

Still (yet again), ايضاً *aiḍan*.

Stir (oneself), تَحَرَّكَ *taḥarrak*.

Stir (something), حَرَّكَ *ḥarrak*.

Stirrup, ركاب *rakāb*.

Stirrup-leather, زخمة *zukhmah*.

Stockade, شرامبول *sherāmbūl*.

Stocking, جراب *gurāb*.

Stomach, معدة *ma'idah*.

Stomach-ache, وجع المعدة *waga el-ma'idah*.

Stone, حجر *ḥagar* (pl. احجار *aḥgār*).

Stoop, وَطّي *waṭṭa*.

Stop, cease, تَرَكَ *tarak*.

Stop, stand still, وَقَفَ *waqaf*.

Store, granary, شونة *shūnah*.

Store, magazine, مخزن *makhzan*.

Storm, نوء *nau*, زوبعة *zōba'ah*.

Stormy, عجّاج *'aggāg*.

Story, قصّة *qiṣṣah*, حكاية *ḥikāyah.*

Stove, محمة *miḥmah*, فرن *furn.*

Straight, قويم *qawīm*, مستقيم *mustaqīm*, دغري *dughrī.*

Straighten, عدّل *'addil*, قوّم *qawwam.*

Strange, a stranger, غريب *gharīb* (pl. غربا *ghuraba*).

Strangle, إختنق *ikhtanaq.*

Strap, قايش *qāīsh*, سير *sēr.*

Straw, تبن *tibn*, قش *qash.*

Stream, مجرى *migrā*, مسيل *masīl*, ساقية *sāqiyah* (pl. سواقي *sawāqī*), ترعة *tir'ah.*

Street, حارة *ḥārah*, شارع *shāri'.*

Strength, شدّة *shiddah*, قوّة *quwah.*

Strengthen, شدّ *shadd*, قوّي *qawwa.*

Strengthening (confirmation), تشديد *tashdīd.*

Stretch, مدّ *madd.*

Stretcher, نقّالة *naqqālah.*

Strike, ضرب *ḍarab*, لطم *laṭam.*

String, خيط *khēṭ*, فتلة *fatlah.*

Strip off, جرّد *garrad*, عرّي *'arra.*

Strong, قوي *qowī*, شديد *shadīd.*

Student, متعلم *muta'allim*, تلميذ *talmīd.*

Study (a), مكتب *mektab.*

Study (to), درس *daras.*

Stupid, بليد *balīd*, احمق *aḥmaq*, عبيط *'abīṭ.*

Style, تحرير *taḥrīr*, انشا *inshā*, طريقة *ṭarīqah.*

Subaltern, ملازم *mulāzim.*

Subdue, أخضع *akhḍa'*, غلب *ghalab.*

Subject, vassal, رعيّة *ra'iyyah* (pl. رعايا *ra'āyā*).

Submit, خضع *khaḍa'.*

Subsequent, following, تالي *tālī.*

Substance, مادّة *māddah.*

Subtle, fine, رقيق *raqīq.*

Succeed, attain, نجح *nagaḥ.*

Succeed to something, خلف *khalaf*, عقب *'aqab.*

Success, نجاح *nagāḥ.*

Succession, خلافة *khilāfah.*

Succession (in), بالتوالي *bi't-tawālī.*

Suck, مصّ *maṣṣ.*

Suckle, رضع *raḍi'.*

Sudden, فجاي *fagāī.*

Suddenly, بغتةً *baghtatan*, علي غفلة *'ala ghaflah*, فجاةً *fagā'atan.*

Suffer, endure, احتمل *aḥtamal*, كابد *kābad.*

Suffer, feel pain, توجّع *tawagga'*, تألّم *tāallam.*

Suffice, كَفَي *kafa.*

Sufficiency, كفاية *kifāyah.*

Sufficient, كافي *kāfi.*

Sugar, سكّر *sukkar.*

Sugar-cane, قصب سكّر *qaṣab sukkar.*

Suit (clothes), بدلة *badlah.*

Sulphur, كبريت *kibrīt.*

Summer, صيف *ṣēf.*

Sun, شمس *'shams.*

Sunrise, طلوع الشمس *ṭalū' esh-shams.*

Sunset, غروب الشمس *ghurūb esh-shams.*

Superfluity, زيادة *ziyādah,* رخا *rakhā.*

Supper, عشا *'ashā.*

Supply, قدّم *qaddam,* أدّي *adda,* ورّد *warrad,* صَرَف *ṣaraf.*

Support, aid (to), أغاث *aghāt,* أسْعَف *as'af,* أعان *a'ān.*

Support (military), امدادية *imdādiyah.*

Support, prop, أسْنَد *asnad.*

Suppose, فَرَض *faraḍ.*

Surcingle, دكّور *dakkūr.*

Sure, certain, يقين *yaqīn,* محقّق *muḥaqqaq,* مؤكّد *muwakkid.*

Surety, pledge, ضامن *ḍāmin,* كفيل *kafīl.*

Surface, وجه *wagh* (pl. وجوه *wugūh*), سطح *saṭḥ.*

Surgeon, جرّاح *garrāḥ,* حكيم *ḥakīm.*

Surname, لقب *laqab.*

Surprise, حَيّر *ḥēyar,* أدْهَش *adhash.*

Surprised (to be), تحيّر *taḥēyar,* تَعَجَّب *ta'aggab.*

Surprising, wonderful, بديع *badī',* مدهش *mudhish.*

Surrender (to), سَلّم *sallam.*

Suspicion, ريب *rēb,* شبهة *shubhah.*

Swallow (to), بَلَع *bala'.*

Swear, أقْسَم *aqsam,* حَلَف *ḥalaf.*

Sweat, عرق *'araq.*

Sweep (to), كَنَس *kanas.*

Sweet, حلو *ḥilū.*

Sweeten, حلّي *ḥalla.*

Sweetmeats, حلويات *ḥulwiyāt.*

Sweetness, حلاوة *ḥalāwah.*

Swell (to), وَرِم *warim,* إنْتفخ *intafakh.*

Swift, سريع *sari'.*

Swim, سَبَح *sabaḥ,* عَام *'ām.*

Sword, سيف *sēf* (pl. سيوف *suyūf*).

Sympathise, تَوَجَّع *tawagga'*, تَأَثَّر *ta'aṭṭar*.

Symptom, اعراض *a'rāḍ*, علامة *'alāmah*.

Syria, بر الشام *barr esh-shām*.

Syringe, حقنة *ḥuqnah*.

T

Table, مايدة *māidah*, سفرة *sufrah*, طاولة *ṭāwlah*, طرابيزة *ṭarābīzah*.

Table-cloth, غطا السفرة *ghaṭā es-sufrah*.

Table-napkin, فوطة السفرة *fūṭah es-sufrah*.

Table-spoon, معلقة غرف *ma'laqat gharf*.

Tail, ذنب *danab* (pl. اذناب *adnāb*), ذيل *dēl* (pl. اذيال *adyāl*).

Tailor, خيّاط *khayyāṭ*.

Take, أخذ *akhad*.

Take a walk, تفسّح *tafassaḥ*.

Take care, إحترس *iḥtaras*.

Take down, نزّل *nazzil*.

Take off, قلع *qala'*.

Take out, شال *shāl*.

Talk, تحدّث *taḥaddas*, تكلّم *takallam*.

Talker (a), قايل *qāil*, متكلّم *mutakallim*.

Tall, طويل *ṭawīl*.

Tallow, شحم *shaḥim*.

Tame, وديع *wadī'*, اليف *alīf*.

Tan (to), دبغ *dabagh*.

Tank, سهريج *sahrīg*.

Tape, شريط *sharīṭ*.

Tar, قطران *qaṭrān*, زفت *zift*.

Target, نشان *nishān*.

Taste (a), ذوق *dōq*, طعم *ṭa'm*.

Taste (to), ذاق *dāq* or *zāq*.

Tax, فردة *firdah*, مال ميري *māl mīrī*.

Tea, شاي *shāi*.

Teach, علّم *'allam*.

Teacher, معلّم *mu'allim*, خوجة *khogah*.

Teapot, ابريق شاي *abrīq shāi*.

Tear (a), دمعة *dam'ah*.

Tear (to), خزّق *khazzaq*, مزّق *mazzaq*.

Tease, أغاظ *aghāẓ*.

Tell, حَكَي *ḥaka*, خَبَّر *khabbar*, قَال *qāl*.

Temper, طبع *ṭab'*, طبيعة *ṭabī'ah*.

Temple, هيكل *hēkal*.

Tender, soft, لَيِّن *lēyin*.

Tent, خيمة *khēmah*.

Tent-peg, وتد *watad*.

Terrible, مهول *muhūl*.

Terrify, خَوَّف *khawwaf*.

Terror, هَوْل *hōl*, رعبة *ra'bah*.

Testimony, شهادة *shahādah*.

Text (of a book), متن *matn*, موضوع *mauḍūa'*.

Thank, شَكَر *shakar*.

Thankful, شكور *shakūr*.

That (dem. pron.), ذاك *zāk* (fem. تلك *tilk*).

The, ال *el*.

Then, ثُمَّ *ṯumma*, عند ذلك *'and zālik*, اذ ذاك *iz zāk*, اذن *izan*, فاذاً *fa'izan*.

There, هناك *henāk*.

There is, في *fī*, يوجد *yūgad*.

Thick, تخين *takhīn*, غليظ *ghalīẓ*.

Thief, سرّاق *sarrāq*, لصّ *liṣṣ*, سارق *sāriq*, حرامي *ḥarāmī*.

Thin, fine, رقيق *raqīq*, رفيع *rafī'*.

Thin, lean, نحيف *naḥīf*.

Thing, شي *shē*.

Things, اشيا *ashyā*, حاجات *ḥāgāt*, اصناف *aṣnāf*.

Think, فَكَّر *fakkar*, ظَنّ *ẓann*.

Thirst (a), عطش *'aṭash*.

Thirst (to), عَطِش *'aṭish*.

Thirsty, عطشان *'aṭshān*.

This, هذا *hāza* (fem. هذه *hāzī*).

Thorn, شوكة *shōkah*.

Thought, فكر *fikr*.

Thread, خيط *khēṭ*, غزل *ghazl*.

Threat, تهديد *tahdīd*.

Threaten, تَهَدَّد *tahaddad*.

Thresh, دَرَس *daras*, دَقّ *daq*.

Throat, حلق *ḥalq*, زور *zōr*.

Throne, عرش *'arsh*, سرير *sarīr*.

Throw, طَرَح *ṭaraḥ*, رَمَي *rama*.

Thumb, ابهام *ibhām*.

Thunder, رَعَد *ra'ad*.

Thus, كذا *kada* or *kida*.

Ticket, تزكرة *tazkarah*.

Tie (to), عَقَد *'aqad*, رَبَط *rabaṭ*.

Tiger, نمر *nimr*.

Tile, قرميد *qarmīd*, طوب *ṭōb*.

Till (to), فَلَح *fallaḥ*, حَرَث *ḥaras*.

Till, until, حتّي *ḥatta*, الي أن *ila an*.

Timber, خشب *khashab*.

Time, زمان *zamān*, وقت *waqt*.

Times (at all), مدي الايّام *mada'l-ayyām*.

Tin, قصدير *qaṣdīr*, صفيح *ṣafīḥ*.

Tinman, سنكري *sankarī*.

Tire (of wheel), طبان *ṭabān*.

Tired, تعبان *ta'bān*.

Title, لقب *laqab*.

Toast (to), شَوَي *shawa*, حَمَّص *ḥammaṣ*.

Tobacco, دخان *dukhān*, تبغ *tabagh*.

To-day, اليوم *el-yōm*, النهار دا *en-nahār da*.

Toe, باهم *bāhim*.

Together, معاً *ma'an*, سوا *sawa*, مع بعض *ma' ba'ḍ*.

Tomato, تماتس *tamātis*, قوطّة *qūṭṭah*.

Tomb, قبر *qabr*.

To-morrow, غدا *ghadā*, بكرة *bukrah*.

Tongs, ماشك *māshik*.

Tongue (language), لغة *lughah*.

Tongue (organ), لسان *lisān*.

Too, بزّيادة *bi'z-ziādah*.

Tooth, سنّ *sinn* (pl. اسنان *asnān*), ضرس *ḍirs* (pl. اضراس *aḍrās*).

Top, اعلي *a'la*, قمّة *qimmah*, ذروة *darwah*.

Topsy-turvy, ملخبط *mulakhbaṭ*.

Torch, مشعل *mish'al* (pl. مشاعل *mashā'il*).

Total, جملة *gumlah*, جميع *gamī'*.

Touch, لَمَس *lamas*, مَسّ *mass*, جَسّ *gass*.

Touch-stone, محكّ *maḥakk*.

Towards, نحو *naḥw*, لطرف *li-ṭaraf*, لنحو *li-naḥw*.

Towel, فوطة *fūṭah*, محزم *maḥzam*, بشكير *bashkīr*.

Tower, برج *burg* (pl. بروج *burūg*).

Town, مدينة *medīnah* (pl. مدن *mudun*).

Trace (to), رَسَم *rasam*.

Trade, commerce, متجر *matgar*, تجارة *tigārah*, بايع *bāī'*.

Trade, profession, حرفة *ḥirfah*.

Tradition, رواية *riwāyah*, حديث *ḥadīs*, تقليد *taqlīd*.

Trail (military), دمن *duman*.

Train, railway, قطر السكّة الحديد *qaṭr es-sikkat el-ḥadīd*.

Transfer (to), نَقَل *naqal*.

Translate, تَرْجَم *targam*.

Translation, ترجمة *targimah*.

Translator, ترجمان *turgumān*, مترجم *mutargim*.

Transparent, شفاف *shaffāf.*

Travel (to), سافر *sāfar,* ساح *sāḥ.*

Traveller, مسافر *musāfir,* سيّاح *sēyāḥ.*

Traverse, fortifications, دروة قاطعة *dirwah qāṭi'ah.*

Tray, صنيّة *ṣanīyah.*

Treacherous, خائن *khā'īn.*

Tread, داس *dās,* وطي *waṭi.*

Treasure, كنز *kinz,* خزانة *khazā-nah.*

Treaty, معاهدة *mu'āhadah.*

Tree, شجرة *shagarah* (pl. اشجار *ashgār*).

Tree, saddle, خشب السرج *khashab es-sarg.*

Tremble, إرتعد *irta'ad,* رجف *ragaf.*

Trestle, سپا *sipā,* حمار *ḥumār.*

Trial, endeavour, سعي *sa'ī.*

Trial, experiment, تجربة *tagribah,* فحص *faḥṣ,* محاكمة *muḥākamah.*

Tribe, قبيلة *qabīlah* (pl. قبايل *qabāīl*).

Trick, حيلة *ḥīlah.*

Trifling, petty, زهيد *zahīd,* حقير *ḥaqīr.*

Troop (cavalry), بلوك *buluk.*

Trot, الغار *el-ghār,* خجاجة *khigāgah,* هرولة *harwalah.*

Trouble, تعب *ta'ab,* تصديع *taṣdī'.*

Trouble, give (to), كلّف *kallaf.*

Troublesome, شاقّ *shāqq,* مزعج *muz'ig.*

Trousers, بنطلون *banṭalon,* لباس *libās.*

True, حقّ *ḥaqq,* صادق *ṣādiq.*

Truly, بالحقيقة *bi'l-ḥaqīqah.*

Trumpet, بوق *būq.*

Trust, اتّكال *ittikāl,* اعتماد *i'timād.*

Trust (to), إعتمد *i'tamad,* اتّكل *ittakal.*

Truth, حقّ *ḥaqq,* حقيقة *ḥaqīqah.*

Try, endeavour, إجتهد *igtahad,* سعي *sa'ī.*

Try (to), جرّب *garrab,* إمتحن *im-taḥan.*

Tunic, سترة *sitrah.*

Turban, عمامة *'amāmah.*

Turkey (bird), ديك رومي *dīk rū-mī,* دندي *dinde* (French).

Turn oneself, دار *dār.*

Turn one's face, توجّه *tawaggah.*

Turn over, reverse, قَلَبْ *qalab*.

Turn something, أَدَار *adār*, دَوَّر *dawwar*.

Turn towards, اَطْرَق *aṭraq*.

Turnip, لفت *lift*.

Tusk, ناب *nāb* (pl. انياب *anyāb*).

Twice, repeatedly, مرّتين *marratēn*.

Twilight, شفق *shafaq*.

Tyrant, ظالم *ẓālim*.

U

Ugly, وحش *wiḥsh*, قبيح *qabīḥ*.

Umbrella, شمسيّة *shamsiyyah*, مظلّة *maẓullah*.

Unable, عاجز *'āgiz*.

Uncertain, غير محقّق *ghēr muḥaqqaq*, غير معلوم *ghēr ma'lūm*.

Uncle (paternal), عمّ *'amm* (pl. عموم *'amūm*, اعمام *a'mām*).

Uncle (maternal), خال *khāl* (pl. اخوال *akhwāl*).

Under, تحت *taḥt*.

Understand, فَهِمْ *fahim*.

Undertake, عَزَمْ علي *'azam 'ala*, شَرَعْ *shara'*.

Undertaking, عزم *'azm*, عزيمة *'azīmah*.

Undress (military), اللبس اليومي *el-libs el-yōmī*.

Undress (to), نَزَّعْ *nazza'*, عَرَّي *'arra*, قَلَعْ *qala'*.

Unfaithful, خاين *khā'īn*.

Unhappy, شقي *shaqī*.

Uniform, بدلة تشريفة *badlah tashrīfah*, كسوة *kiswah*.

Union, اتّحاد *ittiḥād*.

Unite, وَصَلْ *waṣal*, إتَّحَدْ *ittaḥad*.

Unjust, جائر *gā'īr*.

Unknown, مجهول *maghūl*.

Unless, والّا *wa illa*, لولا *laula*, ما لم *mā lam*.

Unlocked, غير مقفول *ghēr maqfūl*.

Unpleasant, غير لطيف *ghēr laṭīf*, غير مرضي *ghēr murḍī*.

Until, الي *ila*, حتي *ḥatta*.

Unwise, جاهل *gāhil*.

Unworthy, غير جدير *ghēr gadīr*, غير مستحقّ *ghēr mustaḥiqq*.

Up, upwards, upon, فوق *fōq*, علي *'ala*.

Upper, اعلي *ā'la*.

Upright, مستقيم *mustaqīm*, راشد *rāshid*.

Uprightly (act), إسْتَقَامَ *istaqām*.

Uprightness, استقامة *istiqāmah*.

Urgent, مهم *muhimm*, مستعجل *musta'gal*, ضروري *ḍarūrī*.

Urine, بول *bōl*.

Use, advantage, نفع *nafa'*, فائدة *fāīdah*.

Use, be accustomed, تَعَوَّد علي *ta-'awwad 'ala*.

Use, custom, عادة *'ādah*.

Use, experience, استعمال *isti'māl*.

Use, make use of, تَصَرَّف *taṣarraf*.

Use, possession, تصرّف *taṣarruf*.

Use, practise (to), اِسْتَعْمَلَ *ista'-mal*.

Useful, نافع *nāfi'*, مفيد *mufīd*.

Useless, غير نافع *ghēr nāfi'*.

Utensils, ادوات *adawāt*.

Utmost (the), اقصي *aqṣa*, غاية *ghāyat*.

Utterly, wholly, بالكلّية *bi'l-kul-līyah*.

V

Vacant, خالي *khālī*.

Vaccinate, طَعَّم *ṭa''am*.

Vain, باطل *bāṭil*, مغترّ *mughtarr*.

Vainly, باطلاً *bāṭilan*.

Valise, جربندية سوارى *garabandi-yat sawārī*.

Valley, وادي *wādī* (pl. اودية *au-diyah*).

Valuable, نفيس *nafīs*, ثمين *ṭamīn*.

Value, قيمة *qīmah*.

Value, prize (to), إعْتَبَرَ *i'tabar*.

Value, rate (to), قَوَّم *qawwam*, ثَمَّن *ṭamman*.

Vanish, اِضْمَحَلَّ *iḍmaḥall*.

Vanity, غرور *ghurūr*.

Vanity, conceit, تكبّر *takabbar*.

Vapour, بخار *bukhār*, غاز *ghāz*.

Variable, varied, متغيّر *muta-ghēyir*, مختلف *mukhtalif*.

Various, مختلف *mukhtalif*, متنوّع *mutanawwi'*.

Vault, arch, قبو *qabū*.

Veal, لحم عجل *laḥm 'igl*.

Vedette, طلايع *ṭalāī'*, ديدهبان سوارى *dīdebān sawārī*.

Vegetables, خضار *khuḍār*.

Velocity, سرعة *sur'ah*.

Velvet, قطيفة *qaṭīfah.*

Venture, dare, تَجَاسَرَ *tagāsar,* تَجَارَي *tagāra.*

Venture, hazard, خاطر *khāṭir.*

Verdict, قرار *qarār.*

Verify, حَقَّقَ *ḥaqqaq,* رَاجَعَ *rāga'.*

Very, جدًّا *giddan,* كثير *keṭīr,* قوي *qowī.*

Vessel, مركب *markib,* وعا *wa'ā.*

Veterinary-surgeon, حكيم بيطري *ḥakīm bīṭarī.*

Vex, صَدَّعَ *ṣadda'.*

Vexation, تكدير *takdīr,* تصديع *taṣdī'.*

Vice, رذيلة *razīlah.*

Vice-regent, خليفة *khalīfah.*

Vice, smith's, سدّان *saddān,* ملزمة *malzamah.*

Victorious, غلب *ghālib.*

Victory, ظفر *ẓafr,* نصر *naṣr.*

Vigilant, منتبه *muntabih.*

Village, قرية *qaryah* (pl. قري *qūra*).

Vine, كرم *karm* (pl. كروم *kurūm*).

Vinegar, خلّ *khall.*

Violence, رغم *raghm,* ظلم *ẓulm,* تعدّي *ta'addī.*

Violent, عنيف *'anīf,* شديد *shadīd.*

Virgin, عذرا *'adra,* بكر *bikr.*

Virtue, فضيلة *faḍīlah* (pl. فضايل *faḍāīl*).

Virtuous, فاضل *fāḍil.*

Visible, منظور *manẓūr,* ظاهر *ẓāhir.*

Visit (a), زيارة *ziyārah,* افتقاد *iftiqād,* عيادة *'iyādah.*

Visit (to), زَارَ *zār,* إِفْتَقَدَ *iftaqad.*

Viz., i. e., يعني *ya'nī.*

Voice, صوت *ṣōt.*

Volley, طلق *ṭalq.*

Volume (bound with leather), مجلّد *mugallad.*

Volume, dimension, حجم *ḥagm.*

Voluntarily, طوعًا *ṭau'an,* اختيارًا *ikhtiyāran.*

Voluntary, اختياري *ikhtiyārī,* راضي *rāḍī,* طوعي *ṭawa'ī.*

Voucher, مستند *mustanad.*

Vow (to), نَذَرَ *nadar.*

Voyage, سفر البحر *safar el-baḥr.*

Vulgar, دني *danī,* عامّ *'āmm.*

Vulgar (the), عامّة *'āmmah.*

Vulture, نسر *nisr* (pl. نسور *nusūr*).

W

Wages, اجرة *ugrah*, ماهية *māhiyah*.

Waggon, عربة *'arabah*, عجلة *'agalah*.

Wait, تَوَقَّف *tawaqqaf*.

Wait for, إِنْتَظَر *intaẓar*.

Wakeful, سهران *sahrān*.

Wakefulness, سهر *sahar*.

Walk (to), مَشَي *masha*, تَمَشَّي *tamashsha*.

Wall, حايط *ḥāiṭ*, سور *sūr*.

Wallet, قبور *qabūr*.

Wall-plate, بستلّة *bastillah*.

Walnut, جوزة *gōzah*.

Wander, دَار *dār*, سَار *sār*, طَاف *ṭāf*, ضَلّ *ḍall*.

Want (desire), اشتياق *ishtiyāq*.

Want (need), احتياج *iḥtiyāg*.

Want (object of desire), غرض *gharaḍ*.

Want (penury), مسكنة *maskanah*, فاقة *fāqah*.

Want (to), إِحْتَاج *iḥtāg*.

Want, wish for, إِشْتَاق *ishtāq*.

War, حرب *ḥarb*.

War (holy), جهاد *gihād*.

War (to), حَارَب *ḥārab*.

Warm, سخن *sukhn*, حار *ḥār*.

Warm (to), سَخَّن *sakhkhan*.

Warmth, heat, حرارة *ḥarārah*.

Warrant officer, صول *ṣōl*.

Wash, غَسَل *ghasal*.

Wash, before prayer, تَوَضّي *tawaḍḍa*.

Wash oneself, إِغْتَسَل *ightasal*.

Washer (wheel), شلبارة *shilbārah*.

Waste, spend, أَسْرَف *asraf*, أَتْلَف *atlaf*.

Wasteful, extravagant, مسرف *musrif*, متلف *mutlif*.

Watch, guard, حَرَس *ḥaras*, خَفَر *khafar*.

Watch, observe, لَاحَظ *lāḥaẓ*, رَاقَب *rāqab*.

Watch, time-piece, ساعة *sā'ah*.

Watch (to), سَهِر *sahir*, غَفَر *ghafar*.

Watchmaker, ساعاتي *sā'ātī*.

Water, ماء *mā*, موية *mōyah*.

Water-bottle (military), زمزمية *zamzamiyah*.

Water-carrier, سقّا *saqqā*.

Water-closet, ادبخانة *adabkhānah*, مستراح *mustarāḥ*.

Wave, موج *maug* (pl. امواج *amwāg*).

Wax, شمع *sham'*.

Way, طريق *ṭarīq* (pl. طرق *ṭuruq*), سبيل *sabīl* (pl. سبل *subul*), سكّة *sikkah*.

Weak, ضعيف *ḍa'īf*.

Weakness, ضعف *ḍa'af*, عجز *'agaz*.

Wealth, مال *māl*, ثروة *ṯarwah*, غني *ghana*.

Wealthy, غني *ghanī*.

Wear (clothing), لَبِس *labis*.

Weary (become), تَعِب *ta'ib*, ضَجِر *ḍagir*.

Weary, tired, تعبان *ta'bān*, متعوب *mat'ūb*.

Weary (to), تَعَب *ta'ab*, أتْعَب *at'ab*.

Wearying, متعب *mut'ib*.

Weather, طقس *ṭaqs*, هوا *hawa*.

Weave, نَسَج *nasag*.

Wedge, اسفين *asfīn* (pl. اسافين *asāfīn*).

Week, جمعة *gum'ah*.

Weep, بَكَي *baka*.

Weigh, وَزَن *wazan*.

Weight, وزن *wazn*, ثقل *ṯuql*.

Weighty, ثقيل *ṯaqīl*.

Welcome! مرحبا *marḥaba*, اهلاً وسهلاً *ahlan wa sahlan*.

Welcome, pleasing, مقبول *maqbūl*.

Welcome (to), رَحَّب بِ *raḥḥab b'*.

Well (a), بير *bīr*, جبّ *gabb*.

Well, good, طيّب *ṭieyib*.

Well, yes, نعم *na'am*.

West, مغرب *maghrib*, غرب *gharb*.

Wet, مبلول *mablūl*, رطب *raṭib*.

Wharf, رصيف *raṣīf*.

What, ما *mā*.

What? كيف *kēf*, ايّ *ē*.

Wheat, قمح *qamḥ*.

Wheel, عجلة *'agalah*, طارة *ṭārah*, دولاب *dūlāb*.

When, اذ *iz*, اذا *iza*, لمّا *lamma*, متي *mata*, حين *ḥīn*.

Whenever, كلما *kullmā*.

Where, حيث *ḥēs*.

Where? اين *ēn*, فين *fēn*.

Wherever, حيثما *ḥēṯuma*, اينما *ēnama*.

Whether, ام *am*, او *ow*.

While (space of time), مدّة *muddah*.

While, whilst, بينما *bēnmā*, ما دام *mā dām*.

Whip, كرباج *kurbāg*.

Whirlpool, طيّار *tieyār*, دوّامة *dawwāmah*.

Whirlwind, زوبعة *zōba'ah*, عاصّف *'āṣṣif*.

Whisker, شارب *shārib* (pl. شوارب *shawārib*).

Whisper (a), وشوشة *washwashah*.

Whistle (to), صَفَر *ṣafar*.

White, ابيض *abyaḍ* (fem. بيضا *bēḍa*).

Whither, الي حيث *ila ḥēs*.

Who, الذي *illazī*, التي *illatī*, اللي *illī*.

Whole, entirely, جملة *gumlah*, كلّية *kulliyah*.

Whole, perfect, كامل *kāmil*.

Wholesome, شافي *shāfī*.

Why? لماذا *limāza*, لاي *lē*.

Wicked, شرير *sharīr*, خبيث *khabīṯ*.

Wide, واسع *wāsi'*, عريض *'arīḍ*.

Widow, ارملة *armalah*.

Widower, ارمل *armal*, عازب *'āzib*.

Width, وسعة *was'ah*, عرض *'arḍ*.

Wife, زوجة *zōgah*, امرأة *imrāh*, حرمة *ḥurmah*.

Wild, deserted, برّي *barrī*.

Wild, savage, وحشي *waḥshī*.

Wilderness, برّ *barr*, صحرا *ṣaḥarā*.

Wilful, عنيد *'anīd*.

Will, intention, ارادة *irādah*.

Will, testament, وصيّة *waṣiyyah*.

Will (to), أرَادَ *arād*.

Willing, راضي *rāḍī*, مريد *murīd*.

Win, غَلَبَ *ghalab*, كَسَبَ *kasab*.

Wind, ريح *rīḥ* (pl. رياح *riāḥ*).

Window, شبّاك *shibbāk* (pl. شبابيك *shabābīk*), طاقة *ṭāqah*.

Wine, نبيذ *nabīd* or *nabīt*, خمر *khamr*, شراب *sharāb*.

Wing, جناح *ganāḥ* (pl. اجنحة *agniḥah*).

Winter, شتا *shita*.

Wipe, مَسَحَ *masaḥ*.

Wire, سلك *silk*.

Wisdom, حكمة *ḥikmah*.

Wise, حكيم *ḥakīm* (pl. حكما *ḥukamā*), عاقل *'āqil*.

Wish (a), مراد *murād*, رغبة *raghbah*, تمنّي *tamanna*.

Wish (to), أرَادَ *arād*, رَادَ *rād*, تَمَنّي *tamanna*.

With, ب *ba*, *b'*, مع *ma'*.

Withers, حارك *ḥārik*.

Within, داخل *dākhil*, جوا *gūwa*.

Without, exclusive of, بلا *bilā*, بغير *bi-ghēr*, من دون *min dūn*.

Without, outside, برّا *barra*, خارجاً *khārigan*.

Witness, شاهد *shāhid* (pl. شهود *shuhūd*).

Witness (to), شَهَدَ *shahad*.

Woe, ويل *wēl*.

Woeful, مغم *mughim*.

Wolf, ذئب *dīb* (pl. ذئاب *diyāb*).

Woman, امرأة *imrāh*.

Womankind, نسا *nisā*, نسوان *niswān*.

Wonder (a), عجب *'agab*.

Wonder (to), تَعَجَّبَ *ta'aggab*, إِسْتَغْرَبَ *istaghrab*.

Wonderful, عجيب *'agīb*, بديع *badī'*.

Wood, forest, حرش *harsh*, غاب *ghāb*.

Wood, timber, حطب *hatab*, خشب *khashab*.

Woods:—

Acacia, thornless, لبخ *labbakh*.

Ash, نيشة *nīshah*.

Beech, زان *zān*.

Box, بقس *baqs*.

Cypress, سرو *sarū*.

Fir poles, 4″ × 4″, ارج استامبولي *arg istāmbūlī*.

Lance, for clubs, شوم *shūm*.

Mahogany, مهوغنة *mahūghanah*.

Mimosa, سنط *sant*.

Mulberry, توت *tūt*.

Oak, قرو *qarw*, بلّوط *ballūt*.

Pine, white Turkish, 13′ or 14′ × 3″ to 6″ × 1¼″, بونتي *būntī*.

Pine, 1″ boards, لتزانة *latizānah*.

Pine, ¾″ boards, تجليت *taglīt*, بندق *banduq*.

Pine, ½″ boards, ورق *waraq*, شكل بلادة *shikl bilāduh*.

Pine, 3″, 2½″, or 2″ scantlings, مرينة *marīnah*.

Pitch pine, كتلة *kutlah*.

Poplar, حور *hūr*.

Sycamore, جمّيز *gimmēz*.

Tamarisk, اتل *atl*.

Teak, غرغاج *ghurghāg*.

Tulip, ساج *sāg*.

Walnut, جوز *gōz*.

Willow, صفصاف *sufsāf*.

Woodman, حطّاب *hattāb*, خشاب *khashāb*.

Wool, صوف *ṣūf*.

Word, كلمة *kalimah*, كلام *kalām*.

Words of command, قوماندة أمر *qomāndat amr*[1]:

Squad, جمع *gama'ah*.

Fall in, right dress, صغاباق *ṣaghābāq*.

Eyes front, دغري *dughrī*.

Attention, زنهار *zinhār*.

Quick march, سرعتلي مارش *sur'atlī mārsh*.

Halt, دور *dūr*.

Stand at ease, يرندة صفا *yarinda ṣafā*.

Open order, صفصف جري اتشلين *ṣafṣaf garia atshilēn*.

Close order, صفصف يقين اول *ṣafṣaf yaqīn ol*.

As you were, يرينة *yarina*.

Forward, اليراه *ilairai*.

Right turn, صغا دن *ṣaghā dun*.

Left turn, صولا دن *ṣolā dun*.

Right about turn, صغدا جري دن *ṣaghdan garia dun*.

Half right turn, يارم صغا دن *yārim ṣaghā dun*.

Fours right, دور دير صغا *dōr dēr ṣaghā*.

Front, علاية دن *'alāyah dun*.

Advance in fours from the right, صغدا دور دير اليراه *ṣaghdan dōr dēr ilairai*.

Company, right wheel, بلوك صاغيانة صف *buluk ṣāghyāna ṣaf*.

Form square, قلعة اول *qal'ah ol*.

Prepare for cavalry, سوارى كرشو دروران *sawārī karshū darwarān*.

Shoulder arms, حاص دور *ḥāṣ dūr*.

Slope arms, تفيك صاغ أموزنة اول *tufek ṣāgh umū:na ol*.

Order arms, رحات دور *raḥāt dūr*.

Present arms, سلام دور *salām dūr*.

Fix bayonets, سنجية دك *sungēh dik*.

Unfix bayonets, سنجية اندر *sungēh endir*.

Double, شفت *shift*.

Prepare to charge, هجومة حاضر اول *hugūmah ḥāzir ol*.

Charge, هجوم *hugūm*.

Fire a volley, تابور آتش *tābūr ātish*.

[1] The words of command which follow are nearly all Turkish.

Ready (load), سلاح دول در *silāḥ dūl dur.*

Present, نشان *nishān.*

Fire, آتش *ātish.*

From the left extend, صولدن اشلين *ṣoldan ashilēn.*

On the centre close, وسطه يكلشين *wasaṭah yaklashēn.*

Dismiss, دستور *dustūr.*

Work, عمل *'amal* (pl. اعمال *a'māl*), شغل *shughl.*

Work (to), إشْتَغَل *ishtaghal,* عَمَل *'amal.*

Workman, صانع *ṣāni',* عامل *'āmil,* شغّال *shaghghāl.*

Workshop, محلّ العمل *maḥall el-'amal,* ورشة *warshah.*

World, دنيا *dunya,* عالم *'ālam.*

Worm, دودة *dūdah.*

Worn out (as clothes), دايب *dāyeb,* مقطّع *muqaṭṭa',* مهتري *muhtarī.*

Worship (place of), معبد *ma'bad.*

Worship (religious), عبادة *'ibādah,* سجود *sugūd.*

Worship (to), عَبَد *'abad,* سَجَد *sagad.*

Worth, merit, فضل *faḍl,* استحقاق *istiḥqāq.*

Worth, price, قيمة *qīmah.*

Worthless, لا قيمة له *lā qīmat loh.*

Worthy, deserving, مستحق *mustaḥiqq,* مستوجب *mustaugib,* مستاهل *mustāhil.*

Would that! ليت *lēt.*

Wound (a), جرح *gurḥ* (pl. جروح *gurūḥ*).

Wound (to), جَرَح *garaḥ.*

Wounded (to be), إنْجَرَح *ingaraḥ.*

Wrap, لَفّ *laff.*

Wrapped (partic.), ملفوف *malfūf.*

Wretched, صعلوك *ṣa'lūk,* دني *danī,* مسكين *maskīn,* شقي *shaqī.*

Write, كَتَب *katab.*

Writer, كاتب *kātib.*

Writing (a), كتابة *kitābah,* خطّ *khaṭṭ.*

Wrong, injury, ظلم *ẓulm.*

Wrong, not right, غلط *ghalaṭ,* غلطان *ghalṭān.*

Wrong, sin, خطا *khaṭā.*

Wrong (to), ظَلَم *ẓalam,* ضرّ *ḍarr,* تعدّى *ta'addā.*

Y

Yard (a measure), ذراع *dirā'*.

Yard, of ship, قارية *qāryah*.

Year, سنة *sanah* (pl. سنين *sinīn*, سنوات *sanawāt*), عام *'ām* (pl. اعوام *a'wām*).

Yeast, خميرة *khamīrah*.

Yellow, اصفر *aṣfar* (fem. صفرا *ṣafrā*).

Yes, نعم *na'am*, ايوة *aiwah*.

Yesterday, امس *ams*, البارحة *el-bāriḥah*, امبارح *embāriḥ*.

Yet, however, امّا *ammā*, الكن *lākin*, والا *wa-illa*.

Yet, still, لسّا *lissa*, الي الآن *ila el·ān*; not yet, لسّا *lissā*.

Yield, produce, اَغَلّ *aghall*, أَنْتَجِ *antag*.

Yield, surrender, سَلّم *sallam*.

Yoke (ox), نير *nīr*, ناف *nāf*.

Young, فتي *fata*, جرو *garū*.

Youth, شابّ *shābb* (pl. شباب *shabāb*), جدع *gada'*.

Youthfulness, شبوبية *shabūbiyah*.

Z

Zeal, غيرة *ghīrah*.

Zealous, غيّور *ghēyūr*.

Zephyr, صبا *ṣabā*, نسيم *nasīm*.

Zero, صفر *ṣifr*.

Zinc, توتيا *tūtya*, خراصين *kharāṣīn*.

Zodiac, منطقة البروج *manṭaqat el-burūg*.

Zone, منطقة *manṭaqah* (pl. مناطق *manāṭiq*).

VOCABULARY

ARABIC-ENGLISH

NOTE—In general words are to be looked for in this Vocabulary under their proper triliteral roots. For instance, مطبخ *a kitchen* will be found under the root طَبَخَ *he cooked, etc. etc.* The italicized vowels in parentheses (*a*), (*i*), (*u*), after each verbal triliteral root, indicate the vowel-sound of the second radical of the third person singular of the aorist (vide Art. 126, Part I of Grammar). The Roman numerals in parentheses (II), (III), etc., indicate the form to which a verb belongs according to the table given in Art. 158 of Part I.

ا

أَ (*interrogative particle*) what? whether?

أَبٌ for أَبُو (*pl.* أُمَّهَاتُ) a father.

أَبَدَ (*i*) he was eternal.

إِبْتِدَا beginning, commencement.

أَبَدًا never; at all.

إِبْرَة (*pl.* إِبَرٌ) a needle.

إِبْرِيقٌ (*pl.* أَبَارِيقُ) a water-jug.

إِبْنٌ (*pl.* أَبْنَاءٌ) a son.

أَتَى (*a*) he came; there passed.

إِثْنَانِ and *fem.* إِثْنَتَانِ two, *from* ثَنَّى he doubled.

أَجَرَ (*u* and *i*) he remunerated.

أَجْرٌ remuneration, wages, hire.

أُجْرَة rent, wages, pay.

أَجَلَ (*u* and *i*) he appointed, fixed a term.

أَجْلٌ a cause, reason; لِأَجْلِ ذَلِكَ on that account.

أَحَدٌ (*fem.* إِحْدَى) one, any one.

أَحْمَقُ very foolish, a fool.

أَخٌ for أَخَوٌ (*pl.* إِخْوَانٌ and إِخْوَةٌ) a brother.

أُخْتٌ for أَخَوَاتٌ a sister.

أَخَذَ (*u*) he took, began; (VIII) إِتَّخَذَ he assumed, adopted.

أَخِرَ (*i*) he was last; (III) أَخَّرَ he kept back, retarded; تَأْخِيرٌ delaying, postponing; (V) تَأَخَّرَ he drew back, delayed.

آخَرُ (*fem.* أُخْرَى) another, other.

آخِرٌ last, final; فِي آخِرِ الأَمْرِ at last.

الآخِرَةُ end, Day of Judgment.

اخِيرٌ (*pl.* أَوَاخِرُ) last, latter.

أَدَبَ (*u*) he was polished, polite.

أَدَبٌ good breeding, education.

أَدِيبٌ (*pl.* أُدَبَاءُ) polite, accomplished, of good education.

آدَمُ Adam, the first man.

أَدَي (*i*) it was copious; (III) أَدَّي he paid, gave, performed, led.

إِذَ when, then, at that time; *interj.* lo! behold!

إِذَا and إِذْذَاكَ when; then.

أَذِنَ (*a*) he gave ear, proclaimed the hour of prayer, permitted, allowed; (II) آذَنَ he proclaimed, announced; (X) إِسْتَأْذَنَ he asked leave.

إِذْنٌ permission, leave.

أُذُنٌ (*pl.* آذَانٌ) an ear.

أَرْبَعَةٌ (*fem.* أَرْبَعٌ) four; أَرْبَعُونَ forty.

أَرَّخَ and أَرَخَ he dated (a letter, etc.).

تَارِيخٌ (*pl.* تَوَارِيخُ) dating, a date; history, annals.

أَرْضٌ (*pl.* أَرْضُونَ and أَرَاضِي) the earth; land; a country, territory.

أَرْنَبٌ (*pl.* أَرَانِبُ) a hare, rabbit.

أَسَدٌ (*pl.* أُسْدٌ) a lion.

أَسَرَ (*i*) he bound, took captive.

أَسْرٌ a ligament, joint.

أَسِيرٌ bound, a captive.

إِسْلَامٌ Islamism, Islām, the Muslim faith.

إِسْمٌ a name. *Vide* سَمَا.

أَشْرَفُ eminent, most noble.

أَشْيَاءُ (*pl.* of شَيْءٌ) things, affairs.

أَصَلَ (*u*) it was firmly rooted.

أَصْلٌ foundation, base, root, origin.

أَصِيلٌ the evening; a noble steed.

أَعْجَمِيٌّ, *vide* عَجَمٌ a barbarian, more especially a Persian.

أَكَلَ (*u*) he ate; *imp.* كُلْ; مَأْكَلٌ eating.

أُكْلٌ whatever is eaten, food.

أَلْ the definite article *the*.

آلٌ race, family, people, possessor of.

أَلَا *a neg. inter. particle*, contraction of هَلَّا; as, أَلَا تَسْمَعُ don't you hear?

أَلَّا for أَنْ لَا that not.

إِلَّا for إِنْ لَا if not, unless, except.

أَلَّذِي (*pl.* أَلَّذِينَ) he who, him who.

أَلْسِنَةٌ (*pl.* of لِسَانٌ) tongues, languages.

أَلِفَ (*a*) he frequented, resided in; أَلْوَطَنُ المَأْلُوفُ the land we live in.

أَلْفٌ (*pl.* أُلُوفٌ) a thousand.

أَلِمَ (*a*) he was in pain.

أَلِيمٌ painful, grievous.

إِلَهٌ (*pl.* آلِهَةٌ) a god, a divinity.

أَللّٰهُ the God, the true God; أَللّٰهُ تَعَالَي God the Most High.

أَللّٰهُمَّ (in prayer) O God! provided that.

إِلَي (*prep.*) to, towards, up to.

أُمٌّ a mother.

أَمَّا but, yet; أَمَّا بَعْدُ but after; used in letter-writing for 'these things being premised.'

إِمَّا either, or.

إِمَامٌ a chief, Muhammadan priest; a sovereign, leader in prayer.

إِمَامَةٌ the office of chief priest.

أَمَرَ (*u*) he ordered, commanded; (VI) تَآمَرَ عَلَي plotted against; (VIII) إِئْتَمَرَ he submitted, obeyed.

أَمْرٌ an affair, business, order.

أَمِيرٌ (*pl.* أُمَرَاءُ) a commander, prince; أَمِيرُ المُؤْمِنِينَ commander of the faithful.

إِمْرَءٌ or إِمْرُؤٌ a man.

إِمْرَأَةٌ a woman.

أَمْسِ the day before; بِالْأَمْسِ yesterday.

أَمَنَ he confided, trusted.

أَمِنَ (*a*) he was secure, safe; (IV) آمَنَ he made safe or certain; he believed; مُؤْمِنٌ a true believer.

أَمَانٌ safety, safeguard.

آنٌ (*pl.* أَوَانٌ) time; أَلْآنَ now, at present.

أَنْ that, to the end that.

إِنْ if.

أَنَّ and أَنَّهُ because.

إِنَّ and إِنَّهُ indeed, truly, he is, it is.

إِنَّمَا but; it is only this.

أَنَا (1st pers. pron.) I.

أَنْتَ (2nd pers. pron. masc.) thou; (fem.) أَنْتِ.

إِنْتِقَامٌ (from نَقَمَ) revenge.

إِنْسٌ the human race, mankind.

إِنْسَانٌ a human being, man (pl. أَنَاسٌ generally contracted into نَاسٌ).

أَنْفٌ the nose.

أَهَلَ (u and i) he married.

أَهْلٌ people; a person; master, lord; أَهْلُ الدَّارِ people of the house, domestics.

أَوَلَ or آلَ (u) he returned; it ended.

أَوَّلٌ first, the beginning.

أَوَّلاً firstly.

أَوْ conj. or, either, whether.

أَيْ that is to say.

أَيٌّ whosoever, whichsoever; any; who? which?

أَيُّكُمْ which of you?

أَيْضاً likewise, also; the same.

أَيِّلٌ (pl. أَيَايِلُ) a stag, chamois.

إِيمَانٌ faith, religion.

أَيْنَ where? whither? مِنْ أَيْنَ whence?

أَيُّهَا (interj.) O! hear! listen!

أَيْوَانٌ a palace.

ب

بِ (insep. prep.) in, to; by, with.

بَأَرَ (a) he dug a well.

بِئْرٌ a well.

بَارِدٌ a cold.

بَاعَ for بَيَعَ (i) he sold, bought, trafficked.

بَأْسٌ valour, violence, harm.

بَحْثٌ (pl. ابْحَاثٌ) investigation, proof, dispute.

بَحْرٌ (pl. بُحُورٌ and بِحَارٌ) the sea.

بَخَرَ (a) it exhaled.

بُخَارٌ exhalation, fume, steam, vapour.

بُخْلٌ avarice.

بَخِيلٌ (*pl.* بُخَلَاءُ) avaricious; a miser.

بَدَّ (*u*) he separated, disjoined.

بُدٌّ separation, avoidance; لَابُدَّ there is no escape, it must be.

بَدَأَ (*a*) he began, commenced; (II) أَبْدَأَ he produced, created; (VIII) إِبْتَدَأَ he commenced, began.

بَدْءٌ or بَدْوٌ beginning, origin.

بَدَرَ (*u*) he hastened, anticipated.

مُبَادَرَةٌ haste, precipitation.

بَدَلَ (*a*) and (III) بَدَّلَ he changed, exchanged.

بَدَلٌ and تَبْدِيلٌ substitution, exchange.

بَدْلَةٌ change of clothes, suit.

بَدَنٌ (*pl.* أَبْدَانٌ) the body, trunk.

بَرٌّ dry land, earth; بَرُّ الشَّامِ Syria.

بَرِيَّةٌ the country, open plain.

بَرُدَ (*u*) it was cold.

بَرْدٌ the cold; مِبْرَدٌ a file.

بَرَقَ (*u*) it glittered, shone.

بَرْقٌ (*pl.* بُرُوقٌ) lightning.

بَرَكَ (*u*) he stood firm; he kneeled, bent the knee; (IV) بَارَكَ he blessed; مُبَارَكٌ blest, prosperous.

بِرْكَةٌ (*pl.* بُرَكٌ) pool, pond.

بَسّ enough.

بُسْتَانٌ a garden, pleasure-ground.

بُسْتَانِيٌّ a gardener, florist.

بَسَطَ (*u*) he expanded, stretched out, it was wide; مبسوط pleased, happy.

بَسَمَ (*i*) and (V) تَبَسَّمَ he smiled.

بَصَرَ (*u*) he saw, beheld.

بَصَرٌ (*pl.* أَبْصَارٌ) the eyesight, eye.

بَصِيرٌ a seer, one possessed of sight.

بَصِيرَةٌ perception, penetration.

بَطَلَ (*u*) it was abortive, void; (III) بَطَّلَ he abolished, caused to cease.

بَطَّالٌ useless, inactive, lazy.

بَطَنَ (*u*) it was hid, it lay concealed.

بَطْنٌ (*pl.* بُطُونٌ) the belly, interior.

بَعَثَ (*a*) he sent.

بَعُدَ (*u*) he was remote, distant; (V) تَبَعَّدَ and (VI) تَبَاعَدَ he went to a distance, withdrew.

بَعْدَ after; بُعْدٌ distance.
بَعِيدٌ far, distant.
بَعْضٌ a certain one, some one, some.
بَغْدَادُ the city of Baghdād.
بَغْلٌ (*pl.* بِغَالٌ) a mule.
بَقَرٌ (*pl.* أَبْقَارٌ) an ox, cattle.
بَقَرَةٌ a cow.
بَقِيَ (*i*) he remained; (II) أَبْقَى he caused to remain, preserved, saved.
بَقَاءٌ duration, continuation.
بَكَرَ (*u*) he rose at dawn, he did (anything) betimes.
بِكْرٌ (*pl.* أَبْكَارٌ) a virgin.
بُكْرَةٌ the time of dawn, morning.
بَكَى (*i*) he wept; (VI) تَبَاكَى he was moved to tears.
بُكَاءٌ weeping.
بَلْ but, yet; بِلَا without.
بَلَّ (*u*) he wetted, moistened.
بَلَدَ he sojourned, abode; he was stupid.
بَلَدٌ and بَلْدَةٌ (*pl.* بِلَادٌ) a country, district, town.
بَلِيدٌ stupid, stolid, obtuse.
بَلَغَ (*u*) he reached, attained, came; it came to one's knowledge; (III) بَلَّغَ he informed.
بَلَاغٌ that which comes or is brought to any one.
بَلِيغٌ fluent, eloquent.
بُلُوغٌ maturity, perfection, attainment.
بَنَى (*i*) he built, founded.
بِنٌ (for اِبْنٌ) a son.
بِنْتٌ (for بَنَوَةٌ) a daughter, girl.
بَنَّاءٌ a builder, architect.
بُنْيَانٌ building.
بُنْدُقِيَّةٌ a gun.
بَهَا for بَهُوَ (*u*) it was beautiful, it shone.
بَهِيٌّ beautiful, good, fair.
بَهِيمَةٌ (*pl.* بَهَائِمُ) a beast of burden, a brute, an animal.
بَابٌ (*pl.* أَبْوَابٌ) a door, gate; a chapter.
بَوَّابٌ a doorkeeper.
بَاتَ for بَيَتَ (*a* and *i*) he passed the night.
بَيْتٌ (*pl.* بُيُوتٌ) a house, tent; (*pl.* أَبْيَاتٌ) a verse, couplet.
بَاسَ he kissed.
بُوسٌ a kiss.

بَاضَ for بَيَضَ (*i*) it was white.

بَاضَتْ (the hen, etc.) laid eggs.

بَيَاضٌ whiteness ; أَبْيَضُ (*pl.* بِيضٌ) white.

بَيْضَةٌ an egg.

بَاعَ for بَيَعَ (*i*) he sold.

بَيْعٌ act of selling ; إِبْتِيَاعٌ purchasing.

بَانَ (*u* and *i*) it appeared ; it was clear and distinct ; (II) أَبَانَ he revealed, manifested ; (III) بَيَّنَ he elucidated, explained, related ; (V) تَبَيَّنَ it was evident, it appeared.

بَيْنَ between, among, in the midst of.

بَيْنَا and بَيْنَمَا whilst.

بَيَانٌ explanation, relation.

بَيِّنَةٌ anything convincing, demonstration ; مُبِينٌ manifest, clear.

ت

تَبِعَ (*a*) and (VIII) إِتَّبَعَ he followed.

تَابِعٌ a follower, sectary.

تِبْنٌ straw, hay, fodder.

تَجَرَ (*u*) he traded, trafficked.

تَاجِرٌ (*pl.* تُجَّارٌ and تِجَارٌ) a merchant, trader.

تِجَارَةٌ commerce, traffic, merchandise.

تَحْرِيرٌ style in writing or speech.

تَحْتَ (*prep.*) under, beneath.

تَخْتٌ (*pl.* تُخُوتٌ) bench, throne, saddle, bed ; تَخْتُ ٱلْمَمْلَكَةِ the capital, chief city.

تَدْبِيرٌ order, arrangement, government, politics.

تَرِبَ (*a*) it was earthy.

تُرْبَةٌ soil, earth, clay.

تُرَابٌ dust, soil, earth.

تَرْجَمَ *quadril.* he translated from one language into another.

تَرْجُمَانٌ an interpreter.

تَرَكَ (*u*) he left, abandoned ; he made *or* deemed.

تِسْعٌ (*masc.* تِسْعَةٌ) nine.

تَعِبَ (*a*) he was fatigued.

تَعَبٌ fatigue, labour, pain.

تَعْبَانْ wearied, oppressed.

تَقْوِي piety.

تِلْكَ (*dem. pron. fem.*) that.

تَمَّ (*i*) it was complete, concluded.

تَمَامْ the whole, completion.

تِيلْ linen.

ث

ثَبَتَ (*u*) it was firm, it remained, was permanent.

ثَابِتْ firm, fixed, rooted.

ثَعْلَبْ (*pl.* ثَعَالِبُ) a fox.

ثَقُلَ (*u*) he was heavy.

ثِقْلْ weight, heaviness.

ثَقِيلْ heavy, grievous.

ثَلَاثْ (*masc.* ثَلَاثَةْ) three.

ثُلْثْ a third.

ثَلَجَ (*u*) it snowed.

ثَلْجْ (*pl.* ثُلُوجْ) snow.

ثَلْجْ ثَالِجْ heavy, thick snow.

ثُمَّ and ثُمَّتْ then, afterwards.

ثَمَرَ it was fruitful.

ثَمْرْ and ثَمَرْ (*pl.* ثِمَارْ and أَثْمَارْ) fruit.

ثَمْرَةْ a single fruit.

ثَمَانٍ for ثَمَانِيْ (*masc.* ثَمَانِيَةْ) eight.

ثَمَانُونَ eighty.

ثَمَنْ price.

ثَنَي (*i*) he bent, doubled.

ثَانٍ second; أَثْنَاءْ the midst, the middle; إِثْنَانِ (*fem.* إِثْنَتَانِ) two.

ثَابَ for ثَوَبَ (*u*) he turned, changed.

ثَوْبْ (*pl.* ثِيَابْ and أَثْوَابْ) clothes; a coat, garment.

ثَوَابْ reward (in a future state).

ثَارَ for ثَوَرَ (*u*) it was stirred up (dust, tumult, etc.).

ثَوْرْ (*pl.* ثِيرَانْ) a bull; frenzy, madness; a fool.

ج

جُبٌّ (*pl.* جِبَابٌ) a well, pit, cistern.

جَبَلَ (*u* and *i*) he formed, created.

جَبَلٌ (*pl.* جِبَالٌ) a mountain.

جَدَّ (*i*) he was great, powerful; he strove; it was new; (III) جَدَّدَ he made new, renovated.

جَدِيدٌ new.

جِدًّا violently, exceeding.

جَرَّ (*u*) he drew, dragged.

جَرَحَ (*a*) he wounded, tore up.

جَرَّاحٌ surgeon.

جُرْزَةٌ a bundle (of hay, grass, etc.).

جَرَي (*i*) it flowed, came to pass, occurred.

جَارِيَةٌ (*pl.* جَوَارِيّ) a girl, female slave.

جَزْمَةٌ a boot.

جَزِيرَةٌ an island.

جَسَدٌ (*pl.* أَجْسَادٌ) the body.

جِسْرٌ causeway, embankment.

جِسْمٌ (*pl.* أَجْسَامٌ) the body.

جَعَلَ (*a*) he placed, made, appointed, commenced.

جَفْنٌ (*pl.* أَجْفَانٌ) an eyelid.

جَلَّ (*i*) he was great.

جَلِيلٌ (*pl.* أَجِلَّاءُ) great, illustrious.

جِلْدٌ (*pl.* جُلُودٌ) the skin, hide.

جَلَسَ (*i*) he sat down (on the ground in the Oriental manner); مَجْلِسٌ (*pl.* مَجَالِسُ) an assembly, session.

جُلُوسٌ an assembly, accession to the throne, reign.

جَمَعَ he collected, united; (IV) جَامَعَ he had connexion with; (VIII) إِجْتَمَعُوا they assembled, agreed.

جَمْعٌ a number, multitude.

جَمِيعٌ collected, the whole.

جَمِيعاً together, altogether, entirely.

جَمَاعَةٌ a body, band.

جَمَلٌ a camel.

جَمَالٌ beauty, comeliness.

جَمِيلٌ handsome, graceful.
جُنَيْنَةٌ a garden.
جَنَبَ (*i*) he shunned.
جَنْبٌ and جَانِبٌ (*pl.* جَوَانِبُ) the side.
جَنَاحٌ (*pl.* أَجْنِحَةٌ) the human hand or arm; wing of a bird; fin of a fish.
جِنْسٌ (*pl.* أَجْنَاسٌ) genus, race, kindred.
جَهَدَ (*a*) he strove; he laboured; (VIII) إِجْتَهَدَ he took pains; مُجْتَهِدٌ diligent.
جَاهِزٌ ready.
جَهِلَ (*a*) he was ignorant, silly; جَاهِلٌ (*pl.* جُهَّالٌ) silly; an ignoramus.
جِهَةٌ quarter, direction.

جَابَ for جَوَبَ (*u*) he cut, split; (II) أَجَابَ he answered, asserted.
جُوْخٌ (*pl.* أَجْوَاخٌ) cloth.
جَادَ for جَوَدَ (*u*) he was generous, bountiful, good, famous.
جُودَةٌ goodness.
جَيِّدٌ good, excellent.
جَارَ for جَوَرَ (*u*) he transgressed, erred; he was unjust; he acted tyrannically; (IV) جَاوَرَ he was neighbour to.
جَارٌ a neighbour.
جَاعَ for جَوَعَ (*u*) he hungered.
جُوعٌ hunger.
جِيعَانٌ starving, hungry.
جَاءَ for جَيَأَ (*i*) he came.
جَيْشٌ (*pl.* جُيُوشٌ) army, troops.

ح

حَبَّ (*i*) and (II) أَحَبَّ he loved, desired.
حُبٌّ and مَحَبَّةٌ love, regard, affection; حَبِيبٌ a friend.
حِبْرٌ ink.
حَبَسَ (*i*) he confined, imprisoned.
حَتَّى unto, until (time or place).

حَدَّ (*i*) he limited.
حَدٌّ (*pl.* حُدُودٌ) boundary, limit;
حَادٌّ sharp, pointed.
حَدِيدٌ iron.
حَدَّادٌ a blacksmith.
حَدَثَ (*a*) it happened, it came to pass; (II) حَدَّثَ he related,

narrated; حَدِيثٌ a tale, tradition.

حَرَّ (*i*) it was hot; it glowed.

حَرٌّ (*pl.* حُرُورٌ) heat, fervour.

حَرَبَ (*u*) he waged war.

حَرْبٌ (*pl.* حُرُوبٌ) war.

حَرَثَ (*u*) he ploughed, cultivated.

حَرْثٌ tillage, agriculture.

مِحْرَاثٌ a plough, coulter.

حَرِصَ (*a*) he was covetous.

حِرْصٌ greediness, avarice.

حَرِيصٌ greedy, covetous.

حَرَكَ (*u*) it was in motion; it shook; (III) حَرَّكَ he moved; حَرَكَةٌ motion.

حَرِمَ (*i*) it was forbidden, unlawful.

حَرَامٌ that which the law forbids; مُحَرَّمٌ sacred, interdicted; first month in the calendar.

حَزِنَ (*a*) he sorrowed, mourned.

حَسِبَ (*i*) he reckoned, was of opinion, accounted.

حَسَدَ (*i* and *u*) he envied.

حَاسِدٌ and حَسُودٌ envious.

حَسُنَ (*u*) he was good, handsome; (II) أَحْسَنَ he did good, was liberal; (X) إِسْتَحْسَنَ he approved.

حُسْنٌ beauty, splendour.

حَشَّ (*u*) he cut the grass.

حَشِيشٌ forage, fodder, hay, straw.

حُصَانٌ a horse.

حَصَلَ (*a*) it happened, arrived.

حَضَرَ (*u*) he was present, appeared; (II) أَحْضَرَ he produced.

حَضْرَةٌ presence, majesty.

حَاضِرٌ present, on the spot, ready.

حَطَّ and (II) أَحَطَّ (*u*) he placed, set or laid down.

حَطَبٌ fuel, firewood.

حَفَرَ he dug.

حَفِظَ he protected, guarded.

حَقَّ (*i*) it was right and proper; (V) تَحَقَّقَ it was proved true.

تَحْقِيقٌ verification.

حَقٌّ (*pl.* حُقُوقٌ) truth; God.

حَكَمَ (*u*) he exercised dominion; he passed judgment; he was learned and wise.

حُكْمٌ an order, a law.

حِكْمَةٌ science, skill.

حَكِيمٌ (*pl.* حُكَمَاءُ) a sage, philosopher; a doctor, physician.

حَلَبُ Aleppo.

حَلَفَ (*a*) he swore; made oath.

حَلَا for حَلَوَ (*u*) it was sweet.

حَلَاوَةٌ (*pl.* حَلَاوَاتٌ) sweetmeat.

حَمَّ (*u*) he heated (the water); he became enraged; (X) إِسْتَحَمَّ he bathed.

حَمَّامٌ a warm bath.

حَمَامَةٌ a pigeon, dove.

حِمَارٌ (*pl.* حَمِيرٌ) an ass.

حَمِدَ (*a*) he praised; حَمْدٌ praise; مُحَمَّدٌ much praised, a proper noun; حَمِيدٌ praised, praiseworthy.

حَمِقَ (*a*) he was silly; أَحْمَقُ a fool.

حَمَلَ (*i*) he carried, sent, imputed; (a female) was pregnant.

حَمَّالٌ a porter, carrier.

حِنْطَةٌ (*pl.* حِنَطٌ) wheat.

حَاجَ (*u*) and (VIII) إِحْتَاجَ he was in want of, he needed.

حَاجَةٌ (*pl.* حَوَائِجُ) anything necessary; necessity, want;

مُحْتَاجٌ needy, indigent.

حَاسَّةٌ (*pl.* حَوَاسُّ) sense, understanding (the five senses).

حَائِطٌ (*pl.* حِيطَانٌ) a wall, enclosure.

حَالٌ (*pl.* أَحْوَالٌ) a state, situation, or posture (of affairs).

حِيلَةٌ stratagem, deception, art, trick; مُحَالٌ impossible, absurd; مُحَالَةٌ guile, evasion; لَامُحَالَةَ without evasion, undoubtedly.

حَيَّ for حَيِيَ (*a*) he lived.

حَيٌّ alive; an animal.

حَيَاءٌ modesty, shame.

حَيَاةٌ life; bashfulness.

حَيَوَانٌ (*pl.* حَيَوَانَاتٌ) a living creature, an animal.

حَوَّاءُ Eve, the mother of mankind.

حَيَّةٌ a serpent; *du.* حَيَّتَانِ.

حَيْثُ or حَيْثَ when, in whatever place.

حَارَ for حَيِرَ (*a*) and (V) تَحَيَّرَ he was confounded, amazed.

حِينٌ time, a period.

حِينَ at the time when.

خ

خَامْ unbleached calico.

خَبَرَ (*u*) he was acquainted with; (II) أَخْبَرَ and (III) خَبَّرَ he informed, acquainted, told.

خَبَرٌ (*pl.* أَخْبَارٌ) news, information.

خَبَزَ (*i*) he baked; خُبْزٌ bread.

خَتَمَ he sealed; خَاتِمٌ a seal, seal ring.

خَدَمَ (*u*) he served, waited on.

خِدْمَةٌ service, duty.

خَادِمٌ (*pl.* خُدَّامٌ) a servant.

خَرَجَ (*u*) he went out; he rebelled; (II) أَخْرَجَ he sent out; expelled.

خَرُوفٌ (*pl.* خِرْفَانٌ) a lamb.

خَرِيفٌ autumn, fall of the leaf.

خَزَنَ he stored, hoarded.

مَخْزَنٌ (*pl.* مَخَازِنُ) magazine.

خِزَانَةٌ a treasury, store-chamber.

خَشَبٌ hard wood.

خَشِينٌ hard, rough, strong.

خَصَمَ (*i*) he disputed; (VI) تَخَاصَمَ he engaged in altercation.

خَضِرَ (*a*) and (IX) إِخْضَرَّ it was green; أَخْضَرُ (*fem.* خَضْرَاءُ) green.

خَطَا for خَطَوَ (*u*) he stepped.

خَطْوَةٌ (*pl.* خَطَوَاتٌ) a step, pace.

خَفَّ (*i*) it was of light weight.

خَفِيفٌ light, agile, nimble.

خَلَّ (*u*) it was spoilt, corrupted; he was intimate with.

خَلَلٌ disorder, defect.

خَلِيلٌ an intimate friend.

خَلَصَ (*u*) he was free; it was pure and unadulterated.

خَلَفَ he followed, succeeded (to another); (IV) خَالَفَ he opposed, rebelled against.

خُلْفٌ opposition, hostility.

خَلْفَ after, behind.

خَلِيفَةٌ a successor, the Caliph.

خِلَافَةٌ succession, Caliphate.

مُخَالَفَةٌ opposition, rebellion.

مُخْتَلِفٌ various, different.

خَمْسٌ (*masc.* خَمْسَةٌ) five.

خَمْسُونَ fifty.

خَنْزِيرٌ (*pl.* خَنَازِيرُ) a hog, pig.

خُنْفُسَةٌ (*pl.* خَنَافِسُ) the scarabæus or black beetle.

خَوَاجَه Mr., gentleman.

خَافَ for خَوِفَ (*a*) he feared.

خَوْفٌ fear, dread.

خَارَ for خَيَرَ (*i*) he was well, or well off; (III) خَيَّرَ he gave the option; (VIII) إِخْتَارَ he chose, adopted.

إِخْتِيَارٌ choice, election.

خَيْرٌ good, better; a good action.

خَاطَ for خَيَطَ (*i*) he sewed.

خِيَاطَةٌ sewing, needlework.

خَيْطٌ thread, a string.

خَيَّاطٌ a tailor.

خَالَ for خَيِلَ (*a*) he imagined.

خَيَالٌ a shadow, fancy, empty notion.

د

دَبَرَ it was behind, and in the rear; it passed; (III) دَبَّرَ he disposed, arranged, managed.

تَدْبِيرٌ managing, arrangement; counsel, advice; prudence, good sense.

دَجَاجَةٌ (*pl.* دَجَاجٌ) a domestic fowl, a hen.

دَخَلَ (*u*) he entered.

دُخُولٌ entering, entrance.

دَخَنَ (*a* and *u*) it smoked.

دُخَانٌ (*pl.* أَدْخِنَةٌ) smoke, fumigation.

دَرَكَ he followed, attained, overtook, reached; (II) أَدْرَكَ he comprehended; he hunted (it) down; (VI) تَدَارَكَ he reached, overtook, repaired, mended.

دِرْهَمٌ (*pl.* دَرَاهِمُ) a dirhem, value about fourpence.

دَعَا (*u*) he called, invited, prayed; invoked (a blessing); (VIII) إِدَّعَي he claimed, arrogated, boasted; (X) إِسْتَدْعَي he invited, entreated.

دَعْوَةٌ a feast; call, invitation.

دَفَعَ (*a*) he repelled, paid.

دَفَنَ (*i*) he hid, buried.

دَقَّ (*i*) it was slim, slender.

دِقَّةٌ slimness, lightness.

دَقِيقٌ fine, keen.

دُكَّانٌ (*pl.* دَكَاكِينُ) a shop.

دَلَّ (*u*) he led the way, directed.

دَلِيلٌ proof, argument.

دَلَّالٌ broker; guide.

دَمٌ for دَمَوٌ (*pl.* دِمَاءٌ) blood.

دَنَا (*u*) he approached; it was low, base.

دُنْيَا the world; the present world (as being near us).

دَنِيٌّ base, ignoble.

دَانٍ near, approaching.

دَهَنَ (*u*) he anointed, greased, painted.

دَوَاةٌ an inkstand.

دَارَ for دَوَرَ (*u*) he encircled, went round, moved in a circle.

دَارٌ (*pl.* دِيَارٌ) a house.

دَوْرٌ a cycle, period.

دَامَ for دَوَمَ (*u*) he remained, continued, persevered.

دَائِمًا always, perpetually.

مَادَامَ as long as endureth; whilst, during.

دَانَ for دَوَنَ (*u*) he was base, low.

دُونَ under, short of, near, before.

دِيَةٌ the price of blood.

دِيكٌ (*pl.* دُيُوكٌ) a cock, male bird.

دَانَ for دَيَنَ (*i*) he was indebted; he submitted, obeyed.

دِينٌ religion.

دِينَارٌ (*pl.* دَنَانِيرُ) a dīnār, ducat (nine shillings).

دِيوَانٌ office, court, tribunal.

ذ

ذَا (*demons. pron.*) this, ذَالِكَ that.

مَاذَا or لِمَاذَا why? wherefore? for what?

ذِئْبٌ (*pl.* ذِئَابٌ) a wolf.

ذَكَرَ (*u*) he remembered, recollected; he related, mentioned.

ذِكْرٌ memory, mention, record.

ذَكُورٌ mindful, of good memory.

تَذْكِرَة reminding, admiration.

مَذْكُور mentioned, worthy of note.

ذِمَّة obligation, conscience.

ذَنَبَ (*i* and *u*) he followed.

ذَنَب (*pl.* أَذْنَاب) the tail.

ذَنْب (*pl.* ذُنُوب) a fault, an offence.

ذَهَبَ (*a*) he went, passed; (III) ذَهَّبَ he gilded, ornamented.

ذَهَب gold, money.

ذُو possessed of; endowed with; (*fem.* ذَات) nature, essence.

ذَاقَ for ذَوَقَ (*u*) he tasted.

ذَيْل the train, skirt; extremity of anything; tail.

ر

رَأَسَ (*a*) he was chief; he governed.

رَأْس (*pl.* رُؤُوس) the head, source.

رَئِيس chief, leader, captain.

رِيَاسَة superiority, authority.

رَأَى (*a*) he saw, deemed.

رَأْي an opinion, judgment.

رَبّ a master, lord.

رَبَطَ (*a* and *u*) he bound, tied.

رَبَعَ (*a*) he was fourth; he took one quarter; (III) رَبَّعَ he quartered; أَرْبَع (*masc.* أَرْبَعَة) four; أَرْبَعُون forty.

رُبَّمَا perhaps.

رَبَا (*i*) he grew up, was educated; (III) رَبَّى he brought up, educated; تَرْبِيَة education; rearing.

رَجَعَ (*a*) he returned, repeated.

رُجُوع returning, return.

رَجَلَ (*u*) he tied the feet.

رِجْل (*pl.* أَرْجُل) the foot.

رَجُل (*pl.* رِجَال) a man.

رَحَلَ (*a*) he departed, marched.

رِحْلَة a journey, departure.

رَحِمَ (*a*) he pitied, he was compassionate.

رَحْمَة pity, compassion.

رَحْمَان and رَحِيم merciful, compassionate.

رَخِيص cheap.

رَدَّ (*u*) he returned, replied, sent back.

رَزَقَ (*u*) he bestowed (what was needful for subsistence).

رِسْتَاقٌ good order.

رَسَلَ he sent intelligence, announced.

رَسُولٌ (*pl.* رُسُلٌ) ambassador, envoy; apostle, messenger, prophet.

رِسَالَةٌ anything sent (letter etc.).

رَسْمٌ (*pl.* رُسُومٌ) character, custom; sketch, drawing.

رَصَاصٌ lead.

رَضِيَ (*a*) he was pleased, satisfied; (II) أَرْضَى he satisfied, contented.

رَعَى (*a*) (cattle, etc.) grazed.

مَرْعًى pasture-ground.

رَعِيَّةٌ flock; subjects.

رَفَعَ (*a*) he raised, lifted, left off; (VIII) اِرْتَفَعَ it raised itself; height.

رَفِيقٌ a traveller, companion.

رَكِبَ (*a*) he rode, mounted.

رَاكِبٌ one who rides in or on anything; (III) رَكَّبَ he arranged, disposed, placed.

رِكَابٌ stirrup-iron.

رَمَى (*i*) and (II) أَرْمَى he cast, threw, shot, hit; مَرْمِيٌّ thrown or fallen down.

رَاحَ for رَوَحَ (*u*) he went, rested; (X) إِسْتَرَاحَ he took rest.

رُوحٌ (*pl.* أَرْوَاحٌ) soul, spirit.

رِيحٌ (*pl.* أَرْيَاحٌ) wind, air, vapour, odour, smell.

رَادَ for رَوَدَ (*u*) he sought; (II) أَرَادَ he wished, willed, desired.

إِرَادَةٌ will, mind.

رُومٌ Rome, Greece, the Turkish Empire.

رِيفٌ the country (opposed to town).

ز

زُبْدَةٌ fresh butter.

زَرَعَ (*a*) he sowed; زَرَّاعٌ a sower.

زَرَقُ blue.

زِفْتٌ pitch.

زَمَّ (*u*) he bound, fastened.

زِمَامٌ a (camel's) bridle or halter.

زَمَانٌ (*pl.* أَزْمَانٌ) time, age.

زَنَي (*i*) he committed fornication.

زَهَرَ it shone, glittered.

زَهْوٌ beauty, pride.

زَوْجٌ a mate, fellow, husband; زَوْجَةٌ a wife; (III) زَوَّجَ he united, gave in marriage; (V) تَزَوَّجَ he married.

زَارَ for زَوَرَ (*u*) he visited; he made a pilgrimage.

مَزَارٌ a holy shrine.

زَالَ for زَوَلَ (*u*) he removed, departed, quitted, left.

لَمْ تَزَلْ thou didst not cease.

زَادَ for زَيَدَ (*i*) it was increased, enlarged.

زِيَادَةٌ increase, addition.

زَيْتٌ oil.

زَانَ for زَيَنَ (*i*) he adorned, ornamented.

زِينَةٌ ornament, decoration.

س

سَ or سَوْفَ *a particle*, prefixed to the aorist of a verb, restricting it to a future signification.

سَأَلَ (*a*) he asked, inquired, begged.

سَبَبٌ (*pl.* أَسْبَابٌ) a cause, means.

سَبَحَ (*a*) he swam; (III) سَبَّحَ he prayed, praised and glorified God.

سُبْحَانٌ praising God.

سُبْحَانَ اللّٰه O God! Merciful God! O holy God!

سَبْعٌ (*masc.* سَبْعَةٌ) seven; سَبْعُونَ seventy.

سَبَقَ (*i* and *u*) he went before, preceded, excelled.

سِتٌّ (*masc.* سِتَّةٌ) for سِدْسٌ six; a lady; سِتُّونَ sixty.

سَجَدَ (*u*) he prostrated himself; adored; سَجَّادَةٌ (*pl.* سَجَاجِيدُ) a prayer-carpet; مَسْجِدٌ a place of worship, mosque.

سَجَنَ (*u*) he imprisoned.

سِجْنٌ a jail, prison.

سَحَابَةٌ (*pl.* سَحَابٌ) a cloud, vapour.

سَخِرَ (*a*) he jeered, ridiculed.

مَسْخَرِيٌّ and مَسْخَرَجِيٌّ a jester, buffoon.

مَسْخَرَةٌ a jest, joke.

سَخَا for سَخَوَ (*u*) he was liberal, generous; سَخَاوَةٌ generosity.

سَخِيٌّ liberal, generous.

سِرٌّ a secret, mystery.

سُرُورٌ joy, gladness.

سَرَجَ (*u*) he saddled.

سِرَاجٌ (*pl.* سُرُوجٌ) a lamp, torch.

سَرِيعٌ quick, prompt.

سَرَقَ (*i*) and (VIII) إِسْتَرَقَ he stole, he took by stealth.

سَرِيرٌ (*pl.* سُرُرٌ) throne, bed, couch.

سَطْحٌ (*pl.* سُطُوحٌ) flat roof, terrace.

سَعَدَ (*a*) it was propitious.

سَعِدَ (*a*) he was happy, fortunate.

سَعِيدٌ happy, prosperous.

سِعْرٌ price, cost.

سُفْرَةٌ table, large table-cloth.

سَفِينَةٌ (*pl.* سُفُنٌ) a ship.

سَقْفٌ (*pl.* سُقُفٌ) a roof, ceiling.

سَقَى (*i*) and (II) أَسْقَى he irrigated, watered, gave to drink.

سَاقِيٌّ (*pl.* سُقَاةٌ) a butler.

سَكَتَ (*u*) he was silent.

سَكُوتٌ silent, tranquil, quiet.

سُكَّرٌ sugar.

سَكَنَ (*u*) he was fixed, settled; he abode, dwelt.

مَسْكَنٌ a place of residence.

مِسْكِينٌ poor, miserable.

سِكَّةٌ (*pl.* سِكَكٌ) road, *chaussée.*

سِلْسِلَةٌ (*pl.* سَلَاسِلُ) a chain.

سَلِطَ (*a*) he was vehement, bold.

سُلْطَانٌ (*pl.* سَلَاطِينُ) king, emperor.

سَلِمَ (*a*) he was sound, safe; (II) أَسْلَمَ he submitted, obeyed; he became a Muslim; (III) سَلَّمَ he saved, delivered, saluted, submitted.

سَلَامٌ peace, safety.

إِسْلَامٌ resignation, submission; the faith of Islam.

مُسْلِمٌ a believer.

سُلَيْمَانُ Solomon.

سَمِعَ (*a*) he heard.

سَمَكٌ (*pl.* أَسْمَاكٌ) fish.

سَمَا for سَمَوَ (*u*) he was high; (III) سَمَّى he named.

سَمَاءٌ (*pl.* سَمَاوَاتٌ) heaven.

إِسْمٌ (*pl.* أَسْمَاءٌ) a name.

سَنَةٌ (*pl.* سَنُونَ) a year.

سَهْلٌ (*pl.* سُهُولٌ) a plain, level ground.

سَهُلَ (*u*) it was plain, flat, easy.

سَادَ for سَوَدَ (*u*) he was chief; he was black; (III) سَوَّدَ he blackened; (IX) إِسْوَدَّ he became black.

سَيِّدٌ (*pl.* سَادَةٌ) a chief, lord, a descendant of Muḥammad.

أَسْوَدُ (*fem.* سَوْدَاءُ) black.

سَوَادٌ blackness.

سَاعَةٌ a space of time, an hour.

سَاقَ for سَوَقَ (*u*) he drove.

سَاقٌ (*pl.* سِيقَانٌ) the leg.

سُوقٌ a market.

سَارَ for سَيَرَ (*i*) he went, departed, travelled.

سِيرَةٌ conduct, mode of life.

سَيْفٌ a sword, scimitar.

ش

شَايٌ tea.

شَامٌ the left side or quarter.

اَلشَّامُ or بَرُّ الشَّامِ Syria.

شَأْنٌ an affair; character.

شَبَّ (*i*) he was young; youthful.

شَابٌّ a youth, a man of 24 to 40.

شَبَابٌ the season of youth.

شَبِعَ (*a*) he was sated, satiated.

شِبْهٌ similitude, likeness.

شِبْهُ جَزِيرَةٍ peninsula.

شَتَا for شَتَوَ (*u*) he wintered.

شِتَاءٌ winter.

شَجَرٌ and شَجَرَةٌ (*pl.* أَشْجَارٌ) a tree.

شَجُعَ he was brave, valiant.

شَخَصَ (*a*) he personated, appeared; (II) أَشْخَصَ he conveyed.

شَخْصٌ (*pl.* أَشْخَاصٌ) a person, individual.

شِدَّةٌ violence, strength.

شَدِيدٌ intense, vehement.

شَرَّ or شَرِرَ (*u* and *i*) he sinned, he was wicked.

شَرٌّ (*pl.* شُرُورٌ) evil, harm.

شِرِّيرٌ wicked, vicious.

شَرِبَ (*a*) he drank.

شَرُفَ (*u*) he was high, noble; (II) أَشْرَفَ he looked down upon.

شَرِيفٌ noble, eminent.

شَرَقَ (*u*) (the sun) rose.

مَشْرِقٌ the place of the sun's rising, the East.

شَرِكَ (*a*) and (VIII) إِشْتَرَكَ he became a partner, associate.

شَرَا or شَرَي (*i*) and (VIII) إِشْتَرَي he bought, purchased.

شَطٌّ (*pl.* شُطُوطٌ) bank of a river.

شَعَرَ (*u*) he knew, perceived.

شِعْرٌ knowledge, poetry.

شَعْرٌ (*pl.* شُعُورٌ) hair.

شَاعِرٌ a poet.

شَعِيرٌ barley.

شَعَاعٌ (*pl.* شُعُعٌ) rays of the sun.

شَعَلَ he kindled.

شَغَلَ (*a*) he employed, engaged.

شُغْلٌ occupation, business.

مَشْغُولٌ busy.

شَكَّ he doubted.

شَكَرَ (*u*) he thanked.

شَكُورٌ grateful.

شَكَلَ (*u*) he fastened; (IV) شَاكَلَ he resembled.

شَمَّ (*a*) he smelt, inhaled.

شَمْسٌ (*pl.* شُمُوسٌ) the sun.

شَمْعٌ (*pl.* شُمُوعٌ) wax; a candle.

شِمَالٌ the left quarter, the north.

شَهِدَ he witnessed, gave evidence.

شَاهِدٌ (*pl.* شُهُودٌ) a witness.

شَهَادَةٌ testifying, witnessing.

شَهْدٌ (*pl.* شِهَادٌ) honey.

شَهْوَةٌ desire, lust.

شَهْرٌ (*pl.* شُهُورٌ and أَشْهُرٌ) a month.

شَارَ for شَوَرَ (*u*) he acquired; (II) أَشَارَ he pointed out, advised, counselled, ordered.

شَوْرٌ advice, suggestion.

مُشَاوَرَةٌ deliberation.

مَشْهُورٌ celebrated, famous.

شَالَ for شَوَلَ (*u*) he raised, removed.

شَيَّال porter, carrier.

شَوَّال the tenth month of Arab year.

شُوَيَّة a little, gradually.

شَيْءٌ (*pl.* أَشْيَاءُ) a thing, an affair.

شَاخَ for شَيَخَ (*u*) he was aged.

شَيْخٌ (*pl.* مَشَايِخ) an old man.

شَاطِرٌ energetic, clever, cunning.

ص

صَارِيٌ mast, pillar.

صُبْحٌ the dawn; صَبَاحٌ the morning.

صَبَرَ (*i*) he was patient, endured.

صَبِيٌّ a boy, child.

صَحَّ (*i*) he was sound in (body); sincere; صِحَّةٌ sincerity, good health.

صَحِبَ (*a*) he associated with.

صَاحِبٌ a companion, master, owner, possessed of.

صُحْبَةٌ society, intimacy.

صَدَرَ (*u*) he proceeded, flowed.

صَدْرٌ (*pl.* صُدُورٌ) the breast; chief place, upper seat.

صَدَقَ (*u*) he was sincere, true; he spoke the truth.

صَدَقَةٌ alms, charity.

صَغُرَ (*u*) he was small, mean; (X) إِسْتَصْغَرَ he deemed little, despised.

صَغِيرٌ (*pl.* صِغَارٌ) small, little, minor.

صَفَرٌ the second month of Arab year.

صَلَحَ (*u*) he was good, honest; (II) أَصْلَحَ he mended, fitted, made peace.

صَالِحٌ just, sincere; honest.

صَمَّ (*u*) he corked or stoppered.

صَنْدُوقٌ a chest, box.

صَنَعَ (*a*) he made, constructed.

صِنَاعَةٌ (*pl.* صَنَائِعٌ) art, invention, work.

صِنْفٌ (*pl.* أَصْنَافٌ) a species, kind.

صَنَمٌ (*pl.* أَصْنَامٌ) an idol.

صَاتَ for صَوَتَ (*u* and *a*) he called, cried out.

صَوْتٌ (*pl.* أَصْوَاتٌ) a sound, voice, noise.

صَارَ for صَوَرَ (*u*) he cut and divided; (III) صَوَّرَ he formed, fashioned, drew, pointed.

صُورَةٌ (*pl.* صُوَرٌ) form, image.

تَصْوِيرٌ drawing, picture.

مُصَوِّرٌ a painter.

صَاغَ for صَوَغَ (*u*) he cast, founded in metal; صَايِغٌ a goldsmith.

صُوفٌ wool, a fleece.

صَادَ for صَيَدَ (*i* and *a*) he hunted or fished.

صَيَّادٌ huntsman.

صَيْدٌ prey, game.

صَيْفٌ summer (i. e. May and June).

صِينُ China; صِينِيٌّ Chinese.

ض

ضَابِطٌ officer.

ضَبَابٌ mist, fog.

ضَجِرَ (*a*) he became tired, weary.

ضَحِكَ (*a*) he laughed, derided.

ضِدٌّ opposite, against.

ضَرَبَ (*i*) he struck, beat.

ضَعِيفٌ weak, feeble, infirm.

ضَيْعَةٌ (*pl.* ضِيَاعٌ) a plain, farm, village.

ضَافَ for ضَيَفَ (*i*) he visited; he was a guest.

ضَيْفٌ a guest, visitor.

ط

طَبَّ for طَبِبَ (*i* and *u*) he practised medicine, was skilful.

طَبِيبٌ a doctor, physician.

طِبٌّ medical art.

طَبَخَ (*u*) he cooked.

طَبَّاخٌ a cook.

مَطْبَخٌ a kitchen.

طَبَعَ (*a*) he marked, stamped.

مَطْبَعَةٌ printing-press.

مَطْبُوعٌ stamped, printed.

طَبْعٌ and طَبِيعَةٌ nature, disposition.

طَبْلٌ (*pl.* طُبُولٌ) a drum.

طَرَفٌ (*pl.* أَطْرَافٌ) a side, quarter, district, end.

طَرِيقٌ (*pl.* طُرُقٌ) a road, way.

طَشْتٌ a basin, bowl.

طَعَامٌ food, victuals.

طِفْلٌ (*pl.* أَطْفَالٌ) child, infant.

طَلَبَ (*u*) he sought, inquired.

مَطْلَبٌ intention, desire.

طَلَعَ (*a* and *u*) it (the sun or a star) ascended, appeared, rose.

طُلُوعٌ ascending, rise.

طَلَاقٌ divorce.

طَهَارَةٌ ablution, cleanliness.

طَاوُسٌ (*pl.* طَوَاوِيسُ) a peacock.

طَائِفَةٌ a people, nation, tribe.

طُوفَانٌ a flood, deluge.

طَاقَ for طَوَقَ (*u*) and (II) أَطَاقَ he was able, endured, could.

طَاقَةٌ power, ability, strength.

طَالَ for طَوَلَ (*u*) it was long; it continued.

طَوِيلٌ long, lengthy.

طُولٌ length, extent.

طَابَ for طَيَبَ (*i*) it was good; pleasing, delicious; (III) طَيَّبَ he pleased, delighted.

طَيِّبٌ good, sweet, fragrant.

طَارَ for طَيَرَ (*i*) he flew; (X) إِسْتَطَارَ it flew far and wide; it dispersed itself abroad.

طَيْرٌ (*pl.* طُيُورٌ) a bird.

طَيَّارٌ a whirlpool.

طَيَّارَةٌ a kite.

ظ

ظَرُفَ he was witty, clever.

ظَلَّ (*a*) he ceased not, persevered; (III) ظَلَّلَ he shaded, shadowed.

ظِلٌّ (*pl.* ظِلَالٌ) shade, shadow.

مُظِلٌّ shady.

ظَلَمَ (*i*) he was unjust, tyrannical.

ظَالِمٌ a tyrant, oppressor.

ظُلْمٌ tyranny, injustice.

ظُلْمَةٌ darkness.

ظَنَّ (*u*) he thought, was of opinion.

ظَهَرَ (*u*) and (*i*) he appeared, was manifest.

ظَهْرٌ (*pl.* ظُهُورٌ) the back.

ظُهْرٌ noon, midday.

ظَاهِرٌ exterior; clear, conspicuous.

ظَاهِرًا apparently; outwardly.

ع

عَبَدَ (*a*) he adored, worshipped.

عَبْدٌ (*pl.* عَبِيدٌ) a servant, slave.

عِبَادَةٌ adoration, devotion.

عَبَرَ (*u*) he passed over, crossed.

عَجِبَ and (II) أَعْجَبَ and (V) تَعَجَّبَ and (VIII) إِعْتَجَبَ he wondered, marvelled; it pleased him.

عَجَزَ (*i*) he was weak, destitute.

عَجُوزٌ weak, frail, feeble.

عَجُوزَةٌ a frail old woman.

عَجِلَ (*a*) he hastened.

عَاجِلٌ hastening, hasty.

عَاجِلاً hastily.

عَجَلَةٌ haste, hurry.

عَجَمٌ a term applied to foreigners, more especially to Persians.

عَدَّ (*u*) he numbered, counted; (II) أَعَدَّ he prepared, arranged; (X) إِسْتَعَدَّ he got ready.

عَدَدٌ number.

إِسْتِعْدَادٌ preparation, readiness, skill, proficiency.

عَدَلَ (*i*) he dealt justly, administered justice; deviated; (VIII) إِعْتَدَلَ it was temperate, moderate, equal.

عَادِلٌ a just man.

عَدَنَ (*i* or *u*) he dwelt permanently (in some place).

مَعْدِنٌ (*pl.* مَعَادِنٌ) a mine.

عَدَا for عَدَوَ (*u*) he passed by, transgressed, erred, was unjust, inimical.

عَدَا beside, beyond, save.

عَدُوٌّ (*pl.* أَعْدَاءٌ) an enemy.

عَدَاوَةٌ enmity, hatred, strife.

عَذُبَ (*u*) it became sweet or palatable.

عَذَابٌ torture, punishment.

عُذْرٌ excuse.

عَرَبِيَّةٌ carriage, coach.

عَرِجَ he was lame from birth.

عَرَضَ (*u*) he met, came against; it happened, appeared; petitioned; (IV) عَارَضَ he opposed.

عَرَفَ (i) he knew, was acquainted with, discovered.

عُرْف known, notorious.

مَعْرُوف known.

عِرْق (pl. عُرُوق) vein.

عَرُوس bridegroom.

عَرِيض (pl. عِرَاض) broad, wide.

عَزِيز precious, dear, mighty, a king.

عَسْكَرِي (pl. عَسَاكِر) soldier, army.

عَسَل honey; honeycomb.

عُشْب grass, green crop.

عَشْر (masc. عَشَرَة) ten; عِشْرُون twenty.

عُصْفُور (pl. عَصَافِير) small bird, sparrow.

عَصَى (i) disobeyed, rebelled against.

عَصًا a staff, stick.

عَطِشَ (a) he was thirsty.

عَطَش thirst; عَطْشَان thirsty.

عَطَا (u) received into his hands, he took; (II) أَعْطَى he bestowed, gave.

عَظُمَ (u) it was grave, important.

عَظِيم great, grievous.

عَظَمَة greatness, magnificence.

عَفَا (u) he obliterated, pardoned, forgave. عَفَا for

عَافِيَة safety, health.

عَقَب he followed, it was consequent upon.

عَاقِبَة (pl. عَوَاقِب) consequence.

عَقَدَ (i) he knotted, tied in a knot.

عَقْرَب (pl. عَقَارِب) a scorpion.

عَقَلَ (i) he was wise, sensible.

عَكِرَ (i) it was turbid, muddy.

عُلْبَة box, coffer, caddy.

عَلَفَ (a) he pastured, foddered.

عَلَف hay, fodder, etc., forage.

مَعْلَف stable, stall, manger.

عَلَقَ (u) he depended, hung from; (III) عَلَّقَ he suspended.

تَعْلِيق suspension, exhibition.

عَلِمَ (a) he knew, was learned.

عَالَم the world, all created things.

عَلَا (u) he was high, lofty; عَلَا for (II) تَعَالَى he was elevated.

عَال (fem. عَالِيَة) high, lofty.

عَلَى upon, against.

عَلِي noble, eminent.

عُمْدَة support, pillar, notable.

عَمِرَ (*a*) he lived long; عُمْرٌ life, age.

عَمَرَ (*u*) he cultivated, built.

عِمَارَةٌ a building.

عَمِيقٌ deep, profound.

عَمِلَ (*a*) he acted, constructed; (X) إِسْتَعْمَلَ he used, employed, practised.

عَامِلٌ (*pl.* عُمَّالٌ) agent, governor.

عَمْيَاءُ (*masc.* أَعْمَى) blind.

عَنْ off, from, from off; about, concerning, touching, of.

عِنَبٌ grapes.

عِنْدَ with, near, at, among.

عُنْقٌ the neck, throat.

عَنَى (*i*) it signify, meant.

يَعْنِي it means, i. e.

مَعْنًى meaning, moral (of a tale, etc.).

عَادَةٌ custom, habit, usage.

عَامَ (*u*) he swam, floated.

عَيْبٌ a fault, defect, vice.

عِيسَى Jesus Christ.

عَاشَ for عَيَشَ (*i*) he lived, enjoyed life.

عَيْشٌ bread; مَعِيشَةٌ and مَعَاشٌ living, livelihood.

عَانَ for عَيَنَ (the water or the tears) flowed.

عَيْنٌ (*pl.* عُيُونٌ) an eye, a fountain; (IV) عَايَنَ he saw clearly.

غ

غَابَةٌ a wood, thicket, form.

غَايَةٌ end, extremity; *ne plus ultra.*

غَدًا to-morrow, in the morning.

غِذَاءٌ food, nourishment.

غَدْرٌ treachery, ingratitude.

غَرَّ (*u*) he deceived, beguiled.

غُرُورٌ deception.

غَرَبَ (*u*) he was absent, distant; (the sun) set.

غُرَابٌ a crow, raven.

غَرِيبٌ a stranger, alien.

مَغْرِبٌ the west, sunset.

غَرِضَ (*a*) he desired, earnestly.

غَرِقَ he was immersed, submerged.

غَزَلَ (*i*) he spun; غَزْلٌ spinning.

غَزَالٌ (*pl.* غِزْلَانٌ) gazelle, fawn.

غَزَا for غَزَوَ (*u*) he attacked, waged war, invaded.

غَسَلَ (*i*) he washed.
غُصْنٌ (*pl.* أَغْصَانٌ) a branch, bough.
غَضِبَ (*a*) he was angry, incensed.
غَضْبَانُ angry, enraged.
غَفَرَ (*i*) he covered, forgave; (X) إِسْتَغْفَرَ he asked pardon.
غَفَلَ (*a*) he was negligent, idle.
مُغَفَّلٌ careless, stupid.
غَلَبَ (*i*) he overcame, conquered; (VII) إِنْغَلَبَ he was conquered.
فِي الأَغْلَبِ for the most part.
غَلَطٌ mistake, error.
غَلَقَ (*i*) he shut or locked up.
غَلِمَ (*a*) he burned with lust, he desired.
غُلَامٌ (*pl.* غِلْمَانٌ) a boy, lad, servant.
غَمَّ (*u*) he afflicted, distressed; (VII) إِغْتَمَّ he was sad.
غَمٌّ grief, sadness.
غَنَمٌ (*pl.* أَغْنَامٌ) sheep.
غَنِيَ (*a*) he enjoyed; was contented; (II) أَغْنَى he enriched; (X) إِسْتَغْنَى he was contented.
غَنِيٌّ wealthy, rich.
غِنَاءٌ a song, music.
غَارٌ or مَغَارَةٌ a cave, den.
غَابَ for غَيَبَ (*i*) he was absent.
غَيْبٌ whatever is hidden.
غِيبَةٌ slandering, backbiting.
غَارَ for غَيَرَ (*i*) he was jealous; (III) غَيَّرَ he changed; (V) تَغَيَّرَ it was changed.
غَيْرٌ alteration; except; different, other.
بِغَيْرِ without, besides.

ف

فَ *an inseparable particle*, meaning then, therefore; so that, in order that.
فَأْرٌ (*fem.* فَأْرَةٌ) a mouse.
فَاقَةٌ poverty.
فَتَحَ (*a*) he opened, unclosed.
فَاتِحَةٌ opening, beginning.
مِفْتَاحٌ a key.
فِتْنَةٌ temptation, strife, sedition.
فَتَّشَ he sought carefully, inquired.

فَجَرَ (*u*) he poured forth.

فَخَرَ (*a*) he gloried over; (VIII) إِفْتَخَرَ he boasted, took credit to himself.

فَاخِرٌ precious, excellent.

فَدَّانٌ a yoke of oxen.

فَرَّ (*i*) he fled away.

فَرَجَ (*i*) he separated, set free.

فَرَحٌ joy, gladness.

فَرْخٌ a chicken, the young of anything.

فَرْدَةٌ a bale.

فَرَسٌ a horse, a mare.

فَرَشَ (*u*) he spread (a carpet), paved, laid down (flagstones); فَرْشٌ a bed, couch.

فُرْصَةٌ opportunity, leisure, rest.

فَرَغَ (*a*) he finished, ceased.

فَرَاغٌ leisure, freedom from care.

فَرَقَ (*u*) he separated, parted; (IV) فَارَقَ he quitted, left; (VIII) إِفْتَرَقَ he was separated.

إِفْتِرَاقٌ removal, distance.

فَسَدَ (*u*) it was corrupt, vicious.

فَسَادٌ depravity, evil, rebellion.

فَاسِقٌ a dissolute person; profligate.

فَصُحَ (*u*) he was eloquent.

فَصَاحَةٌ eloquence, clearness.

فَصْلٌ a chapter, division.

فِضَّةٌ silver, a penny.

فَضَلَ (*u*) it exceeded; (III) فَضَّلَ he preferred, exalted; (V) تَفَضَّلَ he excelled, conferred a favour, obliged.

فَضْلٌ excellence, superiority.

فَضْلاً even, in the least.

فُضُولٌ busy, meddling, officious.

فَطَحَ (*a*) he widened.

فَعَلَ (*a*) he did, acted.

فَقُرَ (*u*) he was poor.

فَقِيرٌ poor, needy.

فَقْرٌ poverty, destitution.

فَقَطْ only.

فَكَّرَ he thought, remembered.

فَاكِهَةٌ (*pl.* فَوَاكِهُ) fruit.

فُلَانٌ such a one, so and so.

فَلَحَ (*a*) he ploughed, tilled.

فَلْسٌ (*pl.* فُلُوسٌ) money, scale of a fish.

فَمٌ and فُمٌ the mouth.

فَنٌّ species, kind, art, skill.

فِنْجَانٌ porcelain cup, coffee cup.

فَهِمَ (*a*) he understood.
فَوْقَ above, over, more than.
فُولٌ a kind of bean.
فَادَ for فَيَدَ (*i*) he derived benefit; (II) أَفَادَ he benefited, enriched.
فَائِدَةٌ advantage, profit, use.
فِيلٌ (*pl.* أَفْيَالٌ) elephant.

ق

قَبُحَ he was ugly, deformed, base.
قَبِيحٌ deformed, ugly.
قَبَضَ (*i*) he took, seized, grasped.
قَبِلَ (*a*) he accepted; (II) أَقْبَلَ he approached, began.
قَبْلَ before.
قَبْلَ أَنْ before that.
مِنْ قَبْلُ formerly, before.
قِبَلَ at, near, with.
مِنْ قِبَلِ in respect of, through.
قَبِيلَةٌ (*pl.* قَبَائِلُ) a tribe, race.
قَتَلَ (*u*) he slew, killed.
قَدْ *an affirmative particle*, truly, indeed, verily.
قَدِرَ (*i*) he was able, powerful.
تَقْدِيرٌ measurement, decreeing, supposition, hypothesis.
قُدْرَةٌ power.
قَدَمَ (*u*) he proceeded, went before; (II) قَدَّمَ he brought forward, promoted, served up; (V) تَقَدَّمَ he advanced.
قَدَمٌ (*pl.* أَقْدَامٌ) the foot, a step.
قُدَّامَ before, in front of.
قَدِيمٌ old, ancient, former.
قَرَأَ (*a* and *u*) he read, intoned.
قُرْآنٌ reading; the Koran.
قَرُبَ (*a*) he approached, drew near.
قَرِيبٌ near, nearly related.
قَرْضٌ a loan, debt.
قَرْنٌ (*pl.* قُرُونٌ) a horn; period.
قَرْيَةٌ (*pl.* قُرًى) village, town.
قَزَازَةٌ a bottle.
قِسْمٌ (*pl.* أَقْسَامٌ) portion; species.
قَصَبَ (*i*) he cut in pieces or joints.
قَصَّابٌ a butcher.
قِصَّةٌ a tale, history.
قَصَدَ (*i*) he pursued, aimed at.
قَصْدٌ aim, tendency.

قُصَادُ near, close to.

قَضَى (i) he decreed, determined; (VII) إِنْقَضَى it was finished.

قَاضِي a judge.

قَضَايَةٌ justice.

قِطٌّ (pl. قِطَطٌ) a male or female cat.

قَطَعَ (a) he cut, separated.

قُطْنٌ cotton.

قَعَدَ (u) he sat down.

قَفَلَ (i and u) he returned from his journey.

قَافِلَةٌ a caravan.

قَلَّ it was small, little, few.

قَلِيلٌ small, little, few.

قِلَّةٌ paucity, fewness.

قَلْبٌ (pl. قُلُوبٌ) the heart, mind.

قَلْعَةٌ (pl. قِلَاعٌ) fort, castle.

قَلَمٌ (pl. أَقْلَامٌ) reed pen.

قَمْحٌ corn, wheat.

قَمَرٌ (pl. أَقْمَارٌ) the moon.

قَنْدِيلٌ (pl. قَنَادِيلُ) lamp.

قِنْطَارٌ (pl. قَنَاطِيرُ) hundredweight (= 100 ratls = 44 okes).

قَنَعَ (a) he was contented.

قَهَرَ (a) he vanquished, overcame.

قَاهِرٌ a conqueror.

أَلْقَاهِرَةُ *victrix;* the city of Cairo.

قَوْسٌ a bow.

قَالَ for قَوَلَ (u) he said, spoke.

قَوْلٌ (pl. أَقْوَالٌ) speech, saying.

مَقَالٌ discourse, speech.

قَامَ for قَوَمَ (u) he stood, arose.

مَقَامٌ a place, station.

إِسْتِقَامَةٌ erectness, stability.

مُسْتَقِيمٌ erect, upright.

قَوْمٌ tribe, multitude.

قَوِيَ (a) he was strong, powerful.

قُوَّةٌ force, strength.

قَوِيٌّ powerful, robust.

قِيمَةٌ price, value.

قَيْنَةٌ (pl. قِيَانٌ) a girl, female slave, singer, musician.

ك

كَ (*particle of similitude*) like, as;
 كَ *masc.* and كِ *fem.* (*affixed pron. 2nd pers.*) thee, thine;
 كَأَنَّ as if, like.
كَأْسٌ a drinking-cup, wine-glass.
كَبُرَ (*u*) he was large, corpulent; (III) كَبَّرَ he magnified; (V) تَكَبَّرَ he was haughty.
 تَكَبُّرٌ haughtiness, pride.
 كِبْرٌ greatness, pride.
 كِبَرٌ grandeur.
 كَبِيرٌ great, large.
كَبِدٌ (*pl.* أَكْبَادٌ) liver, zenith.
كَبْشٌ (*pl.* اكِبَاشٌ) male lamb, ram.
كَتَبَ (*u*) he wrote.
 كِتَابٌ (*pl.* كُتُبٌ) a letter, book.
كَتِفٌ (*pl.* أَكْتَافٌ) the shoulder.
كَثُرَ (*u*) it was abundant; (II) أَكْثَرَ and (III) كَثَّرَ he multiplied, increased.
 كَثِيرٌ numerous, many, much.
كَذَا like that, so, such.
كَذَبَ (*i*) he lied.
كِرْبَاجٌ whip, Coorbāsh.
كُرْدَانٌ necklace of precious metal.
كُرْسِيٌّ chair, throne, pediment.
كَرُمَ (*u*) he was generous.
 كَرِيمٌ generous, bountiful.
كَرَا for كَرَوَ (*u*) he placed; (VIII) إِكْتَرَي he hired, rented.
كَسَبَ (*i*) he gained, acquired.
كَسَرَ (*i*) he broke in pieces.
كَسْلَانٌ idle, lazy.
كَفٌّ (*pl.* كُفُوفٌ) the hand, palm, fist.
كَفَرَ (*u*) he was an atheist.
 كُفْرٌ impiety, infidelity.
 كَافِرٌ an infidel.
كَفَي (*i*) it was enough.
 كِفَايَةٌ sufficiency.
كُلٌّ the whole, all, every.
كَلَّا by no means, not in the least.
كَلْبٌ (*pl.* كِلَابٌ) a dog, hound.
كَلَمَ (*u*) he wounded; (III) كَلَّمَ he spoke to.
 كَلَامٌ speech, discourse.
 كَلِمَةٌ a saying, word.
كَمْ how much? how many?

كُمْ (*oblique* كِمْ, *affixed pron. 2nd pers. pl. masc.*) you, yours.

كَمَا as, like as, such as.

كَمَان also, more, the like.

كَمَلَ (*u*) it was perfect, complete.

كَامِلٌ perfect, accomplished, full, adroit, expert.

كَمَالٌ perfection, excellence.

كَادَ for كَوَدَ (*u*) he was on the point of.

كَوْكَبٌ (*pl.* كَوَاكِبُ) a star, planet.

كَنَسَ (*i*) he swept.

كَانَ for كَوَنَ (*u*) he was, he became.

كُوَيِّس pretty, nice, fine.

كِيسٌ (*pl.* أَكْيَاسٌ) a purse.

كَيْفَ how? in what manner?

ل

لَ (*an inseparable particle*, generally used in the middle of a sentence) indeed, truly; *also for* لِ to, for; *as* لَهُ to him; لَكَ to thee.

لِ (*an inseparable particle*) to, for, towards, on account of; (prefixed to the aorist it gives it the force of an imperative), *as* لِيَنْصُرْ let him assist.

لَا no, not, there is not.

لِأَنَّ because, since, in order to.

لَائِقٌ proper, fitting.

لَبِسَ (*a*) he put on (a garment).

لِبَاسٌ (*pl.* أَلْبِسَةٌ) a garment, dress, clothes.

لَبَنٌ milk, sap of a tree.

لِجَامٌ a bridle, reins.

لَحِسَ (*a*) he licked with his tongue.

لَحْمٌ (*pl.* لُحُومٌ) flesh, meat.

لِحْيَةٌ beard and whiskers.

لَذَّ it was delicious.

لَذِيذٌ delicious, agreeable.

لَزِمَ (*a*) it was necessary.

لِسَانٌ the tongue, language.

لَطَمَ (*i*) he slapped.

لَطْمَةٌ a blow, slap, box.

لَطِيفٌ pleasant, pretty, agreeable.

لَعِبَ (*a*) he played, sported.

لَعَلَّ perhaps.

لَعَنَ (*a*) he cursed.

لُغَةٌ language, speech, idiom.

لَفَّ (*u*) and (VIII) إِلْتَفَّ he wrapped himself up, folded up.

لَقَدْ verily, truly.

لُقْمَانُ name of a celebrated sage; the Arabian Æsop.

لَقِيَ (*a*) he met, opposed, saw.

لٰكِنْ and لٰكِنَّ but, yet, still.

لَمْ not (when prefixed to the aorist it usually gives it a past signification).

لِمَا for what? why? wherefore?

لِمَاذَا for what reason? why so?

لَمَّا when, after that, not yet.

لَمَسَ (*u*) he touched or felt with his hand; (VIII) إِلْتَمَسَ he sought for, searched, besought.

لِهٰذَا on this account, therefore.

لَهْوٌ amusement, fun, sport.

لَوْ if, if but, had but.

لَوْلَا if not, unless.

لَامَ for لَوَمَ (*u*) he reproached, blamed, censured.

لَوْنٌ (*pl.* أَلْوَانٌ) colour; species.

لَيْسَ he (or it) is not.

لَسْتُ I am not.

لَسْتَ thou art not, etc.

لَيْلٌ and لَيْلَةٌ (*pl.* لَيَالٍ) night.

لَيْلًا by night.

أَلْلَيْلَةَ to-night.

لَيِّنٌ soft, delicate.

م

مَا that which, what, whatsoever; not, nothing; what? how! what! مَا أَطْيَبَ how delicious!

مَاءٌ (*pl.* مِيَاهٌ and أَمْوَاهٌ) for مَوَهٌ water, sap, juice.

مَاسٌ and أَلْمَاسُ diamond.

مِائَةٌ a hundred.

مِبْرَدٌ (*pl.* مَبَارِدُ) a file, rasp.

مَتَى when? if at any time.

مَثَلَ (*u*) he resembled, was like.

مَجْرًى stream, canal.

مَحَطَّةٌ station, halting-place.

مَحَلٌّ place, station, quarter.

مَدَّ (*u*) he extended, stretched out.

مُدَّةٌ space of time, interval.

مَدَنَ he stayed, dwelt.

مَدِينَةٌ (*pl.* مُدُنٌ) a city, town.

مَرَّ (*a*) he passed by, departed.
مَرَّةً once upon a time.
مَرِضَ (*a*) he fell sick; (VI) تَمَارَضَ he feigned sickness.
مَرَضٌ illness, disease.
مُرُوَّةٌ manliness, valour.
مَرْيَمُ (the Virgin) Mary.
مِزَاجٌ temperament, constitution.
مَزَحَ (*a*) he jested, sported.
مَسَكَ (*i*) he seized, grasped.
مَسَا for مَسَوَ (*u*) he came in the evening.
مَسَاءٌ the evening.
مَشَى (*i*) he walked, went.
مَاشِيَةٌ (*pl.* مَوَاشِي) cattle.
مِصْرُ Egypt.
مَضَغَ (*a* and *u*) he chewed.
مَضَى he passed by, went.
مَطَرَ (*u*) it rained.
مَعْ or مَعَ with, together with.
مَعْزٌ goat.
مَعْنًى meaning, moral.
مَغَارَةٌ a cave, cavern.
مَكَّةُ the city of Mecca.
مَكَرَ (*u*) he plotted, devised; deceived, cheated.

مَكُنَ (*u*) he was powerful; (II) أَمْكَنَ and (III) مَكَّنَ he gave power, he rendered capable; (V) تَمَكَّنَ he was able; he possessed authority; settled, took up his abode.
مَكَانٌ (*pl.* أَمَاكِنُ) a place, spot.
مَلَأَ (*a*) he filled; (VIII) إِمْتَلَأَ he was filled.
مَلَأٌ a concourse of people.
مَلْآنُ full, filled.
مِلَّةٌ religion, faith; nation, sect.
مَلَحَ (*a*) he salted.
مِلْحٌ salt.
مَلَكَ (*i*) he possessed, had dominion, reigned.
مُلْكٌ and مَمْلَكَةٌ a kingdom, dominion, power.
مَلِكٌ (*pl.* مُلُوكٌ) a king.
مَلَكٌ (*pl.* مَلَائِكَةٌ) an angel.
مَالِكٌ a king, lord, possessor.
مَلِكَةٌ a queen.
مِمَّا for مِنْ مَا from, that, which.
مَنْ (*pronoun of common gender, singular and plural*) he who, they who, whosoever.
مِنْ from, from out of, of, for, than (*after the comp. degree*).

مِنْ غَيْرِ without.

مِنْ غَيْرِ أَنْ besides, notwithstanding.

مَنْدِيل (*pl.* مَنَادِيل) handkerchief, tablecloth, napkin.

مَنَعَ (*a*) he prevented, hindered.

مَمْنُوع forbidden.

مَهْر (*pl.* مُهُور) dowry.

مَهَلَ (*a*) he did anything slowly.

مَهْل delay.

مَهْلًا gently, softly, slowly.

مَاتَ for مَوَتَ (*u*) he died.

مَوْت death.

مَيِّت (*pl.* أَمْوَات) dead, extinct; dying, moribund.

مَالَ for مَوَلَ (*u*) he was wealthy.

مَال (*pl.* أَمْوَال) wealth, riches.

مَالَ for مَيَلَ (*i*) he inclined, he leaned; (II) أَمَالَ he caused to lean, bend, incline; biased.

ن

نَاس for أُنَاس men, mankind.

نَاقِص lessened, wanting, defective.

نَامُوس a gnat, mosquito, midge.

نَبِيّ a prophet.

نُبُوَّة prophecy.

نَبَتَ (*u*) (vegetation) sprung up, was produced, grew.

نَبْت and نَبَات vegetation, herbage, grass, vegetable.

نَبِيذ wine, juice of the grape.

نَجَّار a carpenter, joiner.

نَحْل and نَحْلَة the honey-bee.

نَحْنُ (*pers. pron. of the common gender, dual and plural*) we two, or we.

نَحَا for نَحَوَ (*a* and *u*) he went towards; he aimed at; نَحْوَ as, about, to, towards.

نَاحِيَة (*pl.* نَوَاحِي) a district, quarter, tract.

نَخْل, نَخِيل, and نَخْلَة a palm-tree.

نَدِمَ (*a*) he repented, regretted.

نَدْم and نَدَامَة penitence, regret, sorrow.

نَدِيم a boon-companion, an intimate friend.

نِدَاءٌ calling, invitation.

نَادَي he called, invited.

نَذَرَ (*i* and *u*) he vowed, dedicated.

نَزَلَ (*i*) he descended, alighted.

نُزُولٌ descent.

نَسَبَ (*u* and *i*) he referred, derived, attributed.

نِسْبَةٌ origin, race, relationship.

نَسِيمٌ a gentle breeze, zephyr.

نَسِيَ (*a*) he forgot, neglected.

نِسَاءٌ and نِسْوَةٌ (for the singular of which إِمْرَءَةٌ is used) women, the female sex.

نَشَرَ (*u*) he spread out, extended, scattered, diffused, propagated, promulgated, sawed.

مِنْشَارٌ a saw.

نَصَحَ (*a*) admonished, advised.

نَاصِحٌ monitor, counsellor.

نَصُوحٌ sincere, genuine.

نَصِيحَةٌ admonition, advice.

نَصَرَ (*u*) he assisted, aided.

نَاصِرٌ (*pl.* أَنْصَارٌ) assistant, helper, defender, ally.

نَصَفَ (*u*) he halved.

نِصْفٌ a half, the middle.

نَطَحَ (*a*) he butted with his horns.

نَظَرَ (*u*) he looked, gazed, beheld, observed, regarded.

نَظُفَ (*u*) he was clean.

نَظِيفٌ clean, pure.

نَعِمَ (*a*, *u*, and *i*) it was convenient, soft, easy, agreeable; (II) أَنْعَمَ he enriched, was bountiful.

نِعْمَ excellent! good! well done!

نَعَمْ (*a particle of affirmation*) good, well, be it so, yes.

نَاعِمٌ soft, smooth.

نَعِيمٌ affluence, pleasure.

نِعْمَةٌ wealth, opulence; a favour, benefit.

نَفَرٌ a number of persons, a person, private soldier.

نَفْسٌ (*pl.* أَنْفُسٌ) the soul, spirit, self.

فِي نَفْسِهِ to himself.

نَفَعَ (*a*) it was useful, profitable, serviceable.

نَافِعٌ useful, profitable.

نَقَدَ (*u*) he paid ready money.

نَقْدٌ cash, ready money.

نَقَشَ (*a*) he painted, printed.

نَقْشٌ painting, carving.

نَقَّاشٌ a painter, sculptor.

نُقْصَانٌ loss, damage.

نَقْضٌ violation (of an agreement).

نُقْطَةٌ a drop, small portion.

نَقَلَ (*u*) he transported, carried from one place to another; (VIII) إِنْتَقَلَ he emigrated.

نَقَمَ (*i*) he was angry, chid; (VIII) إِنْتَقَمَ he punished, retaliated.

إِنْتِقَامٌ revenge, vengeance.

نَكِرَ (*a*) and (II) أَنْكَرَ he denied, ignored, disavowed.

مُنْكِرٌ one who denies.

نِمْرٌ (*pl.* نُمُورٌ) a tiger, panther.

نَهَرَ (*a*) he dug a canal; checked, chid.

نَهْرٌ (*pl.* أَنْهَارٌ) stream, river, canal.

نَهَارٌ the day.

نَهَشَ (*a*) (the snake) bit; he punctured.

نَهَى (*a*) he forbade, prohibited; (VIII) إِنْتَهَى it came to an end, concluded.

نَهْيٌ prohibition, interdict.

نِهَايَةٌ extremity, end, goal, boundary, excess.

نَوْءٌ storm, tempest.

نَابَ for نَوَبَ (*u*) he supplied (another's place).

نَارَ for نَوَرَ (*u*) it shone.

نَارٌ fire.

نُورٌ (*pl.* أَنْوَارٌ) light, splendour.

مَنَارَةٌ a candlestick, lighthouse, minaret.

مُنِيرٌ illustrious, splendid.

نَوْعٌ (*pl.* أَنْوَاعٌ) species, manner, mode, kind, sort.

نَالَ for نَوَلَ (*a* and *u*) he bestowed, gave; presented, was liberal; he got, obtained; (VI) تَنَاوَلَ he took (food); he received (gifts); نَوَالٌ a gift, present, favour.

نَامَ for نَوَمَ (*u*) he slept.

نَائِمٌ (*pl.* نُيَّامٌ) sleeping, asleep; a sleeper.

نَوْمٌ sleep, dreaming.

نَالَ for نَيَلَ (*a* and *i*) he acquired, obtained.

ه

ہٗ (and ہٖ when preceded by *kasra*, *affixed pron. 3rd pers. masc.*) him, his, it; هَا (*fem.*) her, hers.

هَا behold! here! well! she, it.

هَاتِ give.

هَاهُنَا here, in this place.

هَجَرَ (*u*) he abandoned, deserted, left; talked at random.

هَجَمَ (*i*) he attacked, surprised, charged, took unawares.

هَجْمَةٌ and هُجُومٌ a violent rush.

هٰذَا (*masc.*) and هٰذِهِ (*fem.*) this.

هَرَبَ (*u*) he fled, vanished.

هَرَمٌ old age, decrepitude (*pl.* أَهْرَامٌ); اَلْأَهْرَامُ the Pyramids.

هَزَمَ (*i*) he put to flight, routed.

هٰكَذَا in this manner.

هَلْ (*interrogative particle*) whether or not?

هَلَكَ (*i* and *a*) he perished, died; (II) أَهْلَكَ he killed, destroyed.

مُهْلِكٌ ruinous, destructive.

هِمَّةٌ energy, desire, courage.

هُنَا here.

هُنَاكَ there (at a distance).

هُوَ (*pron. 3rd pers.*) he, it; هِيَ she, it.

هُوذَا lo! behold! هُوذَا أَنَا behold me!

هٰؤُلَاءِ (*pron.*) they, those.

هَوَى (*i*) he soared, fell from a height.

هَوَاءٌ air, atmosphere.

هَيْشٌ crowd, uproar, thicket.

و

وَ and, too, also; (in swearing) by, *as* وَاللّٰهِ by God!

وَا (*interj.*) oh! alas!

وَابُورٌ steamer, steam-engine.

وَادٍ (from وَادِيٌ) a valley, river.

وَجَبَ (يَجِبُ) it was necessary, it behoved; (X) إِسْتَوْجَبَ he deemed necessary; he deserved, was worth, merited.

وَاجِبٌ necessary, proper.

وَاجِبًا necessarily, properly.

بِمُوجِبِ according to.

وَجَدَ (يَجِدُ) he found, discovered; it was found, existed.

مَوْجُودٌ found, extant.

وَجَعَ (يُوْجَعُ) he was in pain; (II) أَوْجَعَ he hurt, pained.

وَجَعٌ ache, disease.

وَجْهٌ (*pl.* وُجُوهٌ) the face, aspect; (III) وَجَّهَ he turned towards, despatched or sent; (V) تَوَجَّهَ he turned to, set his face towards.

وَحِدَ (يُوْحِدُ) he was alone, separate.

وَاحِدٌ one.

وَحِدَةٌ unity, solitude.

وَحْشٌ (*pl.* وُحُوشٌ) a wild beast.

وَحْلَانٌ muddy.

وَدَعَ (يُوَدِّعُ) he placed, deposited; left at liberty, permitted; abandoned, quitted; (III) وَدَّعَ he bade farewell; (X) إِسْتَوْدَعَ he requested (another) to keep a deposit; he committed, entrusted.

دَعْ (*imper.*) leave, let alone, permit, grant.

وِدَاعٌ adieu, farewell.

وَدَيَ (يَدِي) he paid compensation for homicide.

دِيَةٌ blood-money.

وَادِيٌ a valley, river.

وَرَاءُ behind, beyond, after; besides.

وَرِثَ (يَرِثُ) he became heir; (II) أَوْرَثَ he bequeathed; (III) وَرَّثَ he made heir to.

وَرَقٌ (*pl.* أَوْرَاقٌ) a leaf.

وَزٌّ and وَزَّةٌ a goose.

وَزَرَ (يَزِرُ) he bore (a burden); he sustained; (X) إِسْتَوْزَرَ he appointed vizier.

وَزِيرٌ (*pl.* وُزَرَاءُ) a vizier, minister.

وَزَنَ (يَزِنُ) he weighed.

وَزْنٌ weight, measure.

مِيزَانٌ scale, measure, rule.

وَسِخَ (يُوْسَخُ) he was dirty.

وَسَطٌ the middle, centre.

وَسِعَ (يَسَعُ) it was made spacious, wide.

وَاسِعٌ or وَسِيعٌ ample, roomy.

وَصَلَ (يَصِلُ) he joined, united; reached, attained, arrived at; (II) أَوْصَلَ he conveyed; (VIII) إِتَّصَلَ he adjoined; وُصُولٌ arrival.

وَصَى (يَصِي) he joined, connected together; (II) أَوْصَى and (III) وَصَّى he enjoined, commanded, made a will, bequeathed.

وَصِيٌّ a testator, guardian, executor, trustee.

وَصِيَّةٌ precept, command; last will and testament.

وَضَعَ (يَضَعُ) he placed, deposited; (III) إِتَّضَعَ he was abased.

وَضْعٌ position, situation.

مَوْضِعٌ a place.

وَطَنَ (يَطِنُ) he abode, resided.

وَطَنٌ native land, home.

وَعَدَ (يَعِدُ) he promised, threatened, foretold.

وَعَظَ (يَعِظُ) he preached; (VIII) إِتَّعَظَ he was admonished.

وَعْظٌ a sermon, homily.

وَاعِظٌ a preacher, monitor.

وَفَرَ (يَفِرُ) it was full, copious.

وَافِرٌ abundant, opulent.

وَفِقَ (يَفِقُ) it was suitable, apt, convenient; it succeeded; (III) وَفَّقَ he directed, assisted; (IV) وَافَقَ he assented, agreed to; (VIII) إِتَّفَقَ it happened, occurred; he agreed.

إِتِّفَاقٌ consent, agreement.

إِتِّفَاقًا by chance, accidentally.

تَوْفِيقٌ the favour of God.

مُوَافِقٌ agreeable, pleasant.

وَقْتٌ (pl. أَوْقَاتٌ) time, season.

فِي الْوَقْتِ immediately.

ذِي الْوَقْتِ now.

وَقَعَ (يَقَعُ) it fell out, happened, he fell upon or attacked; (II) أَوْقَعَ he surprised, attacked.

وُقُوعٌ a fall, occurrence.

وَاقِعَةٌ an event, news, history, story.

وَقَفَ (يَقِفُ) he stood, stopped, halted, was stationary.

وَاقِفٌ standing.

وَكَدَ (يَكِدُ) and (III) وَكَّدَ he established, confirmed, he was instant and urgent.

وَكَلَ (يَكِلُ) he entrusted, committed (his affairs to another); (V) تَوَكَّلَ he trusted, confided (in God), was resigned.

وَكِيلٌ advocate, governor.

مُتَوَكِّلٌ resigned, reliant.

وَلَدَتْ (تَلِدُ) she brought forth, bore, produced.

وَلَدٌ (*pl.* أَوْلَادٌ) a son, child.

وَالِدٌ a father, parent.

وَالِدَانِ parents, father and mother.

مَوْلُودٌ born; offspring.

وَلِيَ (يَلِي) he presided over, he governed; (III) وَلَّي he appointed to a government, set over; he turned back; (V) تَوَلّي he was appointed, he assumed; he undertook; withdrew; ran away; (X) إِسْتَوْلَي he had complete power and authority; he mastered, obtained possession of.

وَلِيٌّ a helper, protector.

وَلِيّ ٱلْعَهْدِ heir-apparent.

مَوْلَي a lord, freed-man.

مَوْلَايَ my lord.

وِلَايَةٌ a region, empire.

وَيْلٌ woe, misery, misfortune.

وَيْلَكَ woe to thee!

اَلْوَيلُ alas! woe (unto me, etc.)!

ي

ي (*affixed pron.*) me, mine.

يَا (*interj.*) O! tell me!

يَابِسٌ dry, shrunk, withered.

يَاقُوتٌ a ruby.

يَتِمَ (يَيْتَمُ) he was deprived of his father.

يَتِيمٌ fatherless, an orphan.

يَدٌ (*pl.* أَيْدٌ for أَيْدِيٌ) the hand; paw of an animal.

يَسَرَ (يَيْسِرُ) he was easy, gentle; he played at dice; (V) تَيَسَّرَ it was prepared, made easy.

يَسَارٌ the left hand or side.

يَسِيرٌ easy, trifling.

يَسْرَةٌ the left hand or side.

يَعْنِي that is to say, i. e.

يَقِنَ (*a*) (II) أَيْقَنَ and (V) تَيَقَّنَ he was certain, he firmly believed, he knew for certain, felt assured.

يَقِينٌ sure, certain, truth; the true faith.

يَمَنَ (*a*) he approached on the right side.

يَمِينٌ (*pl.* أَيْمَانٌ) an oath (as pledged with right hand); the right hand.

يَمْنَةٌ the right hand or side.

يَهُودُ the Jews.

يُوسُفُ Joseph.

يَوْمٌ (*pl.* أَيَّامٌ) a day.

يَوْمُ ٱلْأَحَدِ the first day, Sunday.

يَوْمُ ٱلِاثْنَيْنِ the second day, Monday; etc. etc.

أَلْيَوْمَ to-day.

يَوْمًا on one day, once upon a day.

APPENDIX

COMPARATIVE TABLE OF CLASSICAL AND MODERN ARABIC FORMS AND EXPRESSIONS.

I. NOUNS.

A. Number.

1. The Singular.

a. The termination of the nominative case, singular, of common nouns, without the article, is (ــٌ) *un*, in the written or classical language; and of proper nouns, (ــُ) *u;* but in the vulgar or modern Arabic there is no termination; thus,

masc.	خَيَّاطٌ *khayyāṭun*,	vulg.	خيّاط *khayyāṭ*, a tailor.
„	كِتَابٌ *kitābun*,	„	كتاب *kitāb*, a book.
fem.	مَدِينَةٌ *medīnatun*,	„	مدينة *medīnah*, a town.
„	سِكَّةٌ *sikkatun*,	„	سكّة *sikkah*, a road.

masc.	آدَمُ *ādamu*,	„	آدم *ādam*, Adam.
„	عُثْمَانُ *'osmānu*,	„	عثمان *'osmān*, Osman.
fem.	فَاطِمَةُ *fāṭimatu*,	„	فاطمة *fāṭimah*, Fatima.
„	مَكَّةُ *mekkatu*,	„	مكّة *mekkah*, Mecca.
„	مَرْيَمُ *maryamu*,	„	مريم *maryam*, Mary.
„	عَذْرَاءُ *'adrā'u*,	„	عذرا *'adrā*, maid.

b. With the article, the termination is (ـُ) *u*, in the written language, and without any in the vulgar tongue; thus,

الخَيَّاطُ	*el-khayyāṭu*,	vulg.	الخيّاط	*el-khayyāṭ*, the tailor.
الكِتَابُ	*el-kitābu*,	„	الكتاب	*el-kitāb*, the book.
المَدِينَةُ	*el-medīnatu*,	„	المدينة	*el-medīnah*, the town.
السِّكَّةُ	*es-sikkatu*,	„	السكّة	*es-sikkah*, the road.

2. The Dual.

With or without the article, termination ـَانِ *āni*, vulg. ين *ēn*.

masc.	خَيَّاطَانِ	*khayyāṭāni*,	vulg.	خيّاطين	*khayyāṭēn*, two tailors.
„	كِتَابَانِ	*kitābāni*,	„	كتابين	*kitābēn*, two books.
fem.	مَدِينَتَانِ	*medīnatāni*,	„	مدينتين	*medīnatēn*, two towns.
„	السِّكَّتَانِ	*es-sikkatāni*,	„	السكّتين	*es-sikkatēn*, the two roads.

Vide Part I, Art. 54 of the Grammar.

3. The Plural.

a. The regular or unbroken plurals:—masculine termination with or without the article, ـُونَ *ūna*, vulg. ين *īn*; feminine without the article, termination ـَاتٌ *ātun*, vulg. ات *āt*; feminine with the article, termination ـَاتُ *ātu*, vulg. ات *āt*.

masc.	خَيَّاطُونَ	*khayyāṭūna*,	vulg.	خيّاطين	*khayyāṭīn*, tailors.
„	حَمَّالُونَ	*ḥammālūna*,	„	حمّالين	*ḥammālīn*, porters.
„	المَقْتُولُونَ	*el-maqtūlūna*,	„	المقتولين	*el-maqtūlīn*, the slain.
fem.	حَارَاتٌ	*ḥārātun*,	„	حارات	*ḥārāt*, streets.
„	مَرَّاتٌ	*marrātun*,	„	مرّات	*marrāt*, times.
„	السَّاعَاتُ	*es-sā'ātu*,	„	الساعات	*es-sā'āt*, the hours.

Vide Part I, Arts. 22 and 23.

b. Broken plurals. The most common forms :—

Form.	*Vulgar Pronunciation.*	*Plural.*	*Vulgar.*
فُعَل	قَرْيَة *qaryah*, village,	قُرًى	قري *qura.*
فُعُل	كِتَاب *kitāb*, book,	كُتُب	كتب *kutub.*
,,	مَدِينَة *medīnah*, towns,	مُدُن	مدن *mudun.*
,,	رَسُول *rasūl*, ambassador,	رُسُل	رسل *rusul.*
فِعَال	بَحْر *baḥr*, sea,	بِحَار	بحار *biḥār.*
,,	رِيح *rīḥ*, wind,	رِيَاح	رياح *rīāḥ.*
,,	جَبَل *gabal*, mountain,	جِبَال	جبال *gibāl.*
,,	رَجُل (رَاجِل) *ragul*, man,	رِجَال (رِجالة)	رجال *rigāl.*
فُعُول	قَلْب *qalb*, heart,	قُلُوب	قلوب *qulūb.*
,,	بَيْت *bēt*, house,	بُيُوت	بيوت *buyūt.*
,,	مَلِك *melik*, king,	مُلُوك	ملوك *mulūk.*
,,	شَاهِد *shāhid*, witness,	شُهُود	شهود *shuhūd.*
فُعَّال	حَاكِم *ḥākim*, judge,	حُكَّام	حكّام *ḥukkām.*
أَفْعُل	نَهْر *nahr*, river,	أَنْهُر	انهر *anhūr.*
,,	رِجْل *rigl*, foot,	أَرْجُل	ارجل *argul.*
,,	ذِرَاع *dirā'*, ell,	أَذْرُع	اذرع *adru'.*
أَفْعَال	مَطَر *maṯar*, rain,	أَمْطَار	امطار *amṯār.*
,,	وَرَق *waraq*, page,	أَوْرَاق	اوراق *awrāq.*
,,	وَقْت *waqt*, time,	أَوْقَات	اوقات *awqāt.*
,,	لَوْن *lōn*, colour,	أَلْوَان	الوان *alwān.*
,,	رُوح *rūḥ*, spirit,	أَرْوَاح	ارواح *arwāḥ.*
,,	شَرِيف *sharīf*, noble,	أَشْرَاف	اشراف *ashrāf.*
,,	عَدُوّ *'adū*, enemy,	أَعْدَاء	اعداء *a'dā.*

أَفْعِلَة	جَنَاح	*ganāḥ*, wing,	أَجْنِحَة	اجنحة	*agniḥah*.
,,	رَغِيف	*raghīf*, loaf,	أَرْغِفَة	ارغفة	*arghifah*.
فَوَاعِل	فَارِس	*fāris*, rider,	فَوَارِس (فرسان)	فوارس	*fawāris*.
فَعَائِل	عَجُوز	*'agūz*, old woman,	عَجَائِز	عجايز	*'agāyiz*.
,,	عَجِيبَة	*'agībah*, wonder,	عَجَائِب	عجايب	*'agāyib*.
فِعْلَان	غُلَام	*ghulām*, boy,	غِلْمَان	غلمان	*ghilmān*.
,,	تَاج	*tāg*, crown,	تِيجَان	تيجان	*tīgān*.
,,	صَبِي	*ṣabi*, boy,	صِبْيَان	صبيان	*ṣibyān*.
فُعْلَان	سَقْف	*saqf*, roof,	سُقْفَان	سقفان	*suqfān*.
,,	بَلَد	*balad*, town,	بُلْدَان	بلدان	*buldān*.
فُعَلَاء	فَقِير	*faqīr*, beggar,	فُقَرَاء	فقراء	*fuqarā*.
,,	عَالِم	*'ālim*, learned man,	عُلَمَاء	علماء	*'ulamā*.
أَفْعِلَاء	طَبِيب	*ṭabīb*, doctor,	أَطِبَّاء	اطباء	*aṭiblā*.
فَعَالِي	أَهْل	*ahl*, people,	أَهَالِي	أهالي	*ahālī*.
,,	لَيْل	*lēl*, night,	لَيَالِي	ليالي	*layālī*.
فَعَالَى	فَتْوَى	*fatwa*, decree,	فَتَاوِي	فتاوي	*fatāwa*.
,,	سَكْرَان	*sakrān*, drunkard,	سَكَارَى	سكاري	*sakāra*.
فَعِيل	حِمَار	*ḥimār*, ass, donkey,	حَمِير	حمير	*ḥamīr*.
,,	عَبْد	*'abd*, servant,	عَبِيد	عبيد	*'abīd*.
فِعَالَة	حَجَر	*ḥagar*, stone,	حِجَارَة	حجارة	*ḥigārah*.

Vide Part I, Art. 25.

Quadriliteral Roots.

فَعَالِل	دِرْهَم	*dirhem*, dirhem,	دَرَاهِم	دراهم	*darāhim*.
,,	قَنْطَرَة	*qanṭarah*, bridge,	قَنَاطِر	قناطر	*qanāṭir*.

فَعَالِيل	سُلْطَان *sultān*, Sultan,	سَلَاطِين	سلاطين *salāṭīn*.
„	قَنْدِيل *qandīl*, lamp,	قَنَادِيل	قناديل *qanādīl*.
فَعَالِلَة	تَلْمِيذ *talmīd*, scholar,	تَلَامِذَة (تلاميذ)	تلامذة *talāmidah*.
„	أَسْقُف *asquf*, bishop,	أَسَاقِفَة	اساقفة *asāqifah*.

Vide Part I, Art. 26.

Irregular Plurals.

أَبْ *ab*, father,	plur.	آبَاءٌ vulg.	آباء *ābā* and ابهات *abbahāt*.
أُمّ *umm*, mother,	„	أُمَّهَاتٌ „	امهات *ummahāt*.
إِبْنٌ *ibn*, son,	„	أَبْنَاءٌ „	ابناء *abnā*.
بِنْتٌ *bint*, daughter,	„	بَنَاتٌ „	بنات *banāt*.
أَخٌ *akh*, brother,	„	إِخْوَانٌ إِخْوَةٌ „	اخوة *ikhwat*, اخوان *akhwān*.
أُخْتٌ *ukht*, sister,	„	أَخَوَاتٌ „	اخوات *akhwāt*.
إِنْسَانٌ *insān*, man,	„	أُنَاسٌ „	ناس *nās*.
إِمْرَأَةٌ *imrāt*, woman,	„	نِسْوَانٌ—نِسَآءٌ „	نساء *nisā*, نسوان *niswān*, and امرات *imrāt*.

Vide Part I, Art. 30.

Plural of Foreign Words, Vulgar.

باشا *bāsha*, Pacha,	plur.	باشاوات or باشوات *bāshawāt*.
خوجه *khogah*, master, Mr.,	„	جوجات *khogāt*.
خواجة *khawāgah*, merchant,	„	خواجات *khawāgāt*.
قنصل *qunṣūl*, consul,	„	قناصل *qanāṣil*.
طوبجيّ *ṭobgī*, gunner,	„	طوبجيّة *ṭobgīyah*.

نمساوي *nimsāwī*, German, plur. نمساوية *nimsāwiyyah*.
سلاحدار *selāḥdār*, sword-bearer, „ سلاحدارية *selāḥdārīyah*.
Vide Part I, Art. 28.

B. Gender of Nouns.

For the gender of nouns, vide Grammar, Part I, Art. 9.

C. Declension of Nouns.

1. In the Written Language.

a. Without the definite article :—

I. Declension with Three Terminations.

Singular.

Masculine.

Nom.	خَبَّازٌ	*khabbāzun*, a baker.
G. D. Abl.	خَبَّازٍ	*khabbāzin*, of, to, *or* from a baker.
Accus.	خَبَّازًا	*khabbāzan*, a baker.

Feminine.

Nom.	جَنَّةٌ	*gannatun*, a garden.
G. D. Abl.	جَنَّةٍ	*gannatin*, of, to, *or* from a garden.
Accus.	جَنَّةً	*gannatan*, a garden.

Dual.

Nom.	خَبَّازَانِ	*khabbāzāni*.	جَنَّتَانِ	*gannatāni*.
G. Accus.	خَبَّازَيْنِ	*khabbāzēni*.	جَنَّتَيْنِ	*gannatēni*.

Regular Plural.

Nom.	خَبَّازُونَ	*khabbāzūna.*	جَنَّاتٌ	*gannātun.*
G. Accus.	خَبَّازِينَ	*khabbāzīna.*	جَنَّاتٍ	*gannātin.*

Broken Plural.

Nom.	رِجَالٌ	*rigālun*, men.	نِسَاءٌ	*nisā'un*, women.
G. D. Abl.	رِجَالٍ	*rigālin.*	نِسَاءٍ	*nisā'in.*
Accus.	رِجَالًا	*rigālan.*	نِسَاءً	*nisā'an.*

II. Declension with Two Terminations.

Singular.

	Masculine.		*Feminine.*	
Nom.	عُثْمَانُ	*'osmānu*, Osman.	زَيْنَبُ	*zēnabu*, Zeinab.
G. Accus.	عُثْمَانَ	*'osmāna.*	زَيْنَبَ	*zēnaba.*

Plural.

Nom.	دَرَاهِمُ	*darāhimu*, dirhems. Like the I. Declension.
G. Accus.	دَرَاهِمَ	*darāhima.*

b. With the definite article (I. and II. Declensions are the same):—

Singular.

Nom.	اَلْخَبَّازُ	*el-khabbāzu*, the baker.	اَلْجَنَّةُ	*el-gannatu*, the garden.
G. D. Abl.	اَلْخَبَّازِ	*el-khabbāzi.*	اَلْجَنَّةِ	*el-gannati.*
Accus.	اَلْخَبَّازَ	*el-khabbāza.*	اَلْجَنَّةَ	*el-gannata.*

Dual.

	Masculine.	*Feminine.*
Nom.	اَلْخَبَّازَانِ *el-khabbāzāni.*	اَلْجَنَّتَانِ *el-gannatāni.*
G. Accus.	اَلْخَبَّازَيْنِ *el-khabbāzēni.*	اَلْجَنَّتَيْنِ *el-gannatēni.*

Regular Plural.

Nom.	اَلْخَبَّازُونَ *el-khabbāzūna.*	اَلْجَنَّاتُ *el-gannātu.*
G. Accus.	اَلْخَبَّازِينَ *el-khabbāzīna.*	اَلْجَنَّاتِ *el-gannāti.*

Broken Plural.

Nom.	اَلرِّجَالُ *er-rigālu*, the men.	اَلنِّسَاءُ *en-nisā'u*, the women.
G. D. Abl.	اَلرِّجَالِ *er-rigāli.*	اَلنِّسَاءِ *en-nisā'i.*
Accus.	اَلرِّجَالَ *er-rigāla.*	اَلنِّسَاءَ *en-nisā'a.*

c. Declensions with a following genitive :—

Singular (*masc. and fem. the same*).

Nom. عَبْدُ السُّلْطَانِ *'abdu-s-sulṭāni*, the slave of the Sultan.

G. D. Abl. عَبْدِ السُّلْطَانِ *'abdi-s-sulṭāni*, of, to, etc., the slave of the Sultan.

Accus. عَبْدَ السُّلْطَانِ *'abda-s-sulṭāni*, the slave of the Sultan.

Dual.

Nom. عَبْدَا السُّلْطَانِ *'abdā-s-sulṭāni*, the two slaves of the Sultan.

G. Accus. عَبْدَيِ السُّلْطَانِ *'abdāyi-s-sulṭāni*, of, to, etc.

Regular Plural.

Nom.	خَبَّازُوالْمَدِينَةِ	*khabbāzu'l-medīnati*, the bakers of the town.
G. Accus.	خَبَّازِيالْمَدِينَةِ	*khabbāzi'l-medīnati*, of, to, etc.

Broken Plural.

Nom.	عَبِيدُالسُّلْطَانِ	*'abīdu-s-sulṭāni*, the slaves of the Sultan.
G. D. Abl.	عَبِيدِالسُّلْطَانِ	*'abīdi-s-sulṭāni*, of, to, etc.
Accus.	عَبِيدَالسُّلْطَانِ	*'abīda-s-sulṭāni*.

d. Declensions with an added suffix:—

Singular.

Nom.	كِتَابُهُ	*kitābuhu*, his book.	جَنَّتُكُمْ	*gannatukum*, your garden.
G. D. Abl.	كِتَابِهِ	*kitābihi*, of his book, etc.	جَنَّتِكُمْ	*gannatikum*, of, etc.
Accus.	كِتَابَهُ	*kitābahu*, his book.	جَنَّتَكُمْ	*gannatakum*.

Dual.

Nom.	كِتَابَاهُ	*kitābāhu*, his two books.	جَنَّتَاكُمْ	*gannatākum*, your two gardens.
G. Accus.	كِتَابَيْهِ	*kitābaihī*, of his, etc.	جَنَّتَيْكُمْ	*gannataikum*, of, etc.

Regular Plural.

Nom.	خَبَّازُوهُ	*khabbāzūhu*, his bakers.	جَنَّاتُكُمْ	*gannātukum*, your gardens.
G. Accus.	خَبَّازِيهِ	*khabbāzīhi*, of his, etc.	جَنَّاتِكُمْ	*gannātikum*, of, etc.

Broken Plural.

Nom.	كُتُبُهُ *kutubuhu*, his books.	نِسَآءُكُمْ *nisā'ukum*, your women.
G. D. Abl.	كُتُبِهِ *kutubihi*, of his, etc.	نِسَآءِكُمْ *nisā'ikum*, of, etc.
Accus.	كُتُبَهُ *kutubahu*, his, etc.	نِسَآءَكُمْ *nisā'akum*, your, etc.

NOTE—هُمَا, هُمْ, and هُنَّ are like هُ; نَ, ي, مَا, كُمَا, and كُنَّ remain unchanged like كُمْ. All terminations are the same before the ي of the 1st pers. sing.; thus, كِتَابِي my book, of my book, etc. etc.

e. Irregular declensions:—

1. أَبٌ *abun*, a father; أَخٌ *akhun*, a brother; هَنٌ *hanun*, littleness, with a following genitive or suffix:

Nom.	أَبُو عُمَرَ	*abū 'omara*, the father of Omar.
G. D. Abl.	أَبِي عُمَرَ	*abī 'omara*, of, to the father, etc.
Accus.	أَبَا عُمَرَ	*abā 'omara*, the father, etc.
Nom.	أَبُوهُ	*abū'hu*, his father.
G. D. Abl.	أَبِيهِ	*abīhi*, of his, etc.
Accus.	أَبَاهُ	*abāhu*, his father.

2. ذُو *zū*, master, possessor, with a following genitive:

Nom.	ذُو الْبَيْتِ	*zū'l-bēti*, the owner of the house.
G. D. Abl.	ذِي الْبَيْتِ	*zī'l-bēti*, of the owner, etc.
Accus.	ذَا الْبَيْتِ	*zā'l-bēti*, the owner, etc.

3. فَمٌ *famun*, mouth (for فُوهٌ *fūhun*), with a following genitive or suffix, forms the cases either regularly, as, Nom. فَمُ *famu*, Gen. فَمِ *fami*, Acc. فَمَ *fama*, or فُو *fū*, فِي *fī*, فَا *fā*.

2. In the Vulgar Tongue.

With or without the article—with or without suffixes.

Singular.

Nom.	زيد	*zēd*, Zeid.
Gen.	زيد — لزيد — من زيد	*zēd, li-zēd, min zēd*, of Zeid.
„	بتاع زيد	*bitā' zēd*, of Zeid.
Dat.	لزيد ـ الي زيد	*li-zēd, ila zēd*, to Zeid.
Acc.	زيد — (زيداً)	*zēd (zēdan)*, Zeid.
Voc.	يا زيد	*yā zēd*, O Zeid.
Abl.	من زيد — عن زيد	*min zēd, 'an zēd*, from Zeid.

Dual.

Nom.	الرجلين	*er-rāgulēn*, the two men.
Gen.	الرجلين — للرجلين	*er-rāgulēn, li'r-rāgulēn*, of the two men.
„	من الرجلين — بتاع الرجلين	*min er-rāgulēn, bitā' er-rāgulēn*, of the two men.
Dat.	للرجلين — الي الرجلين	*li'r-rāgulēn, ila er-rāgulēn*, to the two men.
Acc.	الرجلين	*er-rāgulēn*, the two men.
Voc.	يا رجلين — ايّها الرجلين	*yā rāgulēn, ayyuhā er-rāgulēn*, O (ye) two men.
Abl.	من الرجلين — عن الرجلين	*min er-rāgulēn, 'an er-rāgulēn*, the two men.

Plural.

Nom.	الخبازين	*el-khabbāzīn*, the bakers.
Gen.	الخبازين — للخبازين — من الخبازين — بتاع الخبازين	*el-khabbāzīn, li'l-khabbāzīn, min el-khabbāzīn, bitā' el-khabbāzīn*, of the bakers.

Dat. للخبازين — الي الخبازين *li'l-khabbāzīn, ila'l-khabbāzīn*, to the bakers.

Acc. الخبازين *el-khabbāzīn*, the bakers.

Voc. يا خبازين — ايّها الخبازين *yā khabbāzīn, ayyuhā el-khabbāzīn*, O bakers.

Abl. من الخبازين — عن الخبازين *min el-khabbāzīn, 'an el-khabbāzīn*, from the bakers.

Nom. عبيده *'abīdoh*, his slaves.

Gen. عبيده — لعبيده — من عبيده — بتاع عبيده *'abīdoh, li-'abīdoh, min 'abīdoh, bitā' 'abīdoh*, of his slaves.

Dat. لعبيده — الي عبيده *li-'abīdoh, ila 'abīdoh*, to his slaves.

Acc. عبيده *'abīdoh*, his slaves.

Voc. يا عبيده *yā 'abīdoh*, his slaves.

Abl. من عبيده — عن عبيده *min 'abīdoh, 'an 'abīdoh*, from his slaves.

On the genitive, vide Part I, Lessons XII and XIII.

Derivation of Substantives.

1. Nouns of *individuality*, formed by the addition of ة; thus,

نَحْل, نحل *naḥl*, bee, as a species. نَحْلَة, نحلة *naḥlah*, a bee.
حَمَام, حمام *ḥamām*, pigeon, „ حَمَامَة, حمامة *ḥamāmah*, a pigeon.
وَرْد; ورد *ward*, rose, „ وَرْدَة, وردة *wardah*, a rose.

2. Names of *professions*, formed (*a*) by doubling the second radical and placing ا before the third; thus,

خبز *khubz*, bread. خَبَّاز خبّاز *khabbāz*, a baker.
خيط *khēṭ*, thread. خَيَّاط خيّاط *khayyāṭ*, a tailor.
عطر *'iṭr*, scent. عَطَّار عطّار *'aṭṭār*, a druggist.

(*b*) By the addition of ي; thus,

بستان *bustān*, garden.		بُسْتَانِيّ بستاني	*bustānī*, a garden.
سيف *sēf*, سيوف *suyūf*,	sword, *s.*	سيوفي	*suyūfī*, sword-maker.
سرج *sarg*, سروج *sarūg*,	saddle, *s.*	سروجي	*surūgī*, saddler.

(*c*) By using the Turkish termination جي *gī*; thus,

عربه *'arabah*, carriage.	عربجي *'arabagī*, coachman.
جواهر *gawāhir*, jewels.	جواهرجي *gawāhirgī*, jeweller.
طوب *ṭob*, cannon.	طوبجي *ṭobgī*, gunner.

3. Names of *nationalities*, generally indicated by ي (ـِيّ); thus,

نمساوي *nimsāwī*, German.	فرنساوي *fransāwī*, Frenchman.
انكليزي *inkelīzī*, Englishman.	ايطالياني *iṭāliānī*, Italian.

4. *Diminutives.* The first radical is pronounced with ـُ, the second with ـَيْ; thus,

كلب *kalb*, dog.	كُلَيْب	كليب *kulēb*, little dog.
رجل *rāgil*, man.	رُجَيْل	رجيل *rugēl*, little man.
حسن *ḥassan*, Ḥassan.	حُسَيْن	حسين *ḥussēn*, little Ḥassan.
قلعة *qal'ah*, fort.	قُلَيْعَة	قليعة *qulē'ah*, little fort.

II. ADJECTIVES.

A. Gender.

1. The feminine gender is as a rule formed by the addition of ة (ـَة) *ah*; thus,

صَغِير *ṣaghīr*, small.	fem.	صَغِيرَة	صغيرة *ṣaghīrah*.
كَبِير *kebīr*, large.	„	كَبِيرَة	كبيرة *kebīrah*.
عَالِي *'ālī*, high.	„	عَالِيَة	عالية *'ālīyah*.

2. Those denoting *colour* have the feminine form فَعْلَاءُ *fa'lā'u*; thus,

أَبْيَضُ *abyaḍ*, white.	fem.	بَيْضَاءُ	بيضا	*bēḍā*.
أَصْفَرُ *aṣfar*, yellow.	„	صَفْرَآءُ	صفرا	*ṣafrā*.
أَسْوَدُ *aswad*, black.	„	سَوْدَآءُ	سودا	*saudā*.
أَحْمَرُ *aḥmar*, red.	„	حَمْرَآءُ	حمرا	*ḥamrā*.

3. Those denoting *bodily deformity* also take the above form; thus,

أَعْرَجُ *a'rag*, lame.	fem.	عَرْجَآءُ	عرجا	*'argā*.
أَحْدَبُ *aḥdab*, crooked.	„	حَدْبَآءُ	حدبا	*ḥadbā*.
أَعْمَي *a'ma*, blind.	„	عَمْيَآءُ	عميا	*'amyā*.

4. آخَر اخر *ākhar*, another. fem. أُخْرَي اخري *ukhra*.

Vide Part I, Arts. 6, 7, 8.

B. Number.

1. The regular plurals in (ـُونَ) ين *īn*, m. and (ـَاتٌ) ات *āt*, f.:

طَيِّبٌ *ṭieyib*, good.	plur.	طَيِّبُونَ	طيبين	*ṭieyibīn*.
مَفْتُوحَةٌ *maftūḥah*, open.	„	مَفْتُوحَاتٌ	مفتوحات	*maftūḥāt*.

2. Those denoting *colour* form the plural of both genders like فُعْلٌ *fu'l*:

أَحْمَرُ *aḥmar*, red.	plur.	حُمْرٌ	حمر	*ḥumr*.
أَخْضَرُ *akhḍar*, green.	„	خُضْرٌ	خضر	*khuḍr*.
أَسْوَدُ *aswad*, black.	„	سُودٌ	سود	*sūd*.
أَبْيَضُ *abyaḍ*, white.	„	بِيضٌ	بيض	*bīḍ*.

3. Those denoting *bodily deformity* take the form فُعْلَان *fu'lān* in the plural of both genders:

أَعْرَج *a'ray*, lame.	plur.	عُرْجَان	عرجان	*'urgān.*
أَعْوَر *a'war*, one-eyed.	,,	عُوران	عوران	*'urān.*

4. A few of the forms in most common use of the *broken plurals* are as follows:

فِعَال *fi'āl* :	كَبِير *kebīr*, large.	plur.	كبار *kibār, kubār.*
,, ,,	مَلِيح *melīḥ*, good.	,,	ملاح *milāḥ, m'lāḥ.*
أَفْعَال *af'āl* :	شَرِيف *sherīf*, noble.	,,	اشراف *ashrāf.*
,, ,,	طَاهِر *ṭāhir*, clean.	,,	اطهار *aṭhār.*
فُعَلَاء *fu'alā* :	فَقِير *faqīr*, poor.	,,	فقرا *fuqarā.*
,, ,,	عَاقِل *'āqil*, wise.	,,	عقلا *'uqalā.*
فَعَالِل *fa'ālil* :	أَرْمَل *armal*, widowed.	,,	ارامل *arāmil.*
فَعَالِيل *fa'ālīl* :	مَسْكِين *maskīn*, wretched.	,,	مساكين *masākīn.*

Vide Part I, Arts. 24, 31 *et seq.*

C. Declension of Adjectives.

Adjectives are declined in the same manner as substantives.

D. Comparison of Adjectives.

1. The comparative takes the form أَفْعَل *af'al* for both the singular and plural (the feminine form فُعْلَى is not used in the vulgar tongue):

كَبِير *kebīr*, large.	أَكْبَر *akbar*, larger.
عَالِم *'ālim*, wise.	أَعْلَم *a'lam*, wiser.

خَفِيف *khafīf*, light.	أَخَفّ *akhaff*, lighter.
قَلِيل *qalīl*, little.	أَقَلّ *aqall*, less.

The comparative can be formed by the use of أَكْثَر *akṭar*, more.

2. The superlative is formed from the comparative either by prefixing ال *el*, by the aid of a suffix, or by a following genitive. Its masc. plur. is of the form فَعَالِل *fa'ālil;* ex.

الاكابر *el-akābir*, the greatest, the great taken in its substantive meaning.

Vide Part I, Lesson XIV.

III. PRONOUNS.

A. Personal Pronouns.

Sing. 1st pers. *m. f.*	أَنَا	vulg.	انا *ana*, I.
„ 2nd pers. *m.*	أَنْتَ	„	انت *ente, ent'*, thou.
„ „ „ *f.*	أَنْتِ	„	انت, انتي *entī*, thou.
„ 3rd pers. *m.*	هُوَ	„	هو *hūa*, he.
„ „ „ *f.*	هِيَ	„	هي *hīya*, she.
Plur. 1st pers. *m. f.*	نَحْنُ	„	نحن *naḥn ;* احن, احنا *iḥna*, we.
„ 2nd pers. *m.*	أَنْتُمْ	„	انتم *entum;* انتوا, انتو *entū*, ye.
„ „ „ *f.*	أَنْتُنَّ	„	not in use, ye.
„ 3rd pers. *m.*	هُمْ	„	هم *hum ;* هما *huma*, they.
„ „ „ *f.*	هُنَّ	„	هُنّ *hunna* (seldom used), they.
Dual 2nd pers. *m. f.*	أَنْتُمَا	„	not in use, ye both.
„ „ „ „	هُمَا	„	not in use, they both.

Vide Part I, Arts. 8, 11, 36.

Suffixes.

Sing. 1st pers. *m. f.*	ـِي ; نِي	vulg.	ـِي ; نِي	*ī ; nī.*
„ 2nd pers. *m.*	ـَكَ	„	ـَك	*ak.*
„ „ „ *f.*	ـِكِ	„	ـِك ; كِي	*ik, ek ; ki, kī.*
„ 3rd pers. *m.*	ـهُ	„	ـه	*hu, oh.*
„ „ „ *f.*	ـهَا	„	ـها	*hā.*
Plur. 1st pers. *m. f.*	ـنَا	„	ـنا	*nā.*
„ 2nd pers. *m.*	ـكُمْ	„	ـكم	*kum.*
„ „ „ *f.*	ـكُنَّ	„		not in use.
„ 3rd pers. *m.*	ـهُمْ	„	ـهم	*hum.*
„ „ „ *f.*	ـهُنَّ	„	ـهنّ	(rare) *hunna.*
Dual 2nd pers. *m. f.*	ـكُمَا	„		not in use.
„ 3rd pers. *m. f.*	ـهُمَا	„		not in use.

Suffixes to *prepositions :*

مِنْ from: مِنِّي	vulg. *minnī*, from me.	لِ to: لِي	vulg. *lī*, to me.
مِنَّكَ	„ *minnak*, from thee.	لَكَ	„ *lak*, to thee.
مِنْهُ	„ *minnoh*, from him.	لَهُ	„ *loh, luh*, to him.
مِنْهَا	„ *minhā*, from her.	لِهَا	„ *lihā*, to her.
مِنَّا	„ *minnā*, from us.	لَنَا	„ *lanā, linā*, to us.
مِنْكُمْ	„ *minkum*, from ye.	لَكُمْ	„ *lukum, likum*, to ye.
مِنْهُمْ	„ *minhum*, from them.	لَهُمْ	„ *luhum, lihum*, to them.

فِي in : فِيَّ	vulg.	*fīya*, in me.	عَلَي on : عَلَيَّ	vulg.	*'alēya*, on me.
فِيكَ	„	*fīk*, in thee.	عَلَيْكَ	„	*'alēk*, on thee.
فِيهِ	„	*fī'hi*, *fīh*, in him.	عَلَيْهِ	„	*'alēh*, on him.
فِيهَا	„	*fīhā*, in her.	عَلَيْهَا	„	*'alēhā*, on her.
فِينَا	„	*fīnā*, in us.	عَلَيْنَا	„	*'alēnā*, on us.
فِيكُمْ	„	*fīkum*, in ye.	عَلَيْكُمْ	„	*'alēkum*, on ye.
فِيهِمْ	„	*fīhum*, in them.	عَلَيْهِمْ	„	*'alēhum*, on them.

Accusative of the personal pronoun formed from إِيَّا with the suffixes:

Sing. 1st pers. *m. f.*	إِيَّايَ	vulg.	*iyyāya*, me.
„ 2nd pers. *m.*	إِيَّاكَ	„	*iyyāk*, thee.
„ „ „ *f.*	إِيَّاكِ	„	„ „
„ 3rd pers. *m.*	إِيَّاهُ	„	*iyyāh*, him.
„ „ „ *f.*	إِيَّاهَا	„	*iyyāhā*, her.
Plur. 1st pers. *m. f.*	إِيَّانَا	„	*iyyānā*, we.
„ 2nd pers. *m.*	إِيَّاكُمْ	„	*iyyākum*, ye.
„ „ „ *f.*	إِيَّاكُنَّ	„	„ „
„ 3rd pers. *m.*	إِيَّاهُمْ	„	*iyyāhum*, them.
„ „ „ *f.*	إِيَّاهُنَّ	„	
Dual 2nd pers. *m. f.*	إِيَّاكُمَا	„	
„ 3rd pers. *m. f.*	إِيَّاهُمَا	„	

Vide Part I, Lesson VIII.

Suffixes used as *possessive pronouns* :

(*a*) With a final consonant in the singular :

كِتَابِي vulg. كتابي *kitābī*, my book.
كِتَابُكَ „ كتابك *kitābak*, thy (*m.*) book.

كِتَابُكِ vulg. كتابك *kitābik*, thy (*f.*) book.

كِتَابُهُ „ كتابه *kitāboh* his book.

كِتَابُهَا „ كتابها *kitābhā*, her book.

كِتَابُنَا „ كتابنا *kitābnā*, our book.

كِتَابُكُمْ „ كتابكم *kitābkum*, your book.

كِتَابُكُنَّ „

كِتَابُهُمْ „ كتابهم *kitābhum*, their book.

كِتَابُهُنَّ „

(*b*) With a final vowel in the singular:

ابوي *abūya*, my father.

ابوك *abūk*, thy (*m.*) father.

ابوكي — ابوكِ *abūkī*, thy (*f.*) father.

ابوه *abūh*, his father.

etc. etc.

Dual.

كِتَابَايَ my two books. vulg. عينيّ *'ēnēyya*, my two eyes.

كِتَابَاكَ thy two books. „ عينيك *'ēnēk*, thy two eyes.

كِتَابَاهُ his two books. „ عينيه *'ēnēh*, his two eyes.

etc. etc.

Regular Plurals.

مُسْلِمِيَّ vulg. مسلميني *muslimīnī*, my Moslems.

مُسْلِمُوكَ „ مسلمينك *muslimīnak*, thy Moslems.

مُسْلِمُوهُ „ مسلميه *muslimīh*, his Moslems.

etc. etc.

Vide Part I, Lesson VIII.

B. Possessive Pronouns.

There are none. They are replaced (*a*) by suffixes (see above); (*b*) by nouns, متاع *mitā'*, property, goods (بتاع *bitā'* in Egypt), مال *māl*, property, possession, or حق *ḥaqq*, right, lawful possession, with the suffixes.

Vide Part I, Art. 63.

C. Demonstrative Pronouns.

Sing. *m.*	هَذَا	vulg.	هذا *hāza* (هذا ال = هل *hal*); ذا, دا	this.
„ *f.*	هَذِهِ	„	هذه *hāzī*; ذي, دي, دة *dī*,	this.
Dual *m.*	هَذَانِ	„	هذين *hazēn*, ذين *dēn*,	both these.
„ *f.*	هَتَانِ	„	هتين *hatīn*, تين *tēn*,	both these.
Plur. *m.*	هَؤُلَاءِ	„	هؤلاء *howlāi*, هدول *hadōl*,	these.
			هدولي *hadōlī*, دول *dōl*,	
Sing. *m.*	هَذَكَ	vulg.	هذاك *hadāk*, ذاك, داك *dāk*,	that.
			دكهو *dukhūa*,	that.
„ *f.*	هَتِيكَ	„	هذيك *hadīk*, ذيك, ديك *dīk*,	that.
			تيك *tīk*, دكها *dikhā*,	
			دكهي *dikhīya*,	
Dual *m.*	هَذَانِكَ	„		both these.
„ *f.*	هَتَانِكَ	„		both these.
Plur.	هَؤُلَائِكَ	„	هؤلائك *howlāik*, هدوليك *hadōlēk*,	those.
			هدولكي *hadōlekī*, هدوك *hadōk*,	
			دوك *dōk*, دكهم *dikhum*,	

Sing. *m.* ذَٰلِكَ vulg. ذلك, ذالك *zālik*, that.
„ *f.* تِلْكَ „ تلك *tilk*, that.
Dual *m.* ذَانِكَ „
„ *f.* تَانِكَ „
Plur. *m.* أُولَائِكَ „

Vide Part I, Lesson VI.

D. Relative Pronouns.

Sing. *m.*	اَلَّذِي	vulg.	الذي *ellazī*,		who, which.
„ *f.*	اَلَّتِي	„	التي *ellatī*,		who, which.
Dual *m.*	اَللَّذَانِ	„		اللي *illī*.	
„ *f.*	اَللَّتَانِ	„			
Plur. *m.*	اَلَّذِينَ	„	الذين *ellazīn*,		who, whom.
„ *f.*	اَللَّاتِي	„	اللواتي *ellawātī*,		who, whom.
m. f.	مَنْ	„	من *man*,		who.
m.	مَا	„	ما *mā*,		what.

Vide Part I, Arts. 133–136.

E. Interrogative Pronouns.

m. f. مَنْ vulg. من (*man*), *min*; مين *mīn*, who?
„ أَيٌّ, أَيَّةٌ „ اي *ē*, what kind of? what?
m. مَا „ ما *mā*, ايشي, ايش *ēsh*, what?

Vide Part I, Arts. 16, 17.

IV. NUMBERS.

A. Cardinal Numbers.

1.	*m.*	أَحَدٌ	vulg.	احد	*aḥad,*	١
	f.	إِحْدَى	„	احدي	*eḥda,*	
	m.	وَاحِدٌ	„	واحد	*wāḥid,*	
	f.	وَاحِدَةٌ	„	واحدة	*wāḥidah, waḥdah,*	
2.	*m.*	إِثْنَانِ	„	اثنين	*eṭnēn,*	٢
	f.	إِثْنَتَانِ	„	اثنتين	*eṭnetēn,*	
3.	*m.*	ثَلَاثَةٌ	„	ثلاثة	*ṭalāṭah,*	٣
	f.	ثَلَاثٌ	„	ثلاث	*ṭalāṭ,*	
4.	*m.*	أَرْبَعَةٌ	„	اربعة	*arba'ah,*	٤
	f.	أَرْبَعٌ	„	اربع	*arba',*	
5.	*m.*	خَمْسَةٌ	„	خمسة	*khamsah,*	٥
	f.	خَمْسٌ	„	خمس	*khams,*	
6.	*m.*	سِتَّةٌ	„	ستة	*sittah,*	٦
	f.	سِتٌّ	„	ست	*sitt,*	
7.	*m.*	سَبْعَةٌ	„	سبعة	*sab'ah,*	٧
	f.	سَبْعٌ	„	سبع	*sab',*	
8.	*m.*	ثَمَانِيَةٌ	„	ثمانية	*ṭamānyah,*	٨
	f.	ثَمَانٍ	„	ثمان	*ṭamān,*	
9.	*m.*	تِسْعَةٌ	„	تسعة	*tis'ah,*	٩
	f.	تِسْعٌ	„	تسع	*tis'a,*	
10.	*m.*	عَشَرَةٌ	„	عشرة	*'asharah,*	١٠
	f.	عَشْرٌ	„	عشر	*'ashar,*	

11. m.	أَحَدَ عَشَرَ	vulg.	احدعشر	aḥad-'ashar,	aḥdāsh,	١١
f.	إِحْدَي عَشَرَةَ	,,	احدي عشرة	iḥda-'ashrah,		
12. m.	إِثْنَا عَشَرَ	,,	اثناعشر	eṭn''ashar,	eṭnāsh,	١٢
f.	إِثْنَتَا عَشَرَةَ	,,	اثنتاعشرة	eṭnetā-'ashrah,		
	etc.		etc.	etc.		
20.	عِشْرُونَ	,,	عشرين	'ashrīn,		٢٠
21.	أَحَدٌ وَعِشْرُونَ	,,	واحد وعشرين	wāḥid wa'ashrīn,		٢١
	etc.		etc.	etc.		
30.	ثَلَاثُونَ	,,	ثلاثين	ṭalāṭīn,		٣٠
40.	أَرْبَعُونَ	,,	اربعين	arba'īn,		٤٠
50.	خَمْسُونَ	,,	خمسين	khamsīn,		٥٠
60.	سِتُّونَ	,,	ستين	sittīn,		٦٠
70.	سَبْعُونَ	,,	سبعين	sab'īn,		٧٠
80.	ثَمَانُونَ	,,	ثمانين	ṭamānīn,		٨٠
90.	تِسْعُونَ	,,	تسعين	tis'aīn,		٩٠
100.	مِئَةٌ or مَائَةٌ	,,	مية or ماية	māyah or mīyah,		١٠٠
200.	مِائَتَانِ	,,	ميتين or مايتين	māyatēn or mītēn,		٢٠٠
300.	ثَلَاثُ مِائَةٍ	,,	ثلاثمية	ṭalāṭ mīyah, ṭulṭmīyah,		٣٠٠
400.	أَرْبَعُ مِائَةٍ	,,	اربعمية	arba'mīyah, rub'mīyah,		٤٠٠
	etc.		etc.	etc.		
1,000.	أَلْفٌ	,,	الف	elf, alf,		١٠٠٠
2,000.	أَلْفَانِ	,,	الفين	elfēn,		٢٠٠٠
3,000.	ثَلَاثَةُ آلَافٍ	,,	ثلاثةآلاف	ṭalāṭat-elāf,		٣٠٠٠
	etc.		etc.	etc.		
10,000.	عَشَرَةُ آلَافٍ	,,	عشرةالاف	'asharat-elāf,		١٠٠٠٠

11,000.	أَحَدَ عَشَرَ أَلْفاً	vulg.	احد عشر الف	*aḥdāshar elf,*	١١٠٠٠
100,000.	مِائَةُ أَلْفٍ	,,	مية الف	*mīyat elf,*	١٠٠٠٠٠
	etc.		etc.	etc.	

Vide Part I, Lessons VI, VII, IX, and X.

B. Ordinal Numbers.

1st *m.*	أَوَّلُ	vulg.	اوّلاني, اوّلي, اوّل	*awwal, awwalī, awwalānī.*
,, *f.*	أُولَى	,,	اوّلية, اوّلة	*awwalah, awwaliyah,* etc.
2nd *m.*	ثَانٍ	,,	ثاني	*ṭānī.*
,, *f.*	ثَانِيَةٌ	,,	ثانية	*ṭāniyah.*
3rd *m.*	ثَالِثٌ	,,	ثالث	*ṭāliṭ.*
,, *f.*	ثَالِثَةٌ	,,	ثالثة	*ṭāliṭah,* etc. etc.
4th	رَابِعٌ	,,	رابع	*rābi'.*
5th	خَامِسٌ	,,	خامس	*khāmis.*
6th	سَادِسٌ	,,	سادس	*sādis.*
7th	سَابِعٌ	,,	سابع	*sābi'.*
8th	ثَامِنٌ	,,	ثامن	*ṭāmin.*
9th	تَاسِعٌ	,,	تاسع	*tāsi'.*
10th	عَاشِرٌ	,,	عاشر	*'āshir.*
11th	حَادِيَ عَشَرَ	,,	حادي عشر	*ḥādī 'ashar.*
	etc.		etc.	etc.
20th	عِشْرُونَ	,,	عشرين	*'ashrīn.*
21st	حَادِي وَعِشْرُونَ	,,	حادي وعشرين	*ḥādī wa'ashrīn.*
34th	رَابِعٌ وَثَلَاثُونَ	,,	رابع وثلاثين	*rābi' wa ṭalāṭīn.*
	etc.		etc.	etc.

Vide Part I, Art. 107.

V. VERBS.

A. Regular Verbs.

(Vide Part I, Lessons XV, XVI, XVII, XVIII, XIX.)

Simple Tenses of the I. Form.

Active Mood.

The Preterite.

Sing. 3rd pers. *m.*	كَتَبَ	vulg.	كتب	*katab*, he has	
,, ,, ,, *f.*	كَتَبَتْ	,,	كتبت	*katabet*, she has	
,, 2nd pers. *m.*	كَتَبْتَ	,,	كتبت	*katabt*, thou hast	written.
,, ,, ,, *f.*	كَتَبْتِ	,,	كتبتي	*katabtī*, thou hast	
,, 1st pers. *m. f.*	كَتَبْتُ	,,	كتبت	*katabt*, I have	
Dual 3rd pers. *m.*	كَتَبَا	,,		they both have	
,, ,, ,, *f.*	كَتَبَتَا	,,		they both have	written.
,, 2nd pers. *m. f.*	كَتَبْتُمَا	,,		ye both have	
Plur. 3rd pers. *m.*	كَتَبُوا	,,	كتبوا	*katabū*, they have	
,, ,, ,, *f.*	كَتَبْنَ	,,			
,, 2nd pers. *m.*	كَتَبْتُمْ	,,	كتبتوا	*katabtū*, ye have	written.
,, ,, ,, *f.*	كَتَبْتُنَّ	,,			
,, 1st pers. *m. f.*	كَتَبْنَا	,,	كتبنا	*katabnā*, we have	

The Aorist.

Sing. 3rd pers. *m.*	يَكْتُبُ	vulg.	يكتب	*yektub*, he writes.
,, ,, ,, *f.*	تَكْتُبُ	,,	تكتب	*tektub*, she writes.
,, 2nd pers. *m.*	تَكْتُبُ	,,	تكتب	*tektub*, thou writest.

Sing. 2nd pers. *f.*	تَكْتُبِينَ	vulg.	تكتبي	*tektubī*, thou writest.
„ 1st pers. *m. f.*	أَكْتُبُ	„	اكتب	*aktub*, I write.
Dual 3rd pers. *m.*	يَكْتُبَانِ	„		they both write.
„ „ „ *f.*	تَكْتُبَانِ	„		they both write.
„ 2nd pers. *m. f.*	تَكْتُبَانِ	„		ye both write.
Plur. 3rd pers. *m.*	يَكْتُبُونَ	„	يكتبوا	*yektubū*, they write.
„ „ „ *f.*	يَكْتُبْنَ	„		
„ 2nd pers. *m.*	تَكْتُبُونَ	„	تكتبوا	*tektubū*, ye write.
„ „ „ *f.*	تَكْتُبْنَ	„		
„ 1st pers. *m. f.*	نَكْتُبُ	„	نكتب	*nektub*, we write.

The Imperative.

Sing. *m.*	أُكْتُبْ	vulg.	اكتب	*uktub*, write thou.
„ *f.*	أُكْتُبِي	„	اكتبي	*uktubī*, write thou.
Dual *m. f.*	أُكْتُبَا	„		both write.
Plur. *m.*	أُكْتُبُوا	„	اكتبوا	*uktubū*, write ye.
„ *f.*	أُكْتُبْنَ	„		write ye.

Participle.

كَاتِبٌ vulg. كاتب *kātib*, writing.

PASSIVE MOOD.

The Preterite.			**The Aorist.**
It has been written, etc.		vulg.	*It is written, etc.*
Sing. 3rd pers. *m.*	كُتِبَ	*kutib.*	يُكْتَبُ *yuktab.*
„ „ „ *f.*	كُتِبَتْ	*kutibet.*	تُكْتَبُ *tuktab.*
„ 2nd pers. *m.*	كُتِبْتَ	*kutibt.*	تُكْتَبُ *tuktab.*
„ „ „ *f.*	كُتِبْتِ	*kutibti.*	تُكْتَبِينَ *tuktabīna.*

Sing. 1st pers. *m. f.*	كُتِبْتُ *kutibt.*	أُكْتَبُ *uktab.*
Dual 3rd pers. *m.*	كُتِبَا	يُكْتَبَانِ
„ „ „ *f.*	كُتِبَتَا	تُكْتَبَانِ
„ 2nd pers. *m. f.*	كُتِبْتُمَا	تُكْتَبَانِ
Plur. 3rd pers. *m.*	كُتِبُوا *kutibū.*	يُكْتَبُونَ *yuktabū.*
„ „ „ *f.*	كُتِبْنَ	يُكْتَبْنَ
„ 2nd pers. *m.*	كُتِبْتُمْ *kutibtum, tū.*	تُكْتَبُونَ *tuktabū.*
„ „ „ *f.*	كُتِبْتُنَّ	تُكْتَبْنَ
„ 1st pers. *m. f.*	كُتِبْنَا *kutibnā.*	نُكْتَبُ *nuktab.*

Participle.

مَكْتُوبٌ vulg. مكتوب *maktūb*, written.

Simple Tenses of the Derived Forms.

(Vide Part I, Lessons XX, XXI, XXII.)

II. Form.

	Active.	Passive.
Pret.	أَكْتَبَ vulg. *aktab.*	أُكْتِبَ vulg. *uktib.*
Aor.	يُكْتِبُ „ *yuktib.*	يُكْتَبُ „ *yuktab.*
Imp.	أَكْتِبْ „ *aktib.*	
Part.	مُكْتِبٌ „ *muktib.*	مُكْتَبٌ „ *muktab.*
Inf.	إِكْتَابٌ „ *iktāb.*	

III. Form.

Pret.	كَتَّبَ vulg. *kattab.*	كُتِّبَ vulg. *kuttib.*
Aor.	يُكَتِّبُ „ *yukattib.*	يُكَتَّبُ „ *yukattab.*
Imp.	كَتِّبْ „ *kattib.*	

Part.	مُكَتِّبٌ	vulg. *mukattib.*	مُكَتَّبٌ	vulg. *mukattab.*
Inf.	تَكْتِيبٌ	„ *tektīb.*		

IV. Form.

Pret.	كَاتَبَ	vulg. *kātab.*	كُوتِبَ	vulg. *kūtib.*
Aor.	يُكَاتِبُ	„ *yukātib.*	يُكَاتَبُ	„ *yukātab.*
Imp.	كَاتِبْ	„ *kātib.*		
Part.	مُكَاتِبٌ	„ *mukātib.*	مُكَاتَبٌ	„ *mukātab.*
Inf.	كِتَابٌ (مُكَاتَبَةٌ)	„ *kitāb.*		

V. Form.

Pret.	تَكَتَّبَ	vulg. *tekattab.*	تُكُتِّبَ	vulg. *tukuttib.*
Aor.	يَتَكَتَّبُ	„ *yetekattab.*	يُتَكَتَّبُ	„ *yutakattab.*
Imp.	تَكَتَّبْ	„ *tekattab.*		
Part.	مُتَكَتِّبٌ	„ *mutekattib.*	مُتَكَتَّبٌ	„ *mutekattab.*
Inf.	تَكَتُّبٌ	„ *tekattub.*		

VI. Form.

Pret.	تَكَاتَبَ	vulg. *tekātab.*	تُكُوتِبَ	vulg. *tukūtib.*
Aor.	يَتَكَاتَبُ	„ *yetekātab.*	يُتَكَاتَبُ	„ *yutakātab.*
Imp.	تَكَاتَبْ	„ *tekātab.*		
Part.	مُتَكَاتِبٌ	„ *mutekātib.*	مُتَكَاتَبٌ	„ *mutekātab.*
Inf.	تَكَاتُبٌ	„ *tekātub.*		

VII. Form.

Pret.	إِنْكَتَبَ	vulg. *inkatab.*	أُنْكُتِبَ	vulg. *inkutib.*
Aor.	يَنْكَتِبُ	„ *yenkatib.*	يُنْكَتَبُ	„ *yunkatab.*
Imp.	إِنْكَتِبْ	„ *inkatib.*		
Part.	مُنْكَتِبٌ	„ *munkatib.*	مُنْكَتَبٌ	„ *munkatab.*
Inf.	إِنْكِتَابٌ	„ *inkitāb.*		

VIII. Form.

Pret.	اِكْتَتَبَ vulg. *iktatab.*		اُكْتُتِبَ vulg. *uktutib.*	
Aor.	يَكْتَتِبُ	„ *yektatib.*	يُكْتَتَبُ	„ *yuktatab.*
Imp.	اِكْتَتِبْ	„ *iktatib.*		
Part.	مُكْتَتِبٌ	„ *muktatib.*	مُكْتَتَبٌ	„ *muktatab.*
Inf.	اِكْتِتَابٌ	„ *iktitāb.*		

IX. Form.

Pret.	اِكْتَبَّ vulg. *iktabb.*	
Aor.	يَكْتَبُّ	„ *yektabb.*
Imp.	اِكْتَبِبْ	„ *iktabib.*
Part.	مُكْتَبٌّ	„ *muktabb.*
Inf.	اِكْتِبَابٌ	„ *iktibāb.*

X. Form.

Pret.	اِسْتَكْتَبَ vulg. *istaktab.*		اُسْتُكْتِبَ vulg. *ustuktib.*	
Aor.	يَسْتَكْتِبُ	„ *yestaktib.*	يُسْتَكْتَبُ	„ *yustaktab.*
Imp.	اِسْتَكْتِبْ	„ *istaktib.*		
Part.	مُسْتَكْتِبٌ	„ *mustaktib.*	مُسْتَكْتَبٌ	„ *mustuktab.*
Inf.	اِسْتِكْتَابٌ	„ *istiktāb.*		

Verbs derived from Quadriliteral Roots.

(Vide Part I, Arts. 120 and 219.)

I. Form.

	Active.		Passive.	
Pret.	دَحْرَجَ vulg. *daḥrag*		دُحْرِجَ vulg. *duḥrig.*	
Aor.	يُدَحْرِجُ	„ *yudaḥrig.*	يُدَحْرَجُ	„ *yudaḥrag.*
Imp.	دَحْرِجْ	„ *daḥrig.*		
Part.	مُدَحْرِجٌ	„ *mudaḥrig.*	مُدَحْرَجٌ	„ *mudaḥrag.*
Inf.	دِحْرَاجٌ	„ *diḥrāg.*		

II. Form.

Pret.	تَدَحْرَجَ vulg. *tadaḥrag.*		تُدُحْرِجَ vulg. *tuduḥrig.*	
Aor.	يَتَدَحْرَجُ „	*yetadaḥrag.*	يُتَدَحْرَجُ „	*yutadaḥrag.*
Imp.	تَدَحْرَجْ „	*tadaḥrag.*		
Part.	مُتَدَحْرِجٌ „	*mutadaḥrig.*	مُتَدَحْرَجٌ „	*mutadaḥrag.*
Inf.	تَدَحْرُجٌ „	*tadaḥrug.*		

B. Irregular Verbs.

I. Surd or 'Doubled' Verbs.

(Vide Part I, Lesson XXIII.)

Active Mood.

The Preterite.

Sing. 3rd pers. *m.*	رَدَّ	vulg.	رَدّ	*radd*, he has	given back.
„ „ „ *f.*	رَدَّتْ	„	رَدّت	*raddet*, she has	
„ 2nd pers. *m.*	رَدَدْتَ	„	رَدّيت	*raddēt*, thou hast	
„ „ „ *f.*	رَدَدْتِ	„	رَدّيتي	*raddētī*, thou hast	
„ 1st pers. *m. f.*	رَدَدْتُ	„	رَدّيت	*raddēt*, I have	
Dual 3rd pers. *m.*	رَدَّا	„		they both have	given back.
„ „ „ *f.*	رَدَّتَا	„		they both have	
„ 2nd pers. *m. f.*	رَدَدْتُمَا	„		ye both have	
Plur. 3rd pers. *m.*	رَدُّوا	„	رَدّوا	*raddū*, they have.	given back.
„ „ „ *f.*	رَدَدْنَ	„		they have	
„ 2nd pers. *m.*	رَدَدْتُمْ	„	رَدّيتوا	*raddētū*, ye have	
„ „ „ *f.*	رَدَدْتُنَّ	„		ye have	
„ 1st pers. *m. f.*	رَدَدْنَا	„	رَدّينا	*raddēnā*, we have	

Aor. يَرُدُّ vulg. *yerudd.* Imp. sing. اُرْدُدْ vulg. رُدّ *rudd, i.*

Part. رَادٌّ „ *rādd, rādid.* „ plur. اُرْدُدُوا „ رُدّوا *ruddū.*

Passive Mood.

Pret. رُدَّ vulg. *rudd*. Part. مَرْدُودٌ vulg. *mardūd*.

Aor. يُرَدُّ „ *yuradd*.

Derived Forms.

		II.	III.	IV.	V.	VI.
Active :	Pret.	أَرَدَّ	رَدَّدَ	رَادَّ	تَرَدَّدَ	تَرَادَّ
„	Aor.	يُرِدُّ	يُرَدِّدُ	يُرَادُّ	يَتَرَدَّدُ	يَتَرَادُّ
„	Imp.	أَرْدِدْ	رَدِّدْ	رَادِدْ	تَرَدَّدْ	تَرَادَدْ
„	Part.	مُرِدٌّ	مُرَدِّدٌ	مُرَادٌّ	مُتَرَدِّدٌ	مُتَرَادٌّ
„	Inf.	إِرْدَادٌ	تَرْدِيدٌ	رِدَادٌ	تَرَدُّدٌ	تَرَادٌّ
Passive :	Pret.	أُرِدَّ	رُدِّدَ	رُودِدَ	تُرُدِّدَ	تُرُودِدَ
„	Aor.	يُرَدُّ	يُرَدَّدُ	يُرَادُّ	يُتَرَدَّدُ	يُتَرَادُّ
„	Part.	مُرَدٌّ	مُرَدَّدٌ	مُرَادٌّ	مُتَرَدَّدٌ	مُتَرَادٌّ

		VII.	VIII.	IX.	X.
Active :	Pret.	إِنْرَدَّ	إِرْتَدَّ	إِرْدَدَّ	إِسْتَرَدَّ
„	Aor.	يَنْرَدُّ	يَرْتَدُّ	يَرْدَدُّ	يَسْتَرِدُّ
„	Imp.	إِنْرَدِدْ	إِرْتَدِدْ	إِرْدَدِدْ	إِسْتَرْدِدْ
„	Part.	مُنْرَدٌّ	مُرْتَدٌّ	مُرْدَدٌّ	مُسْتَرِدٌّ
„	Inf.	إِنْرِدَادٌ	إِرْتِدَادٌ	إِرْدَادٌ	إِسْتِرْدَادٌ
Passive :	Pret.	أُنْرُدَّ	أُرْتُدَّ		أُسْتُرِدَّ
„	Aor.	يُنْرَدُّ	يُرْتَدُّ		يُسْتَرَدُّ
„	Part.	مُنْرَدٌّ	مُرْتَدٌّ		مُسْتَرَدٌّ

II. Infirm or Imperfect Verbs.

1. Verbs with و or ي as the first radical.

(Vide Part I, Lesson XXIV *et seq.*)

		I. Form.		II. Form.	
Active:	Pret.	وَقَفَ	يَسَرَ	أَوْقَفَ	أَيْسَرَ
„	Aor.	يَقِفُ	يَيْسِرُ	يُوقِفُ	يُوسِرُ
„	Imp.	قِفْ	إِيسِرْ	أَوْقِفْ	أَيْسِرْ
„	Part.	وَاقِفٌ	يَاسِرٌ	مُوقِفٌ	مُوسِرٌ
„	Inf.	وَقْفٌ	يَسْرٌ	إِيقَافٌ	إِيسَارٌ
Passive:	Pret.	وُقِفَ	يُسِرَ	أُوقِفَ	أُوسِرَ
„	Aor.	يُوقَفُ	يُوسَرُ	يُوقَفُ	يُوسَرُ
„	Part.	مَوْقُوفٌ	مَوْسُورٌ	مُوقَفٌ	مُوسَرٌ

		VIII. Form.		X. Form.	
Active:	Pret.	إِتَّقَفَ	إِتَّسَرَ	إِسْتَوْقَفَ	إِسْتَيْسَرَ
„	Aor.	يَتَّقِفُ	يَتَّسِرُ		
„	Imp.	إِتَّقِفْ	إِتَّسِرْ		
„	Part.	مُتَّقِفٌ	مُتَّسِرٌ		
„	Inf.	إِتِّقَافٌ	إِتِّسَارٌ	إِسْتِيقَافٌ	إِسْتِيسَارٌ
Passive:	Pret.	أُتُّقِفَ	أُتُّسِرَ		
„	Aor.	يُتَّقَفُ	يُتَّسَرُ		
„	Part.	مُتَّقَفٌ	مُتَّسَرٌ		

2. *a.* Verbs with و as the second radical.

I. Form.

Active Mood.

Pret. Sing. 3rd pers. *m.*	قَالَ vulg. قال	*qāl,* he has said.
,, ,, ,, *f.*	قَالَتْ ,, قالت	*qālet,* she has said.
,, 2nd pers. *m.*	قُلْتَ ,, قلت	*qult,* thou hast said.
,, ,, ,, *f.*	قُلْتِ ,, قلتي	*qultī,* thou hast said.
,, 1st pers. *m. f.*	قُلْتُ ,, قلت	*qult,* I have said.
Dual 3rd pers. *m.*	قَالَا ,,	they both have said.
,, ,, ,, *f.*	قَالَتَا ,,	they both have said.
,, 2nd pers. *m. f.*	قُلْتُمَا ,,	ye both have said.
Plur. 3rd pers. *m.*	قَالُوا ,, قالوا	*qālū,* they have said.
,, ,, ,, *f.*	قُلْنَ ,,	they have said.
,, 2nd pers. *m.*	قُلْتُمْ ,, قلتوا	*qultū,* ye have said.
,, ,, ,, *f.*	قُلْتُنَّ ,,	ye have said.
,, 1st pers. *m. f.*	قُلْنَا ,, قلنا	*qulnā,* we have said.

Aor. يَقُولُ vulg. *yeqūl.* Imp. sing. قُلْ vulg. قول *qul, qūl.*
Part. قَائِلٌ ,, *qāil.* ,, plur. قُولُوا ,, *qūlū.*

Passive Mood.

Pret. قِيلَ vulg. *qīl.* Part. مَقُولٌ vulg. *maqūl.*
Aor. يُقَالُ *yuqāl.*

b. Verbs with ي as the second radical.

I. Form.

Active Mood.

Pret. Sing. 3rd pers. *m.*	بَاعَ	vulg.	باع	*bā'*, he has	sold.
„ „ „ *f.*	بَاعَتْ	„	باعت	*bā'et*, she has	
„ 2nd pers. *m.*	بِعْتَ	„	بعت	*bi't*, thou hast	
„ „ „ *f.*	بِعْتِ	„	بعتي	*bi'tī*, thou hast	
„ 1st pers. *m. f.*	بِعْتُ	„	بعت	*bi't*, I have	
Dual 3rd pers. *m.*	بَاعَا	„		they both have	sold.
„ „ „ *f.*	بَاعَتَا	„		they both have	
„ 2nd pers. *m. f.*	بِعْتُمَا	„		ye both have	
Plur. 3rd pers. *m.*	بَاعُوا	„	باعوا	*bā'ū*, they have	sold.
„ „ „ *f.*	بِعْنَ	„		they have	
„ 2nd pers. *m.*	بِعْتُمْ	„	بعتوا	*bi'tū*, ye have	
„ „ „ *f.*	بِعْتُنَّ	„		ye have	
„ 1st pers. *m. f.*	بِعْنَا	„	بعنا	*bi'nā*, we have	

Aor. يَبِيعُ vulg. *yebī'*. Imp. sing. بِعْ vulg. *bī'* or *be'*.

Part. بَائِعٌ „ *bāyi'*. „ plur. بِيعُوا „ *bī'ū*.

Passive Mood.

Pret. بِيعَ vulg. *bī'*. Part. مَبِيعٌ vulg. *mabī'*.

Aor. يُبَاعُ „ *yubā'*.

Derived Forms of Verbs with و as second radical.

		II.	III.	IV.	V.	VI.
Active:	Pret.	أَقَالَ	قَوَّلَ	قَاوَلَ	تَقَوَّلَ	تَقَاوَلَ
„	Aor.	يُقِيلُ	يُقَوِّلُ	يُقَاوِلُ	يَتَقَوَّلُ	يَتَقَاوَلُ
„	Imp.	أَقِلْ	قَوِّلْ	قَاوِلْ	تَقَوَّلْ	تَقَاوَلْ
„	Part.	مُقِيلٌ	مُقَوِّلٌ	مُقَاوِلٌ	مُتَقَوِّلٌ	مُتَقَاوِلٌ
„	Inf.	إِقَالَةٌ	تَقْوِيلٌ	مُقَاوَلَةٌ	تَقَوُّلٌ	تَقَاوُلٌ
Passive:	Pret.	أُقِيلَ	قُوِّلَ	قُووِلَ	تُقُوِّلَ	تُقُووِلَ
„	Aor.	يُقَالُ	يُقَوَّلُ	يُقَاوَلُ	يُتَقَوَّلُ	يُتَقَاوَلُ
„	Part.	مُقَالٌ	مُقَوَّلٌ	مُقَاوَلٌ	مُتَقَوَّلٌ	مُتَقَاوَلٌ

		VII.	VIII.	IX.
Active:	Pret.	إِنْقَالَ	إِقْتَالَ	إِسْتَقَالَ
„	Aor.	يَنْقَالُ	يَقْتَالُ	يَسْتَقِيلُ
„	Imp.	إِنْقَلْ	إِقْتَلْ	إِسْتَقِلْ
„	Part.	مُنْقَالٌ	مُقْتَالٌ	مُسْتَقِيلٌ
„	Inf.	إِنْقِيَالٌ	إِقْتِيَالٌ	إِسْتِقَالَةٌ
Passive:	Pret.	أُنْقِيلَ	أُقْتِيلَ	أُسْتُقِيلَ
„	Aor.	يُنْقَالُ	يُقْتَالُ	يُسْتَقَالُ
„	Part.	مُنْقَالٌ	مُقْتَالٌ	مُسْتَقَالٌ

3. Verbs with و or ي as the third radical.

I. Form.

Active Mood.

Pret. Sing. 3rd pers. *m.*	غَزَا	رَمَي	*rama*	vulg.	رَضِي	*raḍa.*
„ „ „ *f.*	غَزَتْ	رَمَتْ	*ramet*	„	رَضِيَتْ	*raḍiet.*
„ 2nd pers. *m.*	غَزَوْتَ	رَمَيْتَ	*ramēt*	„	رَضِيتَ	*raḍīt.*
„ „ „ *f.*	غَزَوْتِ	رَمَيْتِ	*ramētī*	„	رَضِيتِ	*raḍītī.*
„ 1st pers. *m.f.*	غَزَوْتُ	رَمَيْتُ	*ramēt*	„	رَضِيتُ	*raḍīt.*
Dual 3rd pers. *m.*	غَزَوَا	رَمَيَا		„	رَضِيَا	
„ „ „ *f.*	غَزَتَا	رَمَتَا		„	رَضِيَتَا	
„ 2nd pers. *m.f.*	غَزَوْتُمَا	رَمَيْتُمَا		„	رَضِيتُمَا	
Plur. 3rd pers. *m.*	غَزَوْا	رَمَوْا	*ramū*	„	رَضُوا	*raḍū.*
„ „ „ *f.*	غَزَوْنَ	رَمَيْنَ		„	رَضِينَ	
„ 2nd pers. *m.*	غَزَوْتُمْ	رَمَيْتُمْ	*ramētū*	„	رَضِيتُمْ	*raḍītū.*
„ „ „ *f.*	غَزَوْتُنَّ	رَمَيْتُنَّ		„	رَضِيتُنَّ	
„ 1st pers. *m.f.*	غَزَوْنَا	رَمَيْنَا	*ramīnā*	„	رَضِينَا	*raḍīnā.*
Aor.	يَغْزُو	يَرْمِي	*yarmī*		يَرْضَي	*yarḍa.*
Imp.	أُغْزُ	إِرْمِ	*irmī*		إِرْضَ	*irḍa.*
Part.	غَازٍ	رَامِي	*rāmī*		رَاضِي	*rāḍī.*

Passive Mood.

Pret.	غُزِيَ	رُمِيَ
Aor.	يُغْزَي	يُرْمَي
Part.	مَغْزُوّ	مَرْمِيّ

Derived Forms of Verbs with و or ي as third radical.

		II.	III.	IV.	V.
Active :	Pret.	أَغْزَى	غَزَّى	غَازَى	تَغَزَّى
,,	Aor.	يُغْزِي	يُغَزِّي	يُغَازِي	يَتَغَزَّى
,,	Imp.	أَغْزِ	غَزِّ	غَازِ	تَغَزَّ
,,	Part.	مُغْزٍ	مُغَزٍّ	مُغَازٍ	مُتَغَزٍّ
,,	Inf.	إِغْزَاءٌ	تَغْزِيَةٌ	مُغَازَاةٌ	تَغَزٍّ
Passive :	Pret.	أُغْزِيَ	غُزِّيَ	غُوزِيَ	تُغُزِّيَ
,,	Imp.	يُغْزَى	يُغَزَّى	يُغَازَى	يُتَغَزَّى
,,	Part.	مُغْزًى	مُغَزًّى	مُغَازًى	مُتَغَزًّى

		VI.	VII.	VIII.	X.
Active :	Pret.	تَغَازَى	إِنْغَزَى	إِغْتَزَى	إِسْتَغْزَى
,,	Aor.	يَتَغَازَى	يَنْغَزِي	يَغْتَزِي	يَسْتَغْزِي
,,	Imp.	تَغَازَ	إِنْغَزِ	إِغْتَزِ	إِسْتَغْزِ
,,	Part.	مُتَغَازٍ	مُنْغَزٍ	مُغْتَزٍ	مُسْتَغْزٍ
,,	Inf.	تَغَازٍ	إِنْغِزَاءٌ	إِغْتِزَاءٌ	إِسْتِغْزَاءٌ
Passive :	Pret.	تُغُوزِيَ	أُنْغُزِيَ	أُغْتُزِيَ	أُسْتُغْزِيَ
,,	Imp.	يُتَغَازَى	يُنْغَزَى	يُغْتَزَى	يُسْتَغْزَى
,,	Part.	مُتَغَازًى	مُنْغَزًى	مُغْتَزًى	مُسْتَغْزًى

III. Hamzated Verbs.

1. Verbs with أ as the first radical.

(Vide Part I, Lesson XXVIII.)

		I.	II.	III.	IV.	V.
Active :	Pret.	أَخَذَ	آخَذَ	أَخَّذَ	آخَذَ	تَأَخَّذَ
,,	Aor.	يَأْخُذُ	يُؤْخِذُ	يُؤَخِّذُ	يُؤَاخِذُ	يَتَأَخَّذُ
,,	Imp.	خُذْ (أُوخُذْ)	آخِذْ	أَخِّذْ	آخِذ	تَأَخَّذْ
,,	Part.	آخِذٌ	مُؤْخِذٌ	مُؤَخِّذٌ	مُؤَاخِذٌ	مُتَأَخِّذٌ
,,	Inf.	أَخْذٌ	إِيخَاذٌ	تَأْخِيذٌ	إِخَاذٌ مواخذة	تَأَخُّذٌ
Passive :	Pret.	أُخِذَ	أُوخِذَ	أُخِّذَ	أُوخِذَ	تُؤُخِّذَ
,,	Aor.	يُؤْخَذُ	يُؤْخَذُ	يُؤَخَّذُ	يُؤَاخَذُ	يُتَأَخَّذُ
,,	Part.	مَأْخُوذٌ	مُؤْخَذٌ	مُؤَخَّذٌ	مُؤَاخَذٌ	مُتَأَخَّذٌ

		VI.		VIII.		X.
Active :	Pret.	تَآخَذَ and	تَوَاخَذَ	إِيتَخَذَ and vulg.	إِتَّخَذَ	إِسْتَأْخَذَ
,,	Aor.	يَتَآخَذُ	يَتَوَاخَذُ	يَأْتَخِذُ	يَتَّخِذُ	يَسْتَأْخِذُ
,,	Imp.	تَآخَذْ	تَوَاخَذْ	إِيتَخِذْ	إِتَّخِذ	إِسْتَأْخِذْ
,,	Part.	مُتَآخِذٌ	مُتَوَاخِذٌ	مُؤْتَخِذٌ	مُتَّخِذ	مُسْتَأْخِذٌ
,,	Inf.	تَآخُذٌ	تَوَاخُذٌ	إِيتِخَاذٌ	إِتِّخَاذ	إِسْتِئْخَاذٌ
Passive :	Pret.	تُؤُخِذَ		أُوتُخِذَ		أُسْتُؤْخِذَ
,,	Aor.	يُتَآخَذُ	يُتَوَاخَذُ	يُؤْتَخَذُ	يُتَّخَذ	يُسْتَأْخَذُ
,,	Part.	مُتَآخَذٌ	مُتَوَاخَذٌ	مُؤْتَخَذٌ	مُتَّخَذ	مُسْتَأْخَذٌ

2. Verbs with أ as the second radical.

		I.	II.	III.	IV.	V.
Active :	Pret.	سَأَلَ	أَلْأَمَ	لَأَّمَ	لَاءَمَ	تَلَأَّمَ
,,	Aor.	يَسْئَلُ	يُلْئِمُ	يُلَئِّمُ	يُلَائِمُ	يَتَلَأَّمُ
,,	Imp.	سَلْ - إِسْئَلْ	أَلْئِمْ	لَئِّمْ	لَائِمْ	تَلَأَّمْ
,,	Part.	سَائِلٌ	مُلْئِمٌ	مُلَئِّمٌ	مُلَائِمٌ	مُتَلَئِّمٌ
,,	Inf.	سُؤَالٌ	إِلْآمٌ	تَلْئِيمٌ	مُلَاءَمَةٌ	تَلَؤُّمٌ
Passive :	Pret.	سُئِلَ	أُلْئِمَ	لُئِّمَ	لُوئِمَ	تُلُئِّمَ
,,	Aor.	يُسْئَلُ	يُلْأَمُ	يُلَأَّمُ	يُلَاءَمُ	يُتَلَأَّمُ
,,	Part.	مَسْؤُلٌ	مُلْأَمٌ	مُلَأَّمٌ	مُلَاءَمٌ	مُتَلَأَّمٌ

		VI.	VII.	VIII.	X.
Active :	Pret.	تَلَآئَمَ	إِنْلَأَمَ	إِلْتَأَمَ	إِسْتَلْأَمَ
,,	Aor.	يَتَلَآئَمُ	يَنْلَئِمُ	يَلْتَئِمُ	يَسْتَلْئِمُ
,,	Imp.	تَلَآئَمْ	إِنْلَئِمْ	إِلْتَئِمْ	إِسْتَلْئِمْ
,,	Part.	مُتَلَآئِمٌ	مُنْلَئِمٌ	مُلْتَئِمٌ	مُسْتَلْئِمٌ
,,	Inf.	تَلَاؤُمٌ	إِنْلِئَامٌ	إِلْتِئَامٌ	إِسْتِلْآمٌ
Passive :	Pret.	تُلُوئِمَ	أُنْلُئِمَ	أُلْتُئِمَ	أُسْتُلْئِمَ
,,	Aor.	يُتَلَآئَمُ	يُنْلَأَمُ	يُلْتَأَمُ	يُسْتَلْأَمُ
,,	Part.	مُتَلَآئَمٌ	مُنْلَأَمٌ	مُلْتَأَمٌ	مُسْتَلْأَمٌ

3. Verbs with أ as the third radical.

Active Mood.

Pret. Sing. 3rd pers. *m.*	قَرَأَ vulg.	قَرَا		Aor.	يَقْرَأُ vulg.	يَقْرَى
„ „ „ *f.*	قَرَأَتْ „	قَرَيْت		Imp.	إِقْرَأْ „	إِقْرَى
„ 2nd pers. *m.*	قَرَأْتَ „	قَرَيْت		Part.	قَارِئٌ „	قَارِي
„ „ „ *f.*	قَرَأْتِ „	قَرَيْتِي		Inf.	قَرْأٌ	
„ 1st pers. *m.f.*	قَرَأْتُ „	قَرَيْت	**Pass.:**	Pret.	قُرِئَ	
Plur. 2nd pers. *m.*	قَرَأْتُمْ „	قَرَيْتُو		Aor.	يُقْرَأُ	
„ 1st pers.	قَرَأْنَا „	قَرَيْنَا		Part.	مَقْرُوءٌ	

		II.	III.	IV.	V.	VI.
Active:	Pret.	أَبْرَأَ	بَرَّأَ	بَارَأَ	إِنْبَرَأَ	إِسْتَبْرَأَ
„	Aor.	يُبْرِئُ	يُبَرِّئُ	يُبَارِئُ	يَنْبَرِئُ	يَسْتَبْرِئُ
„	Imp.	أَبْرِئْ	بَرِّئْ	بَارِئْ	إِنْبَرِئْ	إِسْتَبْرِئْ
„	Part.	مُبْرِئٌ	مُبَرِّئٌ	مُبَارِئٌ	مُنْبَرِئٌ	مُسْتَبْرِئٌ
„	Inf.	إِبْرَاءٌ	تَبْرِئَةٌ	مُبَارَأَةٌ	إِنْبِرَاءٌ	إِسْتِبْرَاءٌ
Passive:	Pret.	أُبْرِئَ	بُرِّئَ	بُورِئَ	أُنْبُرِئَ	أُسْتُبْرِئَ
„	Aor.	يُبْرَأُ	يُبَرَّأُ	يُبَارَأُ	يُنْبَرَأُ	يُسْتَبْرَأُ
„	Part.	مُبْرَأٌ	مُبَرَّأٌ	مُبَارَأٌ	مُنْبَرَأٌ	مُسْتَبْرَأٌ

VI. PREPOSITIONS,

AND WORDS WHICH ARE USED AS SUCH.

(Vide Part I, Lesson XXX *et seq.*)

إِلَي vulg. *ila*, to, until.
أَمَام „ *amām*, before, in front of.
بِ „ *b'*, *bi*, with, by.
بَعْد „ *ba'd*, after.
بَين „ *bēn*, between, among.
تَ „ *t'*, *ta*, by (in swearing).
تَحْت „ *taḥt*, under, beneath.
جَنْب „ *ganb*, *gamb*, next, near.
حَتّي „ *ḥatta*, until, even to.
حَوْل „ *ḥōl*, round, around.
خَارِج „ *khārig*, besides.
خَلْف „ *khalf*, after, behind.
دَاخِل „ *dākhil*, within.
دُون „ *dūn*, below.
عَلَي „ *'ala*, on, upon, above.
سَوِي „ *sawa*, besides, together with.
عَن „ *'an*, of, from, about.
عِنْد „ *'and*, near, with.
عِوَض vulg. *'iwaḍ*, instead of.
غَيْر „ *ghēr*, except.
فِي „ *fī*, in.
فَوْق „ *fōq*, above.
قَبْل „ *qabl*, before (time).
قُبَال „ *qubāl*, before.
قُدَّام „ *quddām*, before (place).
قُصَاد „ *quṣād*, opposite.
لِ „ *l'*, *li*, to.
لَدَي „ *lada*, at, with.
مِن „ *min*, from.
مِن غَير „ *min ghēr*, without.
مُنْذُ „ *mundu*, since.
مَعَ „ *ma'*, with.
وَ „ *w'*, *wa*, by (in swearing).
وَرَاء „ *warā*, behind, beyond.
وَسَط „ *wasaṭ*, among.

VII. ADVERBS.

(*a*) Of interrogation :

أ vulg. *ā* ?
أمْ „ *am* ?
هَلْ „ *hal*, if ?
إلّا „ *illa*, if not ?
إيمتي „ *emta*, when ?
أيْن „ *ēn*, where ?
فيْن „ *fēn*, where ?
مِنْ أيْن „ *min ēn*, whence ?
إلَي أيْن „ *ila ēn*, whither ?

لِأيِّ vulg. *lē*,
لَيْه „ *lēh*, } why ?

لَيْش „ *lēsh*,
عَلَي أيْش „ *'ala ēsh*, } why ?

كَيْف „ *kēf*,
زيّ „ *zē*,
أزيّ „ *azē*,
أزاي „ *azāy*, } how ?

(*b*) Of place :

هُنا vulg. *hena*, here.
هُناك „ *henāk*, there.
هُنالِك „ *honālik*, there.
هاهُنا „ *hāhena*, here.
جُوّا „ *gūwa*, inside.

بَرّا *barra*, outside.
فَوْق *fōq*, on top.
تَحْت *taḥt*, down below.
أيْنَما *ēnmā*, wherever.

(*c*) Of time :

هَلّق vulg. *hallaq*,
دالوقت „ *dil-waqt*, } now.
قَط „ *qaṭ*, at any time.
لِسّا „ *lissa*,
مازال „ *māzāl*, } yet.

بَعْد بُكْرَة vulg. *ba'd bukrah*, the day after to-morrow.
غَدْوة „ *ghadwah*, to-morrow.
حالاً „ *ḥālan*, immediately.
قَوام „ *qawām*, directly.

اليَوْم	vulg. *el-yōm*,	to-day.	سَابِقًا	vulg. *sābiq*, early, now.	
النَهَارْدَا	,, *en-nahār-da*,		بَعْدَ	,, *ba'd*,	after-wards.
البَارِحَة	,, *el-bāriḥah*,	yester-day.	بَعْدَين	,, *ba'dēn*,	
أمْبَارِح	,, *embāriḥ*,		بِكِير	,, *bikīr*,	early.
قَبْلَ أمْبَارِح	,, *qabl embāriḥ*,	the day before yester-day.	بَدْرِي	,, *bedri*,	
أوّلْ أمْبَارِح	,, *awwal embāriḥ*,		وَخْرِي	,, *wakhri*, late.	
			غَالِبًا	,, *ghāliban*, after.	
أمْس	,, *ams*, yesterday evening.		مَا أبَدًا	,, *mā-abadan*, never.	
			دَايِمًا	,, *dāiman*, always.	
بُكْرَة	,, *bukrah*, to-morrow.				

(d) Of quality:

كَثِير	vulg. *ketīr*,		كَمَان	vulg. *kemān*, more (still).	
قَوِي	,, *qowī*,	very.	بَسّ	,, *bass*,	enough.
جِدًّا	,, *giddan*,		كَفَايَة	,, *kafāyah*,	
كَثِير	,, *ketīr*, much.		لَا	,, *lā*, no.	
قَلِيل	,, *qalīl*, little.		مَا	,, *mā*,	not.
شُوَيَّة	,, *shwyyeh*, little.		مَاشِي	,, *mā-sh*,	
تَمَام	,, *tamām*, wholly.		لَمْ	,, *lam*,	

(e) Of affirmation and negation; and others:

أيْوَه	vulg. *aiwah*,		كَذَا	vulg. *kada, kida*,	thus, so.
نَعَم	,, *na'am*,	yes.	هَكَذَا	,, *hākada*,	
بَلَى	,, *bala*,		تَقْرِيبًا	,, *tuqrīban*, nearly.	
لَ	,, *la*,	verily.	مَعًا	,, *ma'an*,	together with.
إنّ	,, *inna*,		جَمِيعًا	,, *gamī'an*,	
			سَوَا	,, *sawā*,	

VIII. CONJUNCTIONS.

لَكِنْ vulg.	*lākin,*	but.
وَأَمَّا ,,	*wa-amma,*	
لَمَّا ,,	*lamma,*	when.
كَيْف ,,	*kēf,*	
وَقْت-مَا ,,	*waqt-mā,*	
سَاعَة-مَا ,,	*sā'at-mā,*	
حَالَ-مَا ,,	*ḥāl-mā,*	
عِنْدَ-مَا ,,	*'and-mā,*	
حِين ,,	*ḥīn,*	
مَتَى ,,	*mata,*	
قَبْلَ-مَا ,,	*qabl-mā,*	before.
قَبْلَ-أَنْ ,,	*qabl-an,*	
حَتَّى-مَا ,,	*ḥatta-mā,*	until.
حَتَّى-أَنّ ,,	*ḥatta-ann,*	
لِحَدّ-مَا ,,	*l'ḥadd-mā,*	
حَيْث ,,	*ḥēs,*	whereas.
حَيْث أَنّ ,,	*ḥēs-ann,*	
مِن حَيْث أَنّ ,,	*min-ḥēs-ann,*	
حَتَّى ,,	*ḥatta,*	so that.
تَا ,,	*tā,*	
لِكَيْ ,,	*lakaī,*	

ثُمّ vulg.	*ṯumm,*	then, afterwards.
قَدّ-مَا ,,	*qadd-mā,*	as much.
قَدّمَا-قَدّمَا ,,	*qadd-mā, qadd-mā,*	the — so much the —
بَعْدَ-مَا ,,	*ba'd-mā,*	after.
بَعْد-أَنّ ,,	*ba'd-ann,*	
بَل ,,	*bal,*	but.
أَوْ ,,	*ow,*	or.
أَمَّا—أَوْ ,,	*amma—ow,*	either—or.
أَمْ ,,	*am,*	or.
بِدُون-أَنّ ,,	*bidūn-ann,*	without that.
مُنْذُ-أَنّ ,,	*mund-ann,*	since.
مُنْذُ-مَا ,,	*mund-mā,*	
وَ ,,	*wa,*	and.
فَ ,,	*fa,*	and, so.
لَعَلّ ,,	*la'all,*	perhaps.
رُبَّمَا ,,	*rubbamā,*	
بَيْنَ-مَا ,,	*bēn-mā,*	whilst.

أَنّ vulg. *ann*, that.

لِأَنّ „ *liann*, *lainn*, } because.

مَعَ ذَلِك „ *ma' zālik*, { yet, notwithstanding, therefore.

كَمَا „ *ka-mā*,
مِثْل مَا „ *mitl-mā*, } like, as.

إِن vulg. *in*,
إِذَا „ *iza*, } if.

لَوْ „ *lau*, if.

لَوْلَا „ *laulā*, if not.

IX. INTERJECTIONS.

آ vulg. *ā*,
آه „ *ah*,
أح „ *aḥ*,
أخ „ *akh*,
وأخ „ *wākh*, } ah! oh!

وَى „ *wē*,
وَيل „ *wēl*, } alas! woe!

أَيُّهَا vulg. *ayyuhā*,
يَا أَيُّهَا „ *yā ayyuhā*, } oh!

أُفّ „ *uff*, faugh! fie!

دَه „ *deh*, forwards! on!

يَالله يَالله „ *yallah yallah*, allah! allah! Let us!

يَا „ *yā*, oh! indeed! is that so! really!

END OF PART II.

www.ingramcontent.com/pod-product-compliance
Lightning Source LLC
Chambersburg PA
CBHW031339230426
43670CB00006B/382
* 9 7 8 3 7 4 4 7 5 1 7 4 2 *